TESTAMENTO VITAL

LUCIANA DADALTO

2025

SÉTIMA EDIÇÃO

Dados Internacionais de Catalogação na Publicação (CIP) de acordo com ISBD

D121t

    Dadalto, Luciana

    Testamento vital / Luciana Dadalto. - 7. ed. - Indaiatuba, SP : Editora Foco, 2025.

    176 p. ; 17cm x 24cm.

    Inclui bibliografia e índice

    ISBN: 978-65-6120-503-0

    1. Direito. 2. Direito privado. 3. Testamento vital. I. Título.

2025-1612   CDD 346   CDU 347

Elaborado por Vagner Rodolfo da Silva – CRB-8/9410
Índices para Catálogo Sistemático:

    1. Direito privado 346   2. Direito privado 347

2025

TESTAMENTO VITAL

LUCIANA **DADALTO**

SÉTIMA EDIÇÃO

2025 © Editora Foco
Autora: Luciana Dadalto
Diretor Acadêmico: Leonardo Pereira
Editor: Roberta Densa
Coordenadora Editorial: Paula Morishita
Revisora Sênior: Georgia Renata Dias
Revisora Júnior: Adriana Souza Lima
Capa Criação: Leonardo Hermano
Diagramação: Ladislau Lima e Aparecida Lima
Impressão miolo e capa: META BRASIL

DIREITOS AUTORAIS: É proibida a reprodução parcial ou total desta publicação, por qualquer forma ou meio, sem a prévia autorização da Editora FOCO, com exceção do teor das questões de concursos públicos que, por serem atos oficiais, não são protegidas como Direitos Autorais, na forma do Artigo 8º, IV, da Lei 9.610/1998. Referida vedação se estende às características gráficas da obra e sua editoração. A punição para a violação dos Direitos Autorais é crime previsto no Artigo 184 do Código Penal e as sanções civis às violações dos Direitos Autorais estão previstas nos Artigos 101 a 110 da Lei 9.610/1998. Os comentários das questões são de responsabilidade dos autores.

NOTAS DA EDITORA:

Atualizações e erratas: A presente obra é vendida como está, atualizada até a data do seu fechamento, informação que consta na página II do livro. Havendo a publicação de legislação de suma relevância, a editora, de forma discricionária, se empenhará em disponibilizar atualização futura.

Bônus ou Capítulo *On-line*: Excepcionalmente, algumas obras da editora trazem conteúdo no *on-line*, que é parte integrante do livro, cujo acesso será disponibilizado durante a vigência da edição da obra.

Erratas: A Editora se compromete a disponibilizar no site www.editorafoco.com.br, na seção Atualizações, eventuais erratas por razões de erros técnicos ou de conteúdo. Solicitamos, outrossim, que o leitor faça a gentileza de colaborar com a perfeição da obra, comunicando eventual erro encontrado por meio de mensagem para contato@editorafoco.com.br. O acesso será disponibilizado durante a vigência da edição da obra.

Impresso no Brasil (4.2025) – Data de Fechamento (4.2025)

2025
Todos os direitos reservados à
Editora Foco Jurídico Ltda.
Rua Antonio Brunetti, 593 – Jd. Morada do Sol
CEP 13348-533 – Indaiatuba – SP
E-mail: contato@editorafoco.com.br
www.editorafoco.com.br

APRESENTAÇÃO A 7ª EDIÇÃO

Em uma palestra recente, eu usei a música "Não tenho medo da morte" como fundo de uma fala que fiz sem qualquer preparo prévio. Nesta, eu disse que "quem faz um testamento vital está dizendo que não tem medo da morte, mas medo de como ele vai morrer, de como as pessoas estão morrendo no Brasil; a morte é pessoal, é individual, pertence ao paciente (outorgante do testamento vital), que é o presidente da própria morte. Quem faz um testamento vital está dizendo 'respeitem a minha biografia até o último segundo'."

A primeira edição deste livro "Testamento Vital" era sisuda e representava exatamente a pesquisadora que eu era na época: uma jovem mestre em Direito Privado. Todas as edições seguintes foram mudando à medida que eu ia mudando – e que o tema ia tomando forma no Brasil.

Na apresentação que fiz da sexta edição, eu contei que quis "matar" esse livro. Eu queria começar tudo de novo e escrever um novo livro sobre testamento vital, mas fui dissuadida pela Roberta Densa, atual editora chefe da Foco e responsável pela publicação de todas as edições desse livro, nas diversas editoras que ele já passou.

Em meados de 2024, a Roberta me pediu para organizar esta edição (a sétima); eu comecei quase que imediatamente, mas acabei abandonando porque eu não estava satisfeita. E ela continuou me cobrando... Então, finalmente, percebi que o que faltava era um capítulo que evidenciasse a minha atual compreensão do testamento vital: um documento-reflexo da biografia do paciente.

Assim, a edição que agora você – leitor – tem nas mãos se parece muito pouco com a primeira edição. Talvez porque eu me pareça pouco com aquela autora e porque o testamento vital é, hoje, um instituto muitíssimo diferente daquele que pesquisei no mestrado.

Além de um capítulo novo (sobre vida biográfica) e de atualizações sobre normas e decisões judiciais, essa edição apresenta um tópico sobre o testamento vital na prática clínica que, espero, ajude profissionais e instituições de saúde.

Reafirmo as palavras que escrevi na apresentação da quinta e da sexta edição: "Hoje, entendo que o testamento vital é um instrumento de autoconhecimento. Mais do que um documento jurídico. Mais do que um papel que vincula os profissionais de saúde. É a possibilidade de nos reconhecermos mortais e de nos enquadrarmos dentro das estatísticas mundiais: temos mais chances de morrer de câncer ou de doença crônica avançada do que morrer de morte violenta. Temos mais chances de precisarmos de cuidados do que de morrermos subitamente."

Reafirmo, ainda, um parágrafo que escrevi na apresentação da sexta edição: "Saber as bases jurídicas, éticas, bioéticas e biomédicas é um dever de todos os profissionais do direito e da saúde. Respeitar o testamento vital de um familiar é um ato de amor. Fazer seu próprio testamento vital é um ato de autocuidado e de afeto com os nossos afetos."

Este continua sendo um livro técnico, mas a cada edição ele se torna, também, um livro emocional, porque reflete a minha relação – na vida pessoal e profissional – com o testamento vital.

Belo Horizonte, verão de 2025.

Luciana Dadalto

Não tenho medo da morte
Mas sim medo de morrer
Qual seria a diferença
Você há de perguntar
É que a morte já é depois
Que eu deixar de respirar
Morrer ainda é aqui
Na vida, no Sol, no ar
Ainda pode haver dor
Ou vontade de mijar
A morte já é depois
Já não haverá ninguém
Como eu aqui agora
Pensando sobre o além
Já não haverá o além
O além já será então
Não terei pé nem cabeça
Nem fígado, nem pulmão
Como poderei ter medo
Se não terei coração?
Não tenho medo da morte
Mas medo de morrer, sim
A morte é depois de mim
Mas quem vai morrer sou eu
O derradeiro ato meu
E eu terei de estar presente
Assim como um presidente
Dando posse ao sucessor
Terei de morrer vivendo
Sabendo que já me vou
Aí nesse instante sim
Sentirei quem sabe um choque
Um piripaque, um baque
Um calafrio ou um toque
Coisas naturais da vida
Como comer, caminhar
Morrer de morte matada
Morrer de morte morrida
Quem sabe eu sinta saudade
Como em qualquer despedida

Gilberto Gil

*Ao meu avô José, pelas promessas que ele cumpriu e
pelas promessas que eu não consegui cumprir.*

AGRADECIMENTOS

Sempre serei grata ao Professor Walsir Edison Rodrigues Júnior, orientador da minha dissertação de mestrado, que aceitou o desafio de me orientar neste tema, na ocasião, ainda desconhecido no Brasil, e possibilitou o desenvolvimento do trabalho com suas ponderações sempre pertinentes.

Minha eterna gratidão à Professora Maria de Fátima Freire de Sá, minha orientadora de iniciação científica e de monografia, responsável por despertar em mim o interesse pela Academia, pela pesquisa e pelo estudo do Biodireito e da Bioética.

Ao Professor Diaula Costa Ribeiro, que junto ao meu orientador e à professora Maria de Fátima Freire de Sá, compôs a Banca da defesa da minha dissertação, e contribuiu sobremaneira para o enriquecimento do trabalho.

No dia da defesa da minha dissertação conheci o verdadeiro sentido da palavra generosidade, que me foi apresentado pelo Professor Nelson Rosenvald. A ele devo este livro e todas as suas edições.

Aos professores Dirceu Bartolomeu Greco e Unai Tupinambás, pelas profícuas discussões no doutorado, que me fizeram amadurecer no tema.

Aos professores José Eduardo Siqueira (*in memoriam*), Maria Elza Mello (*in memoriam*), Pe. Leo Pessini (*in memoriam*), Reinaldo Ayer de Oliveira e, pelas críticas construtivas na minha banca de doutorado. Sou uma pesquisadora melhor depois delas.

Dizem que Deus coloca anjos em nossa vida. Na esfera profissional, meu anjo se chama Ana Carolina Brochado Teixeira. A ela devo a escolha do tema, a paixão pela advocacia e pela produção acadêmica.

A Cláudia Burlá, Maria Goretti Maciel e Cristiana Savoi, médicas que na vivência diária com o fim da vida, trouxeram novas reflexões para meus estudos – e para minha vida.

À minha madrinha de batismo, Anelise Pulshen, e à minha madrinha do coração, Juliana Barros Carneiro, pelas indispensáveis informações e ponderações médicas.

Ao meu sócio, Igor Mascarenhas, por me permitir ser quem eu sou.

Aos advogados Marcelo Sarsur, Marcelo Feller e Thais Rego Monteiro, por acreditarem em mim.

A Flávia Siqueira, pelo que ela sabe e pelo que ela não sabe.

A Úrsula Guirro, Carol Sarmento e Sabrina Correa, amigas paliativistas que me incentivam todos os dias a ser uma pesquisadora melhor.

A Taissa Barreira, por alimentar minha alma com literatura.

A todos os paliativistas brasileiros que lutam diariamente para respeitar a autodeterminação de seus pacientes.

A todas as pessoas que desejam ser protagonistas da própria morte.

Ao meu marido e ao meu filho, pelo apoio incondicional aos meus sonhos.

SUMÁRIO

APRESENTAÇÃO A 7ª EDIÇÃO V

AGRADECIMENTOS XI

CAPÍTULO 1 – EM BUSCA DE UMA VIDA BIOGRÁFICA 1
1.1 Direito à vida sob a perspectiva Civil-Constitucional brasileira 2
1.2 Direito à vida sob a perspectiva da deontologia médica brasileira 3
1.3 Vida biográfica e morte digna 5
    1.3.1 Ortotanásia 5
    1.3.2 Morte medicamente assistida 6
        1.3.2.1 Eutanásia 7
        1.3.2.2 Suicídio assistido 8
1.4 Morte assistida desmedicalizada 9
1.5 Testamento vital como instrumento de efetivação da biografia 10

CAPÍTULO 2 – DO CONSENTIMENTO INFORMADO À AUTONOMIA PROSPECTIVA 13
2.1 Compreendendo o consentimento 13
    2.1.1 O consentimento livre e esclarecido na relação médico-paciente 15
    2.1.2 O consentimento livre e esclarecido na perspectiva do CFM 18
2.2 Compreendendo a autonomia prospectiva 22
    2.2.1 Autonomia para consentir e para se autodeterminar prospectivamente .. 28

CAPÍTULO 3 – DOCUMENTOS DE DIRETIVAS ANTECIPADAS DE VONTADE 31
3.1 Contexto histórico: modelos de tomada de decisão de Beauchamps e Childress 31
3.2 Espécies de documentos de diretivas antecipadas de vontade 32
    3.2.1 Diretivas antecipadas psiquiátricas 34
    3.2.2 Diretivas antecipadas para demência 35
    3.2.3 Plano de parto 36

	3.2.4	Ordens de não reanimação	37
	3.2.5	Recusa Terapêutica	38
	3.2.6	Procuração para cuidados de saúde	40
	3.2.7	Diretiva de Parada Voluntária de Comer e Beber (Voluntary Stop Eating and Drinking)	45

CAPÍTULO 4 – TESTAMENTO VITAL 49

4.1	Eficácia		52
	4.1.1	Doença terminal	52
	4.1.2	Estado vegetativo persistente	54
	4.1.3	Demência avançada	56
4.2	O testamento vital na experiência estrangeira		57
	4.2.1	A experiência estadunidense	57
	4.2.2	A experiência europeia	63
		4.2.2.1 Espanha	65
		4.2.2.2 Portugal	69
		4.2.2.3 França	73
		4.2.2.4 Itália	74
	4.2.3	O testamento vital na América Latina	79
		4.2.3.1 Argentina	80
		4.2.3.2 Uruguai	86

CAPÍTULO 5 – O TESTAMENTO VITAL NO BRASIL 89

5.1	Testamento vital na deontologia médica ordenamento jurídico brasileiro		89
	5.1.1	Resolução 1.805 do CFM	89
	5.1.2	Resolução 1.995 do CFM	93
5.2	Testamento vital na jurisprudência brasileira		98
	5.2.1	Apelação Cível 70054988266 TJRS	98
	5.2.2	Processo 1084405-21.2015.8.26.0100/TJSP	100
5.3	Constitucionalidade e legalidade do testamento vital		101
	5.3.1	Testamento Vital no Anteprojeto de Reforma do Código Civil	105
5.4	Testamento vital na política nacional de cuidados paliativos		107
5.5	O conteúdo do testamento vital válido no Brasil		107
5.6	Proposições formais acerca do testamento vital válido no Brasil		111

	5.6.1 Quem pode fazer?...	111
	5.6.2 Qual é a forma?	113
	5.6.3 Quanto tempo vale?..	115
	5.6.4 Quando começa a produzir efeitos?.......................................	115
	5.6.5 Análise do substitutivo do Projeto de Lei do Senado 2986, de 2022......	116
5.7	Testamento vital na prática clínica	121
	5.7.1 Paciente que já chega com o documento	122
	5.7.2 Paciente que não chega com o documento, mas verbaliza seus desejos	123
5.8	Desvendando mitos sobre o testamento vital...................................	124

CAPÍTULO 6 – NOVAS TECNOLOGIAS E TOMADA DE DECISÃO COMPARTILHADA.. 127

6.1	Testamento vital eletrônico..	127
6.2	Testamento vital em vídeo	129
6.3	Sobre modelos e tendências	131
	6.3.1 Legal design e testamento vital...	132
6.4	Planejamento antecipado de cuidados	136

REFERÊNCIAS.. 141

Capítulo 1
EM BUSCA DE UMA VIDA BIOGRÁFICA

O direito à vida é mencionado explicitamente, no ordenamento jurídico brasileiro e na maior parte dos ordenamentos jurídicos estrangeiros e das normas internacionais, sem qualquer qualificação que permita identificar a qual vida o termo se refere. Durante décadas – quiçá séculos – essa ausência sequer foi notada. Foi apenas com a possibilidade tecnológica de prolongar indefinidamente o corpo físico que surgiu, no campo da Bioética, um olhar para o direito à vida atrelado à qualidade desta e não apenas ao tempo; este novo olhar deu origem aos conceitos de vida biológica e vida biográfica, alterando sobremaneira as discussões bioéticas sobre a autodeterminação para o morrer.

Segundo a Organização Mundial de Saúde, qualidade de vida trata-se da "percepção de um indivíduo sobre sua posição na vida no contexto da cultura em que vive e em relação a seus objetivos, expectativas, padrões e preocupações".[1]

À luz do Direito Civil-Constitucional brasileiro, o direito à vida prescrito no *caput* do artigo 5º da Constituição da República Federativa do Brasil de 1988 deve ser lido e interpretado sempre em conjunto com o fundamento constitucional da dignidade humana, que, conforme os ensinamentos de Maria Celina Bodin de Moraes, constitui-se verdadeira cláusula geral de tutela da pessoa humana.[2] Ademais, o estudo das teorias de Stefano Rodotá nos permite perceber confluências conceituais entre qualidade de vida e o espaço *indecibile per il legislatore*[3] pois ambos se referem a um *locus* decisional do indivíduo que não se subsume a conceitos externos.

Diante deste cenário, o conceito de vida biográfica tem como premissas a análise *in concreto* de que a que vale a pena ser vivida a partir da pessoalidade do indivíduo; enquanto a vida biológica – que não leva em consideração a biografia da pessoa – tem como premissa conceito médico-científico acerca da morte, ou seja, sob esta perspectiva, todo sujeito que não seja considerado morto pelos parâmetros técnicos de morte cardiorrespiratória ou encefálica está vivo e, portanto, deve ter seu *direito à vida* protegido. Ou seja, o direito à vida se transforma em um verdadeiro dever de

---

1. WHOQOL GROUP THE WORLD HEALTH ORGANIZATION QUALITY OF LIFE ASSESSMENT. Position paper from the World Health Organization. Social Science and Medicine. 1995;41(10):1403–1409. doi: 10.1016/0277-9536(95)00112-K.
2. MORAES, Maria Celina Bodin. **Danos à pessoa humana:** Uma leitura civil-constitucional dos danos morais. Rio de Janeiro: Renovar, 2003.
3. RODOTÀ, Sefano. **Politici, liberateci dalla vostra coscienza.** 2008. Disponível em: https://daleggere.wordpress.com/2008/01/13/stefano-rodota-%C2%ABpolitici-liberateci-dalla-vostra-coscienza%C2%BB/. Acesso em: 08 ago. 2023.

viver, ainda que tal obrigatoriedade seja contrária aos valores do indivíduo e, consequentemente, à sua biografia.

A premissa do presente trabalho é a compreensão do testamento vital como documento corolário da dignidade em fim de vida, entendida como aquela que se molda à pessoalidade do indivíduo sem violar os valores constitucionais.[4] Portanto, é preciso, antes de adentrar no tema propriamente dito, entender quais são as formas dignas e indignas de morrer, pois são elas que fixarão os limites de autodeterminação.

1.1 DIREITO À VIDA SOB A PERSPECTIVA CIVIL-CONSTITUCIONAL BRASILEIRA

Como já visto, sob perspectiva do Direito Civil-Constitucional, todos os direitos de personalidade – incluindo o direito à vida – devem ser lidos à luz do princípio da dignidade humana.[5]

O inciso III do artigo 5º, da Constituição Federal dispõe que "ninguém será submetido à tortura nem a tratamento desumano ou degradante",[6] portanto, considera-se indigna toda morte que impingir ao paciente alguma dessas situações.

Em primeiro lugar, tem-se a mistanásia, uma morte evitável, "provocada de formas lentas e sutis por sistemas e estruturas".[7] Aqui, o paciente – que não está em terminalidade da vida – está em intenso sofrimento não é cuidado e acolhido sendo, por vezes, ignorado e banalizado.[8]

A distanásia, por sua vez, configura-se outra modalidade de morte indigna, pois se trata do prolongamento artificial do processo de morrer[9] sem qualquer melhora na qualidade deste, a pedido do paciente, dos familiares ou ainda, por decisão unilateral da equipe de saúde.

Assim, se, por um lado, a mistanásia se mostra como instituto verdadeiramente apartado das discussões deste livro – posto que não depende de autodeterminação – o mesmo não se pode dizer da distanásia. Isso porque o Brasil vive a cultura da negação

---

4. MORAES, Maria Celina Bodin de. O Conceito de Dignidade Humana: substrato axiológico e conteúdo normativo. In: SARLET, Ingo Wolfgang (Org.). **Constituição, Direitos Fundamentais e Direito Privado**. Porto Alegre: Livraria do Advogado, 2003.
5. MORAES, Maria Celina Bodin de. O Conceito de Dignidade Humana: substrato axiológico e conteúdo normativo. In: SARLET, Ingo Wolfgang (Org.). **Constituição, Direitos Fundamentais e Direito Privado**. Porto Alegre: Livraria do Advogado, 2003.
6. BRASIL. Constituição da República Federativa do Brasil de 1988. Disponível em: http://www.planalto.gov.br/ccivil_03/constituicao/constituicao.htm, acesso em 08 ago. 2023.
7. ANJOS, Márcio Fabri dos. Eutanásia em chave de libertação. **Boletim ICAPS**. ano 7, n. 57, 1989, p.6.
8. DADALTO, Luciana; KOVÁCS, Maria Júlia. Pedido de morte medicamente assistida. In: DADALTO, Luciana; GUIRRO, Úrsula Bueno do Prado (Coord.). **Bioética e Cuidados Paliativos**. Indaiatuba: oco, 2024, no prelo.
9. DADALTO, Luciana; SAVOI, Cristiana. Distanásia: entre o real e o ideal. In: DADALTO, Luciana; GODINHO, Adriano Marteleto; LEITE, George Salomão (Coord.). **Tratado brasileiro sobre o Direito Fundamental à Morte Digna**. São Paulo: Almedina, 207, p.151-166.

da morte e, consequentemente, da valorização do prolongamento artificial da vida biológica, logo, a distanásia acaba por ser vista por muitos como um exercício da autodeterminação visando o "direito à morte digna".

Ocorre que, sendo a distanásia diretamente ligada à conduta médica e, portanto, é preciso analisá-la sob a perspectiva científica. A literatura mundial é unânime na compreensão de que o prolongamento do processo de morrer gera sofrimento ao paciente – ainda que ele esteja inconsciente – logo, o início ou a continuidade de condutas cientificamente reconhecidas como maléficas não pode ser feita nem a pedido do paciente. Isso porque a dignidade humana é o limite da autodeterminação, assim, como a distanásia viola o supracitado artigo 5º, III da Constituição, esta prática, por conseguinte, viola a dignidade humana[10] e, conforme os ensinamentos de Maria Celina Bodin de Moraes, "será 'desumano', isto é, contrário à dignidade humana, tudo aquilo que puder reduzir a pessoa (o sujeito de direitos) à condição de objeto".[11]

Isso posto, a partir da perspectiva do Direito-Constitucional deve-se concluir que todas as outras formas de autodeterminação para fim de vida devem ser tratadas como formas de preservação do direito à vida biográfica, ainda que, eventualmente, possam ensejar a sua abreviação.

Saliente-se que, segundo Szatjn, a inviolabilidade à vida determinada no caput do artigo 5º se relaciona com terceiros, não sendo possível afirmar que a Constituição proíbe que "qualquer pessoa decida sobre a duração de sua vida".[12] Significa dizer que a decisão por abreviar a vida não viola, quando tomada de maneira livre e em conformidade com os valores pessoais do sujeito, nenhum preceito constitucional.

1.2 DIREITO À VIDA SOB A PERSPECTIVA DA DEONTOLOGIA MÉDICA BRASILEIRA

Apesar de, pelo viés da legalidade constitucional, ser possível advogar em prol da autodeterminação do indivíduo para morrer, o mesmo não se pode dizer sob a perspectiva da deontologia médica no Brasil. Isso porque, em diversas normas, o Conselho Federal de Medicina (CFM) limita a autodeterminação do paciente a situações de "risco iminente de morte". São elas:

---

10. ARAÚJO, Cynthia Pereira de; MAGALHÃES, Sandra Marques. Obstinação terapêutica: um não direito. In: DADALTO, Luciana (Coord.). **Cuidados Paliativos**: aspectos jurídicos. 2. ed. Indaiatuba: Foco, 2023, p. 333-344.
11. MORAES, Maria Celina Bodin de. O Conceito de Dignidade Humana: substrato axiológico e conteúdo normativo. In. SARLET, Ingo Wolfgang (Org.). **Constituição, Direitos Fundamentais e Direito Privado**. Porto Alegre: Livraria do Advogado, 2003.
12. SZTAJN, Rachel. **Autonomia privada e direito de morrer**: *eutanásia e suicídio assistido*. São Paulo: Cultural Paulista: Universidade da Cidade de São Paulo, 2002, p.156.

(i) artigo 23 do Código de Ética Médica:[13] É vedado ao médico "deixar de obter consentimento do paciente ou de seu representante legal após esclarecê-lo sobre o procedimento a ser realizado, salvo em caso de risco iminente de morte".

(ii) Art. 26 do Código de Ética Médica:[14] É vedado ao médico "deixar de respeitar a vontade de qualquer pessoa considerada capaz física e mentalmente, em greve de fome, ou alimentá-la compulsoriamente, devendo cientificá-la das prováveis complicações do jejum prolongado e, na hipótese de risco iminente de morte, tratá-la.

(iii) Art. 31 do Código de Ética Médica:[15] É vedado ao médico "desrespeitar o direito do paciente ou de seu representante legal de decidir livremente sobre a execução de práticas diagnósticas ou terapêuticas, salvo em caso de iminente risco de morte".

(iv) Artigo 11 da Resolução 2.232/2019:[16] "Em situações de urgência e emergência que caracterizarem iminente perigo de morte, o médico deve adotar todas as medidas necessárias e reconhecidas para preservar a vida do paciente, independentemente da recusa terapêutica".

Percebe-se que todos estes dispositivos autorizam os profissionais da Medicina a violar a autodeterminação do paciente quando houver um iminente risco de morte, sem, contudo, haver em qualquer norma do CFM o conceito de *iminente risco de morte*.

É provável que a inexistência desta conceituação se justifique no contexto biologicista da Medicina, em que a ética profissional se volta para a cura; neste contexto, o bom médico é aquele que age de todas as formas possíveis para evitar a morte do paciente. Todavia, na contemporaneidade, a ética profissional se volta para o cuidado; razão pela qual o bom médico passa a ser aquele que centra suas ações no paciente.[17] Neste sentido, a presunção de que o melhor interesse do paciente é não morrer deve dar lugar à premissa de subsunção aos desejos do paciente.

Parece óbvio, contudo, que há situações em que não é possível saber, de antemão, qual é o desejo do paciente e, nestas, inexiste dúvida acerca do dever médico de evitar a morte. Ocorre que há um costume na prática médica do Brasil – evidenciado nas supracitadas normas do CFM – de suplantar o desejo do paciente sempre que houver risco à sua vida biológica; o que está em desconformidade com o Direito Civil-Constitucional brasileiro.

---

13. CONSELHO FEDERAL DE MEDICINA. Resolução CFM 2.217, de 27 de setembro de 2018. Disponível em: https://portal.cfm.org.br/images/PDF/cem2019.pdf. Acesso em: 09 ago. 2023.
14. Op. cit.
15. Op. cit.
16. CONSELHO FEDERAL DE MEDICINA. Resolução CFM 2.232, de 16 de setembro de 2019. Disponível em: https://sistemas.cfm.org.br/normas/visualizar/resolucoes/BR/2019/2232. Acesso em: 09 ago. 2023.
17. PESSINI, Leo. A medicina atual: entre o dilema de curar e cuidar. In: DADALTO, Luciana; TEIXEIRA, Ana Carolina Brochado (Coord.). **Dos hospitais aos tribunais**. Belo Horizonte: Del Rey, 2013, p. 3-27.

Melhor sorte não se tem quando se analisa o dispositivo normativo do Código de Ética Médica que trata especificamente acerca das condutas médicas diante de uma situação de terminalidade. Segundo o artigo 41, é vedado ao médico:

> Art. 41. Abreviar a vida do paciente, ainda que a pedido deste ou de seu representante legal.
>
> Parágrafo único. Nos casos de doença incurável e terminal, deve o médico oferecer todos os cuidados paliativos disponíveis sem empreender ações diagnósticas ou terapêuticas inúteis ou obstinadas, levando sempre em consideração a vontade expressa do paciente ou, na sua impossibilidade, a de seu representante legal.[18]

Percebe-se novamente, neste artigo, que o CFM baliza a conduta do profissional da Medicina na ideia de vida biológica. Assim, veda em seu *caput* a abreviação da vida do paciente – mesmo que pedida por ele – e, em seu parágrafo único evita se posicionar explicitamente sobre a vedação ao prolongamento artificial da vida.

Em todas essas situações, os valores do paciente são relegados a segundo plano em prol de um suposto *direito à vida* que, na verdade, se trata de um *dever de viver*, posto que obriga o indivíduo a permanecer biologicamente vivo mesmo quando ele entender estar biograficamente morto.

1.3 VIDA BIOGRÁFICA E MORTE DIGNA

Sendo o direito à vida biográfica aquele que permite ao indivíduo se autodeterminar dentro do espaço *indecibile per il legislatore*,[19] acerca de como deseja viver sua vida até o último segundo de sua biografia, as diversas maneiras de se alcançar a dignidade no morrer devem ser vistas como corolário a este direito; razão pela qual se passa agora a compreender quais são estas maneiras.

1.3.1 Ortotanásia

Ortotanásia é o termo usado no Brasil para nomear a morte no tempo certo, aquela que acontece sem abreviação ou prolongamento da vida. É definida por Pessini como "a arte de bem morrer".[20] Garay[21] (2003) afirma que a ortotanásia se concretiza com a abstenção, supressão ou limitação de todo tratamento fútil, extraordinário ou desproporcional diante da iminência da morte do paciente, "morte que não se busca (pois o que se pretende é humanizar o processo de morrer, sem prolongá-lo

---

18. CONSELHO FEDERAL DE MEDICINA. Resolução CFM 2.217, de 27 de setembro de 2018. Disponível em: https://portal.cfm.org.br/images/PDF/cem2019.pdf. Acesso em: 09 ago. 2023.
19. RODOTÀ, Sefano. *Politici, liberateci dalla vostra coscienza*. 2008. Disponível em: https://daleggere.wordpress.com/2008/01/13/stefano-rodota-%C2%ABpolitici-liberateci-dalla-vostra-coscienza%C2%BB/. Acesso em: 08 ago. 2023.
20. PESSINI, Leo. Humanização da dor e do sofrimento humano na área de saúde. In: PESSINI, Leo, BERTANCHINI, Luciana. (Org.). **Humanização e cuidados paliativos**. São Paulo: Loyola/São Camilo, 2004, p. 11-30.
21. GARAY, Oscar E. **Derechos fundamentales de los pacientes**. Buenos Aires: Ad-Hoc, 2003.

abusivamente) nem se provoca (já que resultará da própria enfermidade de que o sujeito padece)".

O termo é controvertido, notadamente porque inexiste na língua inglesa, sendo empregado nesta como sinônimo de eutanásia passiva.[22] Entretanto, é fato que no Brasil é usado para se referir ao objetivo dos cuidados paliativos.[23] É fato, ainda, que, no Brasil, o direito fundamental à morte digna tem sido conformado ao instituto ortotanásia, pela maior parte da literatura médica e jurídica, pelo Conselho Federal de Medicina (CFM) e pelo Poder Judiciário.

Em novembro de 2006, o CFM editou a Resolução 1.805 que "permite ao médico limitar ou suspender, na fase terminal de enfermidades graves, tratamentos que prolonguem a vida do doente", mas deixa claro que devem ser mantidos "os cuidados necessários para aliviar os sintomas que levam ao sofrimento, na perspectiva de uma assistência integral, respeitada a vontade do paciente ou de seu representante legal"[24] e no capítulo 5 haverá uma análise aprofundada desta norma e de seus desdobramentos judiciais.

Fato é que desde que a ortotanásia foi compreendida como lícita e ética no Brasil, ela tem sido associada diretamente à ideia de morte digna. E, ainda que isso seja verdade, não se trata de uma verdade completa, pois, como a morte digna está intrinsecamente ligada à pessoalidade e à biografia no indivíduo, uma morte só será digna se assim o perceber o indivíduo. Ou seja, limitar o conceito de morte digna à eutanásia constitui verdadeira interferência no direito à autodeterminação.

Sabe-se, contudo, que o pressuposto de uma morte digna – sob quaisquer das formas – é o acesso aos cuidados paliativos; mas o acesso não é – e não pode ser – a finalidade. Isso porque a finalidade da morte digna é propiciar que o indivíduo grave e irreversivelmente doente possa escolher como deseja terminar sua vida e que essa escolha seja autônoma, em sua, seja feita sem qualquer interferência externa, sem embasar-se na falta de acesso a cuidados paliativos e sem travestir-se de solução milagrosa.

1.3.2 Morte medicamente assistida

Quando se fala em morte assistida, há duas práticas que compõem esse instituto: (i) morte antecipada pela administração de um fármaco letal por um terceiro, a pedido do paciente e por compaixão – comumente chamada de eutanásia; (ii) morte antecipada pelo próprio paciente que, intencionalmente, põe fim a própria vida com ajuda de terceiros, autoadministrando ou ingerindo substâncias letais – comumente

---

22. GARRARD, Eve; WILKINSON, Stephen. Passive euthanasia. J Med Ethics. 2005 Feb;31(2):64-8.
23. GIANNASTÁSIO, Bárbara Nardino; GUIRRO, Úrsula Bueno do Prado; LOPES, Fernanda. Gomes. Ortotanásia e eutanásia passiva: descortinando tabus. In: DADALTO, Luciana; GUIRRO, Úrsula Bueno do Prado (Coord.). **Bioética e Cuidados Paliativos**. Indaiatuba: Foco, 2024, no prelo.
24. CONSELHO FEDERAL DE MEDICINA. Resolução 1.805 de 28 de novembro de 2006. Disponível em: https://sistemas.cfm.org.br/normas/visualizar/resolucoes/BR/2006/1805. Acesso em: 08 ago. 2023.

chamada de suicídio assistido. Atualmente (esta obra foi atualizada em meados de março de 2025) é permitida – em todas ou em uma de suas formas – em onze países, segundo dados da World Federation Right to Die Societies.[25]

1.3.2.1 Eutanásia

O conceito de eutanásia é bastante controverso e passou por evoluções ao longo da história. Na civilização greco-romana a eutanásia era um dos tipos de rituais feito para abreviar a vida de uma pessoa que estava morrendo lenta e dolorosamente; daí a origem etimológica da palavra, *eu* (boa) – thanatos (morte). Com o surgimento da Medicina como ciência a eutanásia passa a ser vista como uma faculdade médica para alívio do sofrimento do doente que não pode ser curado e torna-se imoral, antiética e ilegal com o Cristianismo. No Renascimento, Francis Bacon defendeu a eutanásia como uma prática compassiva e seu posicionamento segue inspirando defensores da prática no mundo contemporâneo.[26] Após a Segunda Guerra Mundial, a autonomia do paciente e a tecnologização da Medicina passaram a coexistir; enquanto o paciente passou a ser visto como um sujeito de direitos cuja autonomia precisa ser respeitada, a morte deixou de ser um evento natural e passa a ser um evento controlado pelos médicos.[27] Ocorre que o nazismo trouxe um novo significado ao termo, associando-o à eugenia – morte provocada com a função precípua de prevenir enfermidades hereditárias – gerando uma nova onda contrária à eutanásia no mundo e que prevalece ainda hoje.

Em que pese o conceito de eutanásia ser moldado, atualmente, pelos requisitos legais de cada um dos países que já legalizaram a prática, "ao longo do tempo, consagrou-se o uso do termo para indicar a morte provocada, antecipada, por compaixão, diante do sofrimento daquele que se encontra irremediavelmente enfermo e fadado a um fim lento e doloroso".[28]

No Brasil, a eutanásia tem sido entendida como crime de homicídio, além de ilícito ético frente às normas do Conselho Federal de Medicina. Tramita no Congresso Federal o projeto de lei do Senado 236/2012[29] – já alterado por projetos de emendas subsequentes –, conhecido como projeto de novo Código Penal, que, em sua redação original, previa a criação de um tipo penal específico para a eutanásia:

---

25. WORLD FEDERATION RIGHT TO DIE SOCIETIES. **World Map**. Disponível em: https://wfrtds.org/worldmap/. Acesso em: 13 mar. 2025.
26. BACON, Francis. **History of life and death**. [S.l: s.n, 199-]. Disponível em: https://sirbacon.org/historylifedeath.htm. Acesso em: 1º ago. 2023.
27. ARIÈS, Philippe. **O homem diante da morte**. São Paulo: Unesp, 2014.
28. VILLAS-BOÂS, Maria Elisa. Eutanásia. In: DADALTO, Luciana; GODINHO, Adriano Marteleto; LEITE, George Salomão (Coord.). **Tratado brasileiro sobre o direito fundamental à morte digna**. Rio de Janeiro: Almedina, 2017. p.101-129.
29. BRASIL. Projeto de Lei do Senado 236, de 2012. Disponível em: https://www25.senado.leg.br/web/atividade/materias/-/materia/106404. Acesso em: 05 ago. 2023.

Art. 122. Matar, por piedade ou compaixão, paciente em estado terminal, imputável e maior, a seu pedido, para abreviar-lhe sofrimento físico insuportável em razão de doença grave:

Pena – prisão, de dois a quatro anos.

§ 1º O juiz deixará de aplicar a pena avaliando as circunstâncias do caso, bem como a relação de parentesco ou estreitos laços de afeição do agente com a vítima.

Esta proposta de alteração objetivava tratar a eutanásia como crime contra a vida diverso do crime de homicídio, possibilitando, no parágrafo primeiro, que o julgador concedesse o perdão judicial em determinadas circunstâncias; ou seja, o agente seria julgado pela eutanásia (independentemente do motivo o qual a realizou), mas deixaria de ser punido. Todavia este tipo penal foi retirado do projeto antes de uma discussão social sobre o tema e não há, no momento, mais nenhum projeto de lei em tramitação sobre eutanásia, seja para mudar o tipo penal, seja para descriminalizar a prática.

1.3.2.2 Suicídio assistido

O suicídio assistido, por sua vez, é tido como a abreviação da vida feita pela própria pessoa que está com uma doença grave, incurável e/ou terminal. Nesse caso, a pessoa é ajudada por outrem (médico ou não), que lhe concede os meios para que possa, por si mesma, abreviar sua vida.

Todos os países que já legalizaram a eutanásia, legalizaram, na mesma lei, o suicídio medicamente assistido. A Colômbia é o único país a legalizar a eutanásia e a ter o suicídio assistido descriminalizado por decisão da Corte Constitucional.[30]

Alguns países e regiões, no entanto, permitem apenas o suicídio assistido. Esse é o caso da Suíça,[31] de onze estados dos EUA,[32] da Itália[33] e da Alemanha,[34] sendo que nestes dois últimos países a permissão se deu por decisão judicial para situações específicas.

Para Laura Ferreira dos Santos há uma maior tolerância cultural ao suicídio assistido do que à eutanásia, uma vez que o agente direto do ato que provoca a morte é o próprio indivíduo.[35] Haveria, assim, uma maior facilidade em aceitar que a ideia

---

30. COLÔMBIA. Corte Constitucional. Sentencia C-164/22. Disponível em: https://www.corteconstitucional.gov.co/relatoria/2022/C-164-22.htm. Acesso em: 05 ago. 2023.
31. SWISS ACADEMIE OF MEDICAL SCIENCE. **Management of dying and death**. Disponível em: https://www.samw.ch/en/Ethics/Ethics-in-end-of-life-care/ Guidelines-management-dying-death.html. Acesso em: 05 ago. 2023.
32. COMPASSION & CHOICES. **Medical Aid In Dying is Not Assisted Suicide, Suicide or Euthanasia**. Disponível em: https://compassionandchoices.org/about-us/medical-aid-dying-not-assisted-suicide/. Acesso em: 05 ago. 2023.
33. ITÁLIA. Corte constitucional. Sentenza 242/2019 Disponível em: https://www.cortecostituzionale.it/actionSchedaPronuncia.do?anno=2019&numero=242. Acesso em: 05 ago. 2023.
34. ALEMANHA. **BVerfG, Judgment of the Second Senate of 26 February 2020**. Disponível em: http://www.bverfg.de/e/rs20200226_2bvr234715en.html, acesso em 05 ago. 2023.
35. SANTOS, Laura Ferreira dos. **Ajudas-me a morrer?** A morte assistida na cultura ocidental no século XXI. Lisboa: Sextante, 2009.

de que aquele que deseja morrer deve realizar o ato, em vez de pedir que um terceiro realize (eutanásia). Em contrapartida, Summer afirma que permitir o suicídio assistido e proibir a eutanásia é um contrassenso.[36]

Não há, no Brasil, qualquer normativa específica sobre o suicídio assistido e nem mesmo projeto de lei em tramitação sobre o tema. Ele é enquadrado como crime comum de auxílio ou instigação ao suicídio (art. 122 do Código Penal) e violação aos deveres éticos do médico, segundo o artigo 41 do Código de Ética Médica.

1.4 MORTE ASSISTIDA DESMEDICALIZADA

A presença do médico como um terceiro que auxilia uma pessoa a morrer causa inúmeras controvérsias e, possivelmente, é uma das principais razões para que seja tão difícil – em todo o mundo – aprovar leis sobre o direito de morrer.

Segundo Illich, a literatura médica dos séculos XV e XVI "assinala dois deveres opostos para o médico: pode ajudar a cura ou, ao contrário, suavizar e acelerar a morte. (...) Ajudando, seja a curar ou a morrer, o médico se esforça para colaborar estreitamente com a natureza".[37] Nos séculos seguintes, especialmente XIX e XX, com as invenções que permitem ao médico prolongar a vida do paciente e com o uso da palavra *eutanásia* pelo nazismo, a ajuda médica ao morrer passa a ser atacada.

Mark Komrad, psiquiatra estadunidense e uma das principais vozes contrárias à morte medicamente assistida, usa com frequência o exemplo nazista para justificar seu posicionamento. Ele defende que o médico não pode auxiliar um paciente a morrer e, frequentemente, nomeia esse ato como homicídio, usando o verbo *matar*.[38]

Contudo, foi exatamente a constatação de que o termo eutanásia foi mal-empregado pelos nazistas que, juntamente com as mudanças socioculturais afetadas ao reconhecimento da autodeterminação do paciente e com o aumento de métodos artificiais de suporte de vida, motivou o ressurgimento das discussões sobre morte medicamente assistida e pavimentou o caminho para as legislações sobre o tema.[39]

Philip Nitschke entende que a medicalização do direito de morrer acaba por impedir o exercício do direito à autodeterminação e é uma prova do paternalismo médico. Segundo ele, os médicos "estão sempre presentes, posicionando-se como os guardiões quando se trata de áreas do esforço humano nas quais eles não deveriam ter nenhum papel – porque quando você medicaliza algo, você tem que ter um con-

---

36. SUMMER, L. W. **Physician-Assisted Death**: what everyone needs to know. Oxford Press, 2017.
37. ILLICH, Ivan. **Nêmesis da Medicina**. 3. ed. São Paulo: Editora Nova Fronteira; 1975. p.149.
38. KOMRAD, Mark S. **Medical Aid in dying**: a slippery slope. Disponível em: https://www.psychiatrictimes.com/view/medical-aid-in-dying-slippery-slope. Acesso em: 08 ago. 2023.
39. SIQUEIRA-BATISTA, Rodrigo; SCHRAMM, Fermin Roland. Conversações sobre a "boa morte": o debate bioético acerca da eutanásia. **Cadernos de Saúde Pública**. 2005. Disponível em: https://www.scielo.br/j/csp/a/rpx7NmV6Yt4XTtmjytnfH6g/?format=pdf&lang=pt. Acesso em: 08 ago. 2023.

trolador médico".[40] Por isso, Nitschke lidera hoje um movimento de pesquisadores que buscam criar, com o auxílio da tecnologia, métodos de abreviação da vida independentes da ação de um médico.[41]

Em contrapartida, Sumner[42] afirma que auxiliar um paciente a morrer é um ato de cuidado. Posição defendida também pela médica irlandesa Ciara Kelly. Em artigo de opinião publicado em setembro de 2020,[43] Kelly afirmou que a morte assistida é um tema sobre os pacientes, e não sobre os médicos, e que apenas esses podem se manifestar a respeito, cabendo aos profissionais da medicina, caso discordem, utilizar-se do direito à objeção de consciência.

1.5 TESTAMENTO VITAL COMO INSTRUMENTO DE EFETIVAÇÃO DA BIOGRAFIA

Não é coincidência que o movimento *hospice* – que deu origem aos Cuidados Paliativos modernos – seja contemporâneo ao surgimento do Testamento Vital, afinal, como visto Cuidados Paliativos centram a atenção na qualidade de vida do paciente e reconhecem que o cuidado adequado é aquele que respeita os desejos e os valores pessoais do paciente. A busca, nos Cuidados Paliativos, é pelo respeito ao curso natural da doença e à vida biográfica da pessoa cuidada. Em paralelo, a busca, no testamento vital, é, sim, pela escolha de se autodeterminar para o próprio fim, em busca de uma morte com dignidade.

Ocorre que, com o avanço da compreensão sobre a autodeterminação do paciente, a morte natural deixou de ser a única manifestação de morte digna e o testamento vital passou a ser visto como um documento hábil à manifestação prévia de vontade também sobre morte assistida. Por isso, inclusive, a maior parte das organizações internacionais que lutam pela legalização da morte assistida defende ostensivamente a importância do testamento vital.

Sendo assim, em um Estado Democrático de Direito, *morte digna* deve ser entendida como a possibilidade que o indivíduo portador de uma doença ameaçadora da vida tem de escolher como deseja morrer. Não se trata, a princípio, de legitimar o desejo de morrer, mas de reconhecer que, em estados clínicos em que a irreversibilidade da doença está instaurada, é direito do paciente escolher – inclusive no testamento vital – como deseja vivenciar o fim da sua biografia.

---

40. NITSCHKE, Philip. **A design for death**: meeting the bad boy of the euthanasia movement. Disponível em: https://www.economist.com/1843/2019/12/12/a-design-for-death-meeting-the-bad-boy-of-the-euthanasia-movement. Acesso em: 08 ago. 2023.
41. Sugere-se que o leitor acesse o site https://www.exitinternational.net/sarco/ e veja a foto da Sarco, máquina criada por Nitschke.
42. SUMMER, L. W. **Physician-Assisted Death**: what everyone needs to know. Oxford Press, 2017.
43. KELLY, Ciara. **Premium Assisted dying isn't about doctors, it's about patients**. Disponível em: https://www.independent.ie/opinion/comment/assisted-dying-isnt-about-doctors-its-about-patients-39545209.html. Acesso em: 08 ago. 2023.

Como visto, atualmente no Brasil, esta escolha está restrita ao acesso aos cuidados paliativos, fazendo com que o direito de receber tais cuidados seja tratado como uma escolha, e não como um pressuposto de dignidade.

Significa dizer que o testamento vital é, também no Brasil, o documento que permite à pessoa manifestar-se previamente sobre como quer que essa vida biográfica seja cuidada quando estiver no fim. Mas significa também dizer que, em algumas situações, não será documento hábil a permitir a morte digna de uma pessoa, pois eventual escolha de morte assistida não será respeitada.

Capítulo 2
DO CONSENTIMENTO INFORMADO À AUTONOMIA PROSPECTIVA

2.1 COMPREENDENDO O CONSENTIMENTO

O Dicionário Houaiss apresenta quatro acepções da palavra consentimento.

1. manifestação favorável a que (alguém) faça (algo); permissão, licença;
2. manifestação de que se aprova (algo); anuência, aquiescência, concordância;
3. tolerância, condescendência;
4. uniformidade de opiniões, concordância de declarações, acordo de vontade das partes para se alcançar um objetivo comum.[1]

Destas, é possível inferir que o consentimento, em linhas gerais, é expressão da manifestação da vontade do sujeito. Na esfera do Direito Privado, especificamente no âmbito dos negócios jurídicos, Casabona[2] atrela o conceito de consentimento ao de autonomia, vez que o consentimento seria a materialização da vontade. Tal entendimento é bastante plausível, principalmente porque a autonomia pressupõe uma vontade livre.

Interessa-nos, aqui, o consentimento livre e esclarecido. Essa espécie do gênero consentimento pressupõe que o indivíduo, ao consentir na realização do negócio jurídico, seja autônomo e tenha o esclarecimento necessário sobre o negócio.

O consentimento livre e esclarecido é uma evolução jurídica do consentimento informado surgido pós Segunda Guerra Mundial, pois conforma a autonomia do paciente ao direito à informação e aos direitos do consumidor.

O direito à informação está previsto no artigo 5º, inciso XIV, da Constituição da República, e trata-se do direito de todo cidadão brasileiro a ter acesso à informação, resguardado o sigilo da fonte, quando necessário ao exercício profissional.

Esse dispositivo constitucional tem caráter geral e se refere a qualquer tipo de informação. Aqui interessa a informação médica, especificamente, o dever do médico de esclarecer/informar o paciente.

---

1. HOUAISS, Antônio. Dicionário Houaiss da Língua Portuguesa. Disponível em: https://houaiss.uol.com.br/corporativo/apps/uol_www/v5-4/html/index.php#1. Acesso em: 05 ago. 2021.
2. CASABONA, Carlos María Romeo. O consentimento informado na relação entre médico e paciente: aspectos jurídicos. In: CASABONA, Carlos María Romeo; QUEIROZ, Juliane Fernandes (Coord.). **Biotecnologia e suas implicações ético-jurídicas.** Belo Horizonte: Del Rey, 2005. p. 128-172.

A relação entre médico e paciente é uma relação consumerista, segundo interpretação do artigo 14, § 4º,[3] da Lei 8.078, de 11 de setembro de 1990 (Código de Defesa do Consumidor).[4] Assim, o direito de informação do paciente está também regulado pelo artigo 6º, III, deste diploma legal, que dispõe:

> Artigo 6º São direitos básicos do consumidor
> [...]
> III – a informação adequada e clara sobre os diferentes produtos e serviços, com especificação correta de quantidade, características, composição, qualidade e preço, bem como sobre os riscos que apresentem.[5]

O Código de Ética Médica em vigor prevê, em seu artigo 34, que é vedado ao médico "deixar de informar ao paciente o diagnóstico, o prognóstico, os riscos e objetivos do tratamento, salvo quando a comunicação direta possa lhe provocar dano, devendo, nesse caso, fazer a comunicação a seu responsável legal."[6]

Assim, resta claro que o médico tem o dever de informar o paciente acerca do tratamento a que deverá ser submetido. Agora, não basta mais explicar o procedimento a ser realizado, é necessário informar ao paciente as opções terapêuticas disponíveis, esclarecer os prós e contras e deixar que ele, livremente, tome sua decisão.

> [...] o ato de consentir tem que ser qualificado, ou seja, livre de qualquer ingerência externa capaz de viciar a decisão do paciente. [...] Os defensores desse consentimento qualificado entendem que sua validade não se atém à liberdade de escolha frente à informação e exigem que essa informação seja um esclarecimento pleno sobre todas as implicações inerentes ao tratamento.[7]

André Dias Pereira[8] ressalta que nos Estados Unidos da América (EUA), por exemplo, exige-se que a informação seja transmitida em linguagem inteligível ao

---

3. "O fornecedor de serviços responde, independentemente da existência de culpa, pela reparação dos danos causados aos consumidores por defeitos relativos à prestação dos serviços, bem como por informações insuficientes ou inadequadas sobre sua fruição e riscos. [...] § 4º a responsabilidade pessoal dos profissionais liberais será apurada mediante a verificação de culpa". BRASIL. Lei 8.078, de 11 de setembro de 1990. Dispõe sobre a proteção do consumidor e dá outras providências. Brasília, DF: Presidência da República, [1990]. Disponível em: http://www.planalto.gov.br/ccivil_03/leis/l8078compilado.htm. Acesso em: 05 ago. 2021.
4. Frise-se que tal entendimento é contestado pelo Conselho Federal de Medicina e pela mais abalizada doutrina nacional em Direito Médico, notadamente pelos professores Miguel Kfouri Neto e Eduardo Dantas.
5. BRASIL, CDC. Disponível em: https://www.planalto.gov.br/ccivil_03/leis/l8078compilado.htm. Acesso em: 18 mar. 2023.
6. BRASIL. Conselho Federal de Medicina. Resolução CFM 2.217, de 27 de setembro de 2018, modificada pelas Resoluções CFM 2.222/2018 e 2.226/2019. Aprova o Código de Ética Médica. Brasília, DF: Presidência da República, [2018]. Disponível em: https://www.in.gov.br/materia/-/asset_publisher/Kujrw0TZC2Mb/content/id/48226289/do1-2018-11-01-resolucao-n-2-217-de-27-de-setembro-de-2018-48226042. Acesso em: 05 ago. 2021.
7. MATOS, Gilson Ely Chaves de. Aspectos jurídicos e bioéticos do consentimento informado na prática médica. Revista Bioética, Brasília, 2007. v. 15, n. 2. p. 201, 2007. Disponível em: https://revistabioetica.cfm.org.br/index.php/revista_bioetica/article/view/41/44. Acesso em: 05 ago. 2021.
8. PEREIRA, André Gonçalo Dias. **O consentimento informado na relação médico-paciente**. Coimbra: Coimbra Editora, 2004.

paciente, não sendo necessário averiguar sua compreensão a respeito dela, mas apenas se lhe foi comunicada de modo compreensível.

A diferença entre informação e esclarecimento pode parecer, em um primeiro momento, insignificante. Entretanto, Magno[9] afirma que, enquanto o esclarecimento pressupõe o diálogo entre médico e paciente, para a informação há apenas uma introdução ao diálogo. Importante mencionar um exemplo do autor que ajuda a compreender a distinção:

> Se o médico disser ao paciente: – Você deve ser submetido a uma tomografia computadorizada com uso de contraste. Está de acordo? Provavelmente o paciente responderá que sim, automaticamente. Isto porque foi apenas informado do exame.
>
> Entretanto, se o médico 'esclarecer' ao paciente o que é tomografia computadorizada, o que é contraste e os efeitos adversos que pode causar ao paciente, provavelmente este vai querer discutir com o médico a possibilidade de realizar outros exames em substituição à tomografia, ou até de não se submeter a exame nenhum. Esta é a grande diferença entre 'informar' e esclarecer'.[10]

É preciso ter em mente que o dever de esclarecimento não cerceia a autonomia profissional do médico, pois se de um lado há o dever de esclarecer/informar o paciente, de outro há o dever de agir com cautela ao repassar a informação, sopesando o melhor momento para informar e quais informações são imprescindíveis para que o paciente possa consentir de modo livre e esclarecido e quais provocarão sofrimento e dor desnecessários a ele.[11]

2.1.1 O consentimento livre e esclarecido na relação médico-paciente

O consentimento livre e esclarecido pode ocorrer em várias situações que envolvam aspectos médicos, sem, contudo, configurar uma relação médico-paciente, como, por exemplo, no caso do consentimento necessário para pesquisas que envolvam seres humanos. Tal ressalva é importante, pois há autores[12] que tratam o

---

9. MAGNO, Helio Antonio. A responsabilidade civil do médico diante da autonomia do paciente. *In:* GUERRA, Arthur Magno e Silva (Coord.). **Biodireito e bioética: uma introdução crítica**. Rio de Janeiro: América Jurídica, 2005. p. 315-345.
10. PEREIRA, *op. cit.*, p. 319.
11. "Talvez o limite mais controvertido no direito ao consentimento informado não provenha do paciente, e sim do profissional de saúde. O médico ou a enfermeira podem decidir não revelar a informação ao paciente e não buscar sua participação na tomada de decisões. Essa exceção recebe o nome de privilégio médico ou terapêutico. [...]. Se um médico determina que proporcionar informação ao paciente e buscar sua participação causará dano a este, o princípio compensatório da beneficência e não maleficência justifica o rechaço do direito do paciente ao consentimento informado. Se o médico está convencido de que dar as informações causará um dano ao paciente, está dispensado desta obrigação pela obrigação de nunca causar dano". DRANE, James F. **El cuidado del enfermo terminal:** ética clínica y recomendaciones prácticas para instituciones de salud y servicios de cuidados domiciliarios. Washington: Organización Panamericana de la Salud, 1999. p. 74, tradução nossa.
12. MAGNO, Helio Antonio. A responsabilidade civil do médico diante da autonomia do paciente. *In:* GUERRA, Arthur Magno e Silva (Coord.). **Biodireito e bioética: uma introdução crítica**. Rio de Janeiro: América Jurídica, 2005. p. 315-345.

consentimento livre e esclarecido como se este se referisse exclusivamente à relação médico-paciente, o que não é verdade.

Contudo, em razão do objeto de estudo da presente obra, optou-se aqui por tratar do consentimento apenas na relação médico-paciente. Mas, frise-se, não por ser esta a única relação jurídica à qual este documento se refere, e sim porque o tema desta obra está adstrito a essas relações.

Até porque Barreto e Braga[13] apresentam uma diferenciação conceitual entre o consentimento com finalidades terapêuticas – entendido neste trabalho como na relação médico-paciente – e o consentimento em experimentação humana.

> O consentimento informado pode, assim, ser definido como o ato pelo qual o paciente autoriza o médico a avaliar, medicar e praticar os procedimentos necessários para um tratamento específico; trata-se do consentimento com finalidades terapêuticas. Pode, também, ser conceituado como o ato dado por um indivíduo ou grupo de indivíduos para que seja submetido a *testes terapêuticos* com vistas a averiguar a eficácia de um medicamento, ou, então, para serem objetos de pura investigação científica.[14]

Sánchez[15] afirma que o consentimento livre e esclarecido na relação médico-paciente é resultado da conversão do paciente em sujeito ativo, em ser autônomo capaz de decidir sobre questões que lhe concernem diretamente. Assim, ele deve conhecer sua real situação, ser adequadamente informado e prestar seu consentimento antes de qualquer intervenção.[16]

Trabalha-se, nesta obra, a relação jurídica existente entre médico e paciente como uma relação contratual, ou seja, uma relação jurídica em que há acordo de vontade entre as partes.[17] Neste caso, contudo, trata-se de "uma relação que objetiva um valor existencial e encontra-se submetida e informada pelo princípio da dignidade",[18] ou, como Sá afirma, "muito mais que negócio jurídico, a relação médico-paciente apresenta-se como base da ciência médica e tem como objetivo o comprometimento para com a saúde, o bem-estar e a dignidade do indivíduo".[19] Assim, a natureza con-

---

13. BARRETO, Vicente de Paulo; BRAGA, Renata. Consentimento informado. In: BARRETO, Vicente de Paulo (Coord.). **Dicionário de filosofia do direito**. Rio de Janeiro: Renovar, 2006. p. 139-144.
14. *Ibidem*, p. 141.
15. SÁNCHEZ, Cristina López. **Testamento vital y voluntad del paciente**: conforme a la Ley 41/2002, de 14 de noviembre. Madrid: Dykinson, 2003.
16. "Tanto si firma el consentimiento como si no, la consecuencia inmediata será la aceptación o el rechazo del tratamiento, lo cual guarda cierta semejanza con el llamado testamento vital". Ibid., p. 21.
17. Muito se discute sobre a natureza jurídica desta relação, inclusive essa discussão, *per se*, daria uma dissertação de Mestrado. Contudo, o presente trabalho não pretende debater tal tema, razão pela qual recomenda-se a leitura da Seção I, do Capítulo II, da obra de José de Aguiar Dias: DIAS, José de Aguiar. **Da responsabilidade civil**. 11. ed. Rio de Janeiro: Renovar, 2006. p. 327-390.
18. NAVES, Bruno Torquato de Oliveira; SÁ, Maria de Fátima Freire de. Da relação jurídica médico-paciente: dignidade da pessoa humana e autonomia privada. *In*: SÁ, Maria de Fátima Freire de. (Org.). **Biodireito**. Belo Horizonte: Del Rey, 2002. v. 1, p. 115.
19. SÁ, Maria de Fátima Freire de. **Direito de morrer**: eutanásia, suicídio assistido. 2. ed. Belo Horizonte: Del Rey, 2005. p. 35.

tratual da relação médico-paciente não significa que ela seja meramente patrimonial e nem mesmo consumerista, uma vez que a relação contratual se rege também pelo princípio da dignidade da pessoa humana, que, por sua vez, possui caráter eminentemente existencial.

Há entre os médicos resistência em aceitar a relação médico-paciente como contratual, tendo em vista que esta se pauta em valores éticos. Azevedo[20] menciona que o tratamento dessa relação como contratual se aproxima do paternalismo médico,[21] pois presume que o paciente, ao procurar o médico, transfere ao profissional o direito de tratá-lo e este, por sua vez, "tem a obrigação de empregar todos os meios de que dispõe para diagnosticar e combater a doença, meios que lhe são prerrogativas exclusivas".[22] Em contrapartida, Naves e Sá afirmam que

> No âmbito jurídico não é verdadeiro afirmar que a relação contratual é diferente das demais relações contratuais porque permeada por valores éticos, extraídos do Código de Ética Médica e expostos como metajurídicos. Não é só o contrato de prestação de serviços médicos que é permeado por valores éticos, todos os contratos são. Entretanto não são quaisquer valores e não são valores metajurídicos. A relação contratual em foco, como qualquer outra, é informada pelos princípios da boa-fé contratual, da justiça contratual e da autonomia da vontade.[23]

Desse modo, entende-se aqui que o consentimento livre e esclarecido na relação médico-paciente tem papel de princípio basilar, pois é informador desse contrato, e, juntamente com o princípio da dignidade da pessoa humana, "é elemento central na relação médico-paciente, sendo resultado de um processo de diálogo e colaboração, visando satisfazer a vontade e os valores do paciente".[24]

Matos[25] afirma que há quem vislumbre nesse dever médico uma restrição da atuação do profissional, que detém os conhecimentos necessários para buscar o bem do paciente. Todavia, não é possível corroborar com tal posição, vez que o consentimento livre e esclarecido não tem o condão de restringir a atuação do médico, já que ele continuará responsável pelo tratamento e pela informação/esclarecimento. Assim, é imperioso que se reconheça o direito ao consentimento livre e esclarecido como respeito à autonomia privada do paciente, e não como

---

20. AZEVEDO, Marco Antônio Oliveira de. **Bioética fundamental**. Porto Alegre: Tomo Editorial, 2002.
21. Sobre o assunto, recomenda-se a leitura de ALMEIDA, José Luiz Telles de. **Respeito à autonomia do paciente e consentimento livre e esclarecido**: uma abordagem principialista da relação médico-paciente. 1999. Tese (Doutorado em Ciências da Saúde) – Escola Nacional de Saúde Pública, Fundação Oswaldo Cruz, Rio de Janeiro, 1999. 129 f.
22. AZEVEDO, *op. cit.*, p. 95
23. NAVES, Bruno Torquato de Oliveira; SÁ, Maria de Fátima Freire de. Da relação jurídica médico-paciente: dignidade da pessoa humana e autonomia privada. In: SÁ, Maria de Fátima Freire de. (Org.). **Biodireito**. Belo Horizonte: Del Rey, 2002. v. 1, p. 115.
24. SÁ, Maria de Fátima Freire de. **Direito de morrer**: eutanásia, suicídio assistido. 2 ed. Belo Horizonte: Del Rey, 2005. p. 35.
25. MATOS, Gilson Ely Chaves de. Aspectos jurídicos e bioéticos do consentimento informado na prática médica. **Revista Bioética**, Brasília, 2007. v. 15, n. 2. p. 196-213, 2007. Disponível em: https://revistabioetica.cfm.org.br/index.php/revista_bioetica/article/view/41/44. Acesso em: 05 ago. 2021.

uma punição para o médico, pois este, segundo Drane,[26] continua desempenhando seu papel de técnico e de humanista mesmo obrigado ao consentimento livre e esclarecido.

Outro aspecto que gera questionamentos por parte dos médicos é o que diz respeito a uma suposta mitigação do segredo profissional perante o dever de informar o paciente. Entretanto, esses institutos não são excludentes, visto que

> [...] enquanto o segredo médico resguarda o médico da intromissão de quem quer que seja na relação com seu paciente, sendo, portanto, um direito-dever do profissional, de outro lado, o paciente tem o direito de ser informado sobre o seu estado de saúde e os procedimentos sugeridos pelo médico.[27]

Interessante notar, por fim, que Sanchez[28] aproxima o consentimento livre e esclarecido na relação médico-paciente do testamento vital – tema central deste livro –, pois, segundo ela, a consequência imediata dos dois documentos é a aceitação ou rejeição de tratamento. Mas, desde já, é importante ressaltar que consentimento livre e esclarecido e testamento vital não são sinônimos, uma vez que o primeiro aplica-se à situação iminente e específica e o segundo à situação futura e inespecífica.

2.1.2 O consentimento livre e esclarecido na perspectiva do CFM

O Conselho Federal de Medicina (CFM) foi criado em 1951 com a finalidade de proceder ao registro profissional do médico e aplicar sanções previstas no Código de Ética Médica. Atualmente, possui atribuições de fiscalização e normatização da prática médica, atuando ainda na defesa da saúde da população e dos interesses da classe médica. O CFM pauta-se na defesa da boa prática médica, do exercício profissional ético e da formação técnica e humanista.

O Código de Ética Médica atual dispõe sobre o consentimento do paciente no capítulo IV, artigo 22, e no capítulo XII, artigos 77, 102 e 110.

---

26. "Los médicos y las enfermeras ejercen influencia en virtud de su conocimiento y experiencia. Existe una desigualdad natural entre el profesional y el paciente que las normas éticas y los estatutos legales no pueden alterar. La misma forma en que un profesional le proporciona la información requerida a un paciente influye sobre la decisión de este. En efecto, a menudo los profesionales de la salud tratan de persuadir a los pacientes que escojan una intervención determinada. La influencia y la persuasión en si no violan la libertad e los requerimientos del consentimiento del paciente. La conciencia de la desigualdad de la relación y de la influencia que ejercen puede sensibilizar a los profesionales de la salud un cuento a estas realidades y, por ende, limitad su autoridad. La doctrina del consentimiento informado proporciona protección contra los excesos de una influencia inevitable". DRANE, James F. **El cuidado del enfermo terminal**: ética clínica y recomendaciones prácticas para instituciones de salud y servicios de cuidados domiciliarios. Washington: Organización Panamericana de la Salud, 1999. p. 72.
27. BARRETO, Vicente de Paulo; BRAGA, Renata. Consentimento informado. In: BARRETO, Vicente de Paulo (Coord.). **Dicionário de filosofia do direito**. Rio de Janeiro: Renovar, 2006. p. 139.
28. SÁNCHEZ, Cristina López. **Testamento vital y voluntad del paciente**: conforme a la Ley 41/2002, de 14 de noviembre. Madrid: Dykinson, 2003.

Capítulo IV – DIREITOS HUMANOS

É vedado ao médico:

Art. 22. Deixar de obter consentimento do paciente ou de seu representante legal após esclarecê-lo sobre o procedimento a ser realizado, salvo em caso de risco iminente de morte.

Capítulo IX – SIGILO PROFISSIONAL

É vedado ao médico:

Art. 77. Prestar informações a empresas seguradoras sobre as circunstâncias da morte do paciente sob seus cuidados, além das contidas na declaração de óbito, salvo por expresso consentimento do seu representante legal.

Capítulo XII – Ensino e pesquisa médica

Art. 101. Deixar de obter do paciente ou de seu representante legal o termo de consentimento livre e esclarecido para a realização de pesquisa envolvendo seres humanos, após as devidas explicações sobre a natureza e as consequências da pesquisa.

Art. 102. Deixar de utilizar a terapêutica correta quando seu uso estiver liberado no País.

Parágrafo único. A utilização de terapêutica experimental é permitida quando aceita pelos órgãos competentes e com o consentimento do paciente ou de seu representante legal, adequadamente esclarecidos da situação e das possíveis consequências.

Art. 110. Praticar a medicina, no exercício da docência, sem o consentimento do paciente ou de seu representante legal, sem zelar por sua dignidade e privacidade ou discriminando aqueles que negarem o consentimento solicitado.[29]

Até julho de 2019, o CFM editou oito resoluções[30] que versam, exclusivamente, sobre consentimento livre e esclarecido. É possível perceber que nas resoluções mais antigas utiliza-se o termo consentimento informado, enquanto nas mais recentes, notadamente após a edição do Código de Ética Médica de 2010, há preferência pela utilização da nomenclatura consentimento livre e esclarecido.

A primeira Resolução a tratar do consentimento do paciente foi a 671/1975, que regulamenta a pesquisa clínica e considera a Declaração de Helsinque como guia à classe médica em matéria referente ao assunto.

II – A pesquisa clínica combinada com o cuidado profissional

1 – No tratamento da pessoa enferma, o médico deve ser livre para empregar novos métodos terapêuticos, se, em julgamento, eles oferecem esperança de salvar uma vida, restabelecendo a saúde ou aliviando o sofrimento.

Sendo possível, e de acordo com a psicologia do paciente, o médico deve obter o livre consentimento do mesmo, depois de lhe ter sido dada uma explicação completa. Em caso de incapacidade

---

29. BRASIL. Conselho Federal de Medicina. Resolução CFM 2.217, de 27 de setembro de 2018, modificada pelas Resoluções CFM 2.222/2018 e 2.226/2019. Aprova o Código de Ética Médica. Brasília, DF: Presidência da República, [2018]. Disponível em: https://www.in.gov.br/materia/-/asset_publisher/Kujrw0TZC2Mb/content/id/48226289/do1-2018-11-01-resolucao-n-2-217-de-27-de-setembro-de-2018-48226042. Acesso em: 05 ago. 2021.

30. No site do CFM, há a informação de que são seis resoluções. Contudo, a Resolução 1.622/2005 não será objeto de estudo, pois apenas proíbe um procedimento oftalmológico respaldado pelo artigo 123 do Código de Ética Médica.

legal, o consentimento deve ser obtido do responsável legal; em caso de incapacidade física, a autorização do responsável legal substitui a do paciente.

[...]

III – A pesquisa clínica não terapêutica

[...]

3a – A pesquisa clínica em um ser humano não pode ser empreendida sem seu livre consentimento, depois de totalmente esclarecido; se legalmente incapaz, deve ser obtido o consentimento do responsável legal.

3b – O paciente da pesquisa clínica deve estar em estado mental, físico e legal que o habilite a exercer plenamente seu poder de decisão.

3c – O consentimento, como é norma, deve ser dado por escrito. Entretanto, a responsabilidade da pesquisa clínica é sempre do pesquisador; nunca recai sobre o paciente, mesmo depois de ter sido obtido seu consentimento.[31]

Em 1999, foi editada a Resolução 1.544, que versa sobre a obtenção de amostras de sangue de cordão umbilical e de placenta. É a primeira resolução do CFM que traz em seu bojo um modelo de termo de consentimento esclarecido. Esse modelo deve ser aplicado pela equipe multidisciplinar, coordenada por um médico, antes da doação do material.[32]

No ano de 2002, o CFM editou três resoluções em que está expressa a previsão da necessidade do consentimento informado. A Resolução 1.640 é bastante específica, pois trata da eletroconvulsoterapia,[33] tratamento realizado em pacientes psiquiátricos e que, segundo o artigo 3º, deve ser precedido de consentimento informado:

---

31. BRASIL. Conselho Federal de Medicina. Resolução CFM 671, de 18 de julho de 1975. Brasília, DF: Presidência da República, [1975]. Disponível em: https://sistemas.cfm.org.br/normas/arquivos/resolucoes/BR/1975/671_1975.pdf. Acesso em: 05 ago. 2021.
32. "O Termo de Consentimento Informado, da forma como tem sido utilizado na área assistencial, pode ser comparado a um Contrato de Adesão, visto que possuem características semelhantes, quais sejam: sujeito ativo e sujeito passivo na relação; capacidade civil das partes; ausência de coerção ou liberdade de aceitação; predisposição das cláusulas pelo fornecedor do serviço (médico ou hospital) a serem aderidas pelo paciente; manifestação de vontade do aderente (paciente) sumamente reduzida; uma parte predisponente, considerada forte, e outra aderente, considerada fraca; comprometimento da liberdade contratual. Ocorre que, desta maneira, não se desenvolverá o Processo de Consentimento Informado. Para que este seja válido é necessário, entre outros, a comunicação eficaz entre o médico e o paciente, onde aquele explicará a este o procedimento a que irá submetê-lo, riscos e benefícios do tratamento com uma linguagem acessível e da forma mais didática possível, e somente depois dessa etapa emitir um Termo de Consentimento que contenha todo o processo realizado de forma escrita. Porém, se for fornecido ao paciente um documento pré-formatado pelo estabelecimento hospitalar, com texto genérico e de linguagem inacessível não se concretizará o Processo de Consentimento Informado". FERNANDES, Carolina Fernandéz; PITHAN, Lívia Haygert. O consentimento informado na assistência médica e o contrato de adesão: uma perspectiva jurídica e bioética. **Revista do Hospital das Clinicas de Porto Alegre**, Porto Alegre, 2007, v. 27, n. 2, p. 81, 2007. Disponível em: https://www.lume.ufrgs.br/handle/10183/164546. Acesso em: 05 ago. 2021.
33. "Esclarecendo o procedimento, durante a passagem da corrente elétrica no cérebro ocorre perda da consciência, bem como espasmo muscular generalizado. Sucedem-se as fases tônica, clônica e finalmente a comatosa, iguais a uma crise convulsiva patológica. A seguir, sobrevém o sono de alguns minutos, do qual a pessoa com transtorno mental submetida à ECT acorda espontaneamente, a maioria sem lembrar-se do ocorrido." GUIMARÃES, Julia Cabral da Silva, et. al. Eletroconvulsoterapia: construção histórica do cuidado de Enfermagem (1989-2002). **Rev Bras Enferm** [Internet]. 2018; 71(Suppl 6): 2743-50. Disponível em: https://www.scielo.br/j/reben/a/bknMSshqpGzKXSPbRJybjwM/?format=pdf&lang=pt. Acesso em: 05 ago. 2021.

Art. 3º O consentimento informado deverá ser obtido do paciente, por escrito, antes do início do tratamento.

§ 1º Nas situações em que o paciente não apresentar condições mentais e/ou etárias necessárias para fornecer o consentimento informado, este poderá ser obtido junto aos familiares ou responsáveis pelo mesmo.

§ 2º Nas situações em que não houver possibilidade de se obter o consentimento informado junto ao paciente, sua família ou responsável, o médico que indicar e/ou realizar o procedimento tornar-se-á responsável pelo mesmo, devendo reportar-se ao diretor técnico da instituição e registrar o procedimento no prontuário médico.[34]

A Resolução 1.643/2002 disciplina a prestação de serviços por intermédio da TeleMedicina,[35] mencionando textualmente o consentimento livre e esclarecido. Esta Resolução prevê

[...] que as informações sobre o paciente identificado só podem ser transmitidas a outro profissional com prévia permissão do paciente, mediante seu consentimento livre e esclarecido e sob rígidas normas de segurança capazes de garantir a confidencialidade e integridade das informações.[36]

Já a Resolução 1.653/2002 disciplina sobre as demonstrações cirúrgicas ao vivo, dispondo acerca do dever de informar e de esclarecer o paciente.

O médico tem o dever de informar e esclarecer ao paciente o diagnóstico, o prognóstico, os riscos e objetivos do tratamento, obtendo dele o consentimento prévio para o tratamento e que o cirurgião que realizará o procedimento, convidado para o evento, é de notório saber e reconhecimento científico para efetuá-lo;

[...]

Art. 4º Os pacientes que serão submetidos aos atos cirúrgicos de demonstrações devem ser informados que participam deste tipo de evento e que na ausência do cirurgião convidado terão a assistência garantida na figura do cirurgião responsável residente na cidade, e devem dar por escrito suas autorizações e ciência desses fatos.[37]

A partir da Resolução 2.056/2013, o CFM adota a nomenclatura consentimento livre e esclarecido. A referida norma trata da autorização e da fiscalização de funcionamento dos serviços médicos e cria roteiros para anamnese, perícias médicas e organização de prontuário de pacientes. E deixa claro, em seu artigo 30, a necessidade de o paciente consentir antes da realização de qualquer tratamento.

---

34. BRASIL. Conselho Federal de Medicina. **Resolução CFM 1.640, de 10 de julho de 2002**. Dispõe sobre a eletroconvulsoterapia e dá outras providências. Brasília, DF: Presidência da República, [2002b]. Disponível em: https://sistemas.cfm.org.br/normas/visualizar/resolucoes/BR/2002/1640. Acesso em: 05 ago. 2021.
35. "Art. 1º Definir a Telemedicina como o exercício da Medicina através da utilização de metodologias interativas de comunicação audiovisual e de dados, com o objetivo de assistência, educação e pesquisa em Saúde". (Resolução 1.643/2002).
36. BRASIL. Conselho Federal de Medicina. Resolução CFM 1.643, de 07 de agosto de 2002. Define e disciplina a prestação de serviços através da Telemedicina. Brasília, DF: Presidência da República, [2002c]. Disponível em: https://sistemas.cfm.org.br/normas/visualizar/resolucoes/BR/2002/1643. Acesso em: 13 mar. 2013.
37. BRASIL. Conselho Federal de Medicina. Resolução CFM 1.653, de 06 de novembro de 2002. Demonstrações Cirúrgicas ao Vivo. Brasília, DF: Presidência da República, [2002d]. Disponível em: https://sistemas.cfm.org.br/normas/visualizar/resolucoes/BR/2002/1653. Acesso em: 05 ago. 2021.

> Art. 30. Nenhum tratamento será administrado a qualquer pessoa sem o seu consentimento esclarecido, salvo quando as condições clínicas não permitirem sua obtenção ou em situações de emergência, caracterizadas e justificadas em prontuário.
>
> Parágrafo único. Na impossibilidade de obter-se o consentimento esclarecido do paciente, ressalvada a condição prevista na parte final do *caput* deste artigo, deve-se buscar o consentimento do responsável legal.[38]

Já a Resolução 2.057/2013 tem por condão consolidar as resoluções anteriores da área de Psiquiatria, deixando claro em seu artigo 14 a necessidade de obtenção do consentimento esclarecido do paciente com doença mental. Saliente-se que o referido artigo segue a redação do artigo 30 da Resolução 2.056/2013, diferenciando-se desta apenas por deixar claro o quadro de doença mental.

> Art. 14. Nenhum tratamento será administrado à pessoa com doença mental sem consentimento esclarecido, salvo quando as condições clínicas não permitirem sua obtenção ou em situações de emergência, caracterizadas e justificadas em prontuário, para evitar danos imediatos ou iminentes ao paciente ou a terceiro.
>
> Parágrafo único. Na impossibilidade de se obter o consentimento esclarecido do paciente, ressalvada a condição prevista na parte final do *caput* deste artigo, deve-se buscar o consentimento do responsável legal.[39]

Por fim, a Resolução 2.136/2015[40] – a mais recente a versar sobre consentimento – disciplina o procedimento de monitorização neurofisiológica intraoperatória e traz, em seu bojo, um modelo de termo de consentimento livre e esclarecido.

Percebe-se, pelo exposto, que o consentimento, seja informado ou esclarecido, foi alçado pelo Conselho Federal de Medicina à categoria de indispensável no cuidado médico em um claro reconhecimento da importância da participação do paciente no processo de tomada de decisões sobre a sua saúde, reconhecimento este presente nos considerandos do Código de Ética Médica aprovado em novembro de 2018.

2.2 COMPREENDENDO A AUTONOMIA PROSPECTIVA

A origem etimológica da palavra autonomia é latina, *auto* – para si; *nomos* – norma. Trata-se da norma que o próprio indivíduo estabelece para si, estando, portanto,

---

38. BRASIL. Conselho Federal de Medicina. Resolução CFM 2.056, de 12 de novembro de 2013. Disciplina os departamentos de Fiscalização nos Conselhos Regionais de Medicina [...]. Brasília, DF: Presidência da República, [2013]. Disponível em: https://sistemas.cfm.org.br/normas/visualizar/resolucoes/BR/2013/2056. Acesso em: 05 ago. 2021.
39. BRASIL. Conselho Federal de Medicina. Resolução CFM 2.057, de 12 de novembro de 2013. Consolida as diversas resoluções da área da Psiquiatria [...]. Brasília, DF: Presidência da República, [2013a]. Disponível em: https://sistemas.cfm.org.br/normas/visualizar/resolucoes/BR/2013/2057. Acesso em: 05 ago. 2021.
40. BRASIL. Conselho Federal de Medicina. Resolução CFM 2.136, de 11 de dezembro de 2015. Disciplina o procedimento de monitorização neurofisiológica intraoperatória [...]. Brasília, DF: Presidência da República, [2015]. Disponível em: https://sistemas.cfm.org.br/normas/visualizar/resolucoes/BR/2015/2136. Acesso em: 05 ago. 2021.

desde os primórdios, atrelada à subjetividade individual, mas também à fluidez dos aspectos sociais, culturais e religiosos que nos moldam.

A autonomia não é um fenômeno eminentemente jurídico, mas sim uma característica do ser humano com repercussões jurídicas.[41] A fim de balizar essas repercussões, tem sido, historicamente, tratada como um princípio jurídico. No Estado Liberal, convencionou-se utilizar o termo *autonomia da vontade* para tratar da esfera jurídica de autonomia do indivíduo, tendo em vista que preponderava a vontade do sujeito. Frise-se que esse modelo estatal "estabeleceu-se sobre a base da justiça formal, ou seja, estando formalmente garantida em lei, não importava ao Estado que, material ou concretamente, a justiça não existisse".[42] A pouca interferência estatal favorecia a realização de negócios jurídicos entre particulares, de modo que estes eram livres para decidir o conteúdo destes negócios bem como os parceiros contratuais. Assim, o Estado não tinha como objetivo proteger os indivíduos, partia-se do pressuposto de que todos eram autônomos e tinham condições de se autorregularem.

Entretanto, após a Primeira Guerra Mundial, com o crescimento da industrialização, o Estado aumentou sua intervenção na esfera privada, objetivando a justiça material, de modo que essas relações começaram a ser regidas por princípios como a função social. Por esta razão, a autonomia da vontade começou a ser superada pela autonomia privada.

> Na realidade, não há o abandono da autonomia da vontade, mas sim uma releitura desse princípio, em face das mudanças sociais ocorridas nos últimos séculos, que conduziram a uma modificação na análise dos principais institutos e princípios do Direito Civil.[43]

Quanto a essas duas vertentes da autonomia, Ferri afirma que, enquanto a autonomia privada está ligada à manifestação de vontade objetiva, como fonte dos efeitos jurídicos,[44] a autonomia da vontade está ligada a uma vontade psicológica dos

---

41. A autonomia é um tema recorrente na filosofia, na psicologia, na sociologia e na antropologia, entre outras ciências. Recentemente, os estudos de neurociência têm questionado a existência da autonomia como nós, operadores do Direito, estudamos e defendemos. Daniel Eagleman afirma que "em nossa atual compreensão da ciência, não podemos encontrar o hiato físico em que se encaixa o livre arbítrio – o causador sem causa – porque não parece haver nenhuma parte da maquinaria que não siga uma relação causal com outras partes". EAGLEMAN, David. **Incógnito**: as vidas secretas do cérebro. Rio de Janeiro: Rocco, 2012. p. 179.
42. FARIA, Roberta Elzy Simiqueli de. Autonomia da Vontade e Autonomia Privada: uma distinção necessária. In: FIUZA, César; NAVES; Bruno Torquato de Oliveira; SÁ, Maria de Fátima Freire. **Direito Civil: Atualidades II**. Belo Horizonte: Del Rey, 2007. p. 57.
43. *Ibidem*, p. 60-61.
44. "Igualmente criticável me parece a opinião que prefere falar da autonomia da vontade melhor do que autonomia privada. As duas expressões poderiam parecer, à primeira vista, sinônimas, mas não o são. Quem fala de autonomia da vontade desconhece o problema da autonomia privada e dá relevo à vontade real ou psicológica do sujeito que, segundo esta opinião, é a raiz ou a causa dos efeitos jurídicos, em oposição a quem, pelo contrário, vê na declaração ou na manifestação da vontade, como feito objetivo, ou na lei, a fonte dos efeitos jurídicos". FERRI, Luigi. **La Autonomía Privada**. Granada: Editora Comares, 2001, p. 5, tradução nossa.

sujeitos, entendida pelos adeptos da nomenclatura como causa dos efeitos jurídicos. No Brasil, é essa também a opinião de Amaral.[45]

Para Habermas, a autonomia tem por fundamento a liberdade do indivíduo, liberdade esta que se respalda "na garantia de uma formação abrangente da vontade e da opinião, processo no qual cidadãos livres e iguais chegam a um entendimento em que objetivos e normas se baseiam no igual interesse de todos".[46]

Entretanto, deve-se verificar que esse conceito se distancia do entendimento de Ferri[47] e Amaral.[48] Enquanto para estes autores o conceito de autonomia privada é permeado pelo aspecto econômico, a conformação do conceito habermasiano ao Estado Democrático de Direito impõe a verificação dos aspectos existenciais da autonomia, bem como a intersubjetividade e o exercício do discurso entre os sujeitos.[49]

A despeito dessas discussões, fato é que a nomenclatura autonomia da vontade foi sendo substituída pela autonomia privada e, atualmente, sob a égide do Estado Democrático de Direito, encontra maior aceitação, razão pela qual é o termo utilizado nesta obra.

Mais importante do que a dicotomia terminológica é a verificação de que o conceito de autonomia é vazio se não for lido e conformado com os conceitos de dignidade e de alteridade. No ordenamento jurídico brasileiro, a dignidade da pessoa humana foi alçada à condição de princípio fundamental da Constituição da República Federativa do Brasil.

> O princípio da dignidade da pessoa humana refere-se às exigências básicas do ser humano no sentido de que ao homem concreto sejam oferecidos os recursos de que dispõem a sociedade para a mantença de uma existência digna, bem como propiciadas as condições indispensáveis para o desenvolvimento de suas potencialidades. Assim, o princípio em causa protege várias dimensões da realidade humana, seja material ou espiritual.[50]

Essa necessidade de ler a autonomia privada à luz da dignidade da pessoa humana é, em outras palavras, o entendimento de Habermas[51] sobre a superação da dicotomia "autonomia pública" x "autonomia privada", ou seja, a leitura de que autonomia

---

45. AMARAL, Francisco. **Direito Civil:** Introdução. 6. ed. Rio de Janeiro: Renovar, 2006.
46. HABERMAS, Jünger. Teoria Política. Trad. Anderson Fortes Almeida e Acir Pimenta Madeira. **Cadernos da Escola do Legislativo**, Belo Horizonte, 1995. v. 3, n. 3, p. 1, 1995. Disponível em: https://cadernosdolegislativo.almg.gov.br/seer/index.php/cadernos-ele/article/view/292/245. Acesso em: 05 ago. 2021.
47. FERRI, *op. cit.*
48. AMARAL, *op. cit.*
49. Galuppo afirma, em estudo sobre o Estado Democrático de Direito a partir do pensamento de Habermas, que para este autor a linguagem "é o mecanismo que assume, desde outras, a função de produzir a integração social". Essa integração se dá por meio do agir comunicativo, ou seja, o ato em que uma pessoa procura convencer outra de suas pretensões, que pode ser também denominado de discurso. Por isso, assume que no Estado Democrático de Direito a eficácia das normas jurídicas dependem do consenso, conseguido pelo agir comunicativo. GALUPPO, Marcelo Campos. **Igualdade e diferença:** estado democrático de direito a partir do pensamento de Habermas. Belo Horizonte: Mandamentos, 2002. p. 117.
50. FARIAS, Edílson Pereira de. **Colisão de Direitos:** A honra, a intimidade, a vida privada e a imagem, versus a liberdade de expressão e informação. 2. ed. Porto Alegre: Sérgio Antonio Fabris Editor, 2000. p. 63.
51. HABERMAS, Jünger. **Direito e Democracia:** entre facticidade e validade. v. 1, 2 ed. Trad. Flávio Beno Siebeneichler, Rio de Janeiro: Tempo Brasileiro, 2003. p. 113-168.

pública e autonomia privada são princípios cooriginários, que se complementam e se inter-relacionam de forma harmônica, não excludente.[52] A autonomia privada está ligada ao agir individual e a autonomia pública relaciona-se com ações coordenadas por meio de leis coercitivas, que limitam este agir individual.

> De um lado, o sistema de direito conduz ao arbítrio dos interesses dos sujeitos singulares que se orientam pelo sucesso para os trilhos de leis cogentes, que tornam compatíveis iguais liberdades subjetivas de ação; de outro lado, esse sistema mobiliza e reúne as liberdades comunicativas de civis, presumivelmente pelo bem comum, na prática da legislação.[53]

Habermas entende a autonomia privada como o poder do sujeito de direito de tomar suas decisões juntamente com outros sujeitos por meio do diálogo, ao que ele nomeia de ação comunicativa. O autor trabalha com o conceito de liberdade comunicativa, que é a "possibilidade de tomar posição frente aos proferimentos de um oponente e às pretensões de validade aí levantadas, que dependem de um reconhecimento intersubjetivo".[54]

Posto isso, a autonomia deve ser entendida sob uma perspectiva dialógica, conformada pela dignidade da pessoa humana e, portanto, dirigida a aspectos públicos e privados, patrimoniais e existenciais. Nota-se, assim, a necessidade de conformação da alteridade e da dignidade humana na autonomia. A alteridade[55] está na intersubjetividade, no que Habermas nomeou de ação comunicativa; a dignidade, por sua vez, está na relação consigo mesmo.

> A dignidade da pessoa humana está no núcleo de todos os direitos fundamentais, isto é, tanto no cerne dos tradicionais direitos individuais ligados à liberdade, que surgem para impedir a atuação do Estado, como dos direitos que procuram assegurar a igualdade das pessoas por meio da prestação do Estado. [...] Em uma, como explica Ingo Wolfgang Sarlet, em cada direito fundamental está presente um conteúdo ou, ao menos, uma projeção de intensidade variável da dignidade da pessoa humana. A pessoa, considerada como sujeito de direito e nunca como objeto da intervenção do Estado ou de terceiros, forma a essência de todos os direitos fundamentais e deve ser respeitada como tal.[56]

Sinteticamente, é possível dizer que o Estado Democrático de Direito – instituído no *caput* do artigo 1º da Constituição Federal, de 5 de outubro de 1988 – é marcado

---

52. A cooriginariedade da autonomia privada e pública somente se mostra quando conseguimos decifrar o modelo de autolegislação através da teoria do discurso, que ensina serem os destinatários simultaneamente os autores de seus direitos. Ibid., p. 139. Interessante notar que Barbosa afirma que, para Habermas, "autonomia privada e pública tornam-se lados de uma mesma moeda". BARBOSA, Rogério Monteiro. **O poder familiar e a legitimidade da educação domiciliar: uma necessária releitura da autonomia privada no marco do estado democrático de direito**. 2008. Projeto Tese (Doutorado) – Faculdade Mineira de Direito, Pontifícia Universidade Católica de Minas Gerais, Belo Horizonte, 2008. p. 35.
53. HABERMAS, op. cit., p. 167.
54. *Ibidem*, p. 155.
55. Acerca da alteridade, recomenda-se a leitura de CAMPOS, Diogo Leite de. **Nós: estudos sobre o direito das pessoas**. Coimbra: Almedina, 2004.
56. DIAS, Roberto. PIOVESAN, Flávia. Proteção jurídica da pessoa humana e o direito à morte digna. *In*: DADALTO, Luciana; GODINHO, Adriana Marteleto; LEITE, George Salomão (Coord.). **Tratado brasileiro sobre o direito fundamental à morte digna**. São Paulo: Almedina, 2017. p. 63-64.

"pela articulação do poder político legitimado pelo povo com a limitação do poder estatal".[57] Neste, o indivíduo torna-se partícipe da Constituição, que agora se volta à proteção de interesses coletivos e de liberdades individuais e, por consequência, do multiculturalismo,[58] garantindo a coexistência de diferentes projetos de vida nas sociedades plurais.[59]

Sob esta perspectiva, os projetos individuais de vida, expressão da autonomia privada, não podem se sobrepor aos dos demais indivíduos, razão pela qual Habermas afirma que:

> Naturalmente, os projetos individuais de vida não se formam independentemente dos contextos partilhados intersubjetivamente. [...] num Estado constitucional democrático, a maioria não pode prescrever às minorias a própria forma de vida cultural – na medida em que estas se distanciam da cultura política comum do país – como uma suposta cultura de referência.[60]

É possível verificar que a Constituição vigente representa um marco no trato normativo da autonomia privada no ordenamento jurídico brasileiro, vez que coexistem normas públicas e privadas, com a garantia de direitos individuais – como o direito à liberdade – e de direitos sociais – como o direito à saúde.

> [...] a interpenetração do direito público e do direito privado caracteriza a sociedade contemporânea, significando uma alteração profunda nas relações entre o cidadão e o Estado. [...] Daí a inevitável alteração dos confins entre direito público e direito privado, de tal sorte que a distinção deixa de ser qualitativa e passa a ser meramente quantitativa, nem sempre se podendo definir qual exatamente é o território do direito público e qual o território do direito privado.[61]

A coexistência entre esses direitos preserva a autorregulamentação do indivíduo, garantindo seus direitos fundamentais e protegendo os distintos projetos de vida de cada cidadão – proteção esta apenas efetivada quando observado o caráter relacional da autonomia, trabalhado por Naves.[62]

---

57. *Ibidem*, p. 103.
58. "A pluralidade das identidades sociais ou o multiculturalismo é um fenômeno típico da modernidade contemporânea e um dos mais importantes temas do debate político e jurídico atual. No seu sentido mais amplo, o multiculturalismo se expressa de várias formas: pela variedade de estilos de vida e de concepções do 'bem viver', pelas distintas opções sexuais, religiosas ou pela diversidade étnico-cultural". VILANI, Maria Cristina Seixas. Cidadania moderna: fundamentos doutrinários e desdobramentos históricos. **Cadernos de Ciências Sociais**, Belo Horizonte, 2002, v. 8, n. 11, p. 58-59, dez. 2002.
59. Assim, Habermas afirma que "o direito moderno tira dos indivíduos o fardo das normas morais e o transfere para as leis que garantam a compatibilidade das liberdades de ação". Com isso ele quer dizer que é o direito que garante a integração social, em substituição à 'moral universal'. HABERMAS, Jünger. **Direito e Democracia**: entre facticidade e validade. v. 1, 2 ed. Trad. Flávio Beno Siebeneichler, Rio de Janeiro: Tempo Brasileiro, 2003. p. 103.
60. HABERMAS, Jünger. O futuro da natureza humana. Trad. Karina Jannini. São Paulo: Martins Fontes, 2004. p. 5.
61. TEPEDINO, Gustavo. Premissas metodológicas para a constitucionalização do direito civil. *In*: TEPEDINO, Gustavo. **Temas** de direito civil. 4. ed. Rio de Janeiro: Renovar, 2008. p. 20.
62. NAVES, Bruno Torquato de Oliveira. **Relacionalidade e autonomia privada**: o princípio da autonomia privada na Pós-Modernidade. 2003. Dissertação (Mestrado), Faculdade Mineira de Direito, Pontifícia Universidade Católica de Minas Gerais, Belo Horizonte, 2003. 138 f.

Desse modo é que a Constituição deverá ser compreendida como a institucionalização de condições processuais para a formação da vontade e da opinião políticas como instância de reconhecimento reflexivo de espaços públicos e privados abertos à interpretação que, presente a tensão entre faticidade e validade, pretendem garantir o exercício das autonomias pública e privada dos coassociados jurídicos.[63]

Esta é a perspectiva jurídica da presente obra: a autonomia privada garante que os indivíduos persigam seus interesses individuais, sem olvidar da intersubjetividade[64] e da alteridade. Significa dizer que autonomia privada não é o poder do indivíduo de fazer tudo o que quiser; não se traduz em uma ampla liberdade, muito pelo contrário.[65] Garante ao indivíduo o direito de ter seu próprio conceito de "vida boa" – e, por que não, de "morte boa" ou de "vida boa até o fim" – e de agir buscando tal objetivo, mas esse direito encontra barreiras na alteridade, de modo que a autodeterminação do indivíduo deve ser balizada pelas relações interpessoais[66] e tal balizamento é feito pelas normas jurídicas.

A autodeterminação reflete o *eu do passado* e o *eu do presente*. São esses dois *eus* que fundam a teoria do consentimento. Contudo, a compreensão de que o *eu do presente* pode se autodeterminar para o futuro – surgida na segunda metade do século XX – possibilita o exercício prospectivo da autonomia, próprio das situações existenciais.

A autonomia prospectiva, portanto, difere-se sobremaneira do consentimento. Enquanto no consentimento "a manifestação de vontade do paciente é de consentimento actual, mantendo-se a eficácia autorizativa enquanto a intervenção e respectivo objecto integrarem o âmbito do consentimento inicialmente prestado",[67] no exercício prospectivo, a manifestação de vontade "não é eficaz e vinculativa enquanto o outorgante for plenamente capaz para consentir a intervenção médica".[68]

---

63. OLIVEIRA, José Ricardo de. Bioética e atenção ao paciente sem perspectiva terapêutica convencional: estudo sobre o morrer com dignidade. 2007. Dissertação (Mestrado), Faculdade de Medicina, Universidade Federal de Minas Gerais, Belo Horizonte, 2007. p. 117.
64. "A autonomia deve ser compreendida, portanto, como de natureza social, e o indivíduo só pode apreender o seu significado a partir da interação social com os demais. A validação intersubjetiva é necessária para a realização da condição de autonomia. Em face disso, torna-se inadmissível a interpretação da autonomia no sentido de autossuficiência, entendida esta como necessidade do indivíduo isolado e que se autossatisfaz no isolamento". GUSTIN, Miracy B. S. **Das necessidades humanas aos direitos**: ensaio de sociologia e filosofia do direito. Belo Horizonte: Del Rey, 1999. p. 32.
65. "A autonomia privada não é só, nem principalmente, liberdade." FERRI, Luigi. **La autonomía privada**. Granada: Editora Comares, 2001, p. 5, tradução nossa.
66. "Uma pessoa só é autônoma em relação ao outro justamente quando, através de formas discursivas, for capaz de justificar suas escolhas e decisões de ação perante o outro. Isso porque os indivíduos não nascem autônomos. [...] Ser autônomo é *saber* que se está agindo com um caráter autônomo em relação aos valores e regras do *outro*. Nesse sentido, entende-se que a autonomia é uma necessidade humana que se desenvolve de forma dialógica". GUSTIN, Miracy B. S. **Das necessidades humanas aos direitos**: ensaio de sociologia e filosofia do direito. Belo Horizonte: Del Rey, 1999. p. 31-32.
67. RIBEIRO, Geraldo Rocha. Fim de vida e recusa de tratamento médico no direito Português. **Revista Cadernos Ibero-Americanos de Direito Sanitário**, Rio de Janeiro, 2016. v. 5, n. 3, p. 121, 2016. Disponível em: https://www.researchgate.net/publication/309270900_Fim_de_vida_e_recusa_de_tratamento_medico_no_direito_Portugues. Acesso em: 05 ago. 2021.
68. *Ibidem*.

É sob a égide da autonomia prospectiva que surgem os documentos de diretivas antecipadas de vontade, a serem tratados no próximo capítulo. Contudo, é preciso, aqui, compreender quem é o sujeito que possui autonomia para consentir e para se autodeterminar prospectivamente.

2.2.1 Autonomia para consentir e para se autodeterminar prospectivamente

Como visto, a autonomia é uma característica indelével do ser humano, estudada por diversas ciências. No âmbito jurídico, a autonomia tem sido protegida pelos ordenamentos e reconhecida, principalmente, como um direito subjetivo "por permitir que o sujeito exerça as demais faculdades que a lei lhe confere com relação aos seus bens e condutas".[69]

Nota-se, contudo, que a noção de autonomia pode causar confusões com o instituto da capacidade – esse sim, eminentemente jurídico. Primeiramente, insta salientar que a capacidade, de *per se*, é um tema desafiador e propiciador das mais diversas discussões. Entretanto, o presente estudo se aterá às discussões acerca da necessidade da capacidade para se obter o consentimento – não obstante as inúmeras celeumas do tema –, pois o que se pretende aqui não é tecer uma profunda e complexa discussão acerca deste, e sim apresentar os pontos importantes para o raciocínio desenvolvido.

Entende-se que a capacidade é um gênero do qual são espécies a capacidade de direito e a de fato. Em linhas gerais, pode-se dizer que a primeira se refere à aquisição de direitos e deveres, e a segunda ao exercício destes, de modo que a capacidade de direito é inerente ao ser humano – conforme se depreende do artigo 1º do Código Civil de 2002[70] – e a capacidade de fato depende do discernimento. Assim, "o regime das incapacidades foi concebido como sistema que busca proteger aqueles sujeitos que não têm discernimento suficiente para formar e exprimir vontade válida".[71]

No que tange ao consentimento, discute-se acerca da capacidade para consentir do paciente, ou seja, se o paciente tem discernimento para consentir com determinado tratamento. Matos[72] trata a capacidade como requisito essencial da validade do consentimento, sem o qual este seria nulo.

---

69. CARVALHO, Carla Vasconcelos; DADALTO, Luciana. A autonomia em face do direito ao próprio corpo do paciente: em busca de harmonização. *In:* CARDOSO, Renato C., et. al. **Livre-arbítrio:** uma abordagem interdisciplinar. Belo Horizonte: Artesã, 2017, p. 58.
70. "Art. 1º Toda pessoa é capaz de direitos e deveres na ordem civil." BRASIL. Lei 10.406, de 10 de Janeiro de 2002. Institui o Código Civil. Brasília, DF: Presidência da República, [2002]. Disponível em: https://legislacao.presidencia.gov.br/atos/?tipo=LEI&numero=10406&ano=2002&ato=ac5gXVE5ENNpWT07a. Acesso em: 05 ago. 2021.
71. RODRIGUES, Renata de Lima. **Incapacidade, curatela e autonomia privada:** estudos no marco do Estado Democrático de Direito. 2005. Dissertação (Mestrado) – Faculdade Mineira de Direito, Pontifícia Universidade Católica de Minas Gerais, Belo Horizonte, 2005. p. 27.
72. MATOS, Gilson Ely Chaves de. Aspectos jurídicos e bioéticos do consentimento informado na prática médica. **Revista Bioética**, Brasília, 2007. v. 15, n. 2. p. 196-213, 2007. Disponível em: https://revistabioetica.cfm.org.br/index.php/revista_bioetica/article/view/41/44. Acesso em: 05 ago. 2021.

Todavia, Naves e Sá afirmam que

> O paciente precisa ter discernimento para a tomada de decisão. Discernimento significa estabelecer diferença; distinguir, fazer apreciação. Exige-se que o paciente seja capaz de compreender a situação em que se encontra. Em direito, a capacidade de fato (ou capacidade para o exercício) normalmente se traduz em poder de discernimento, no entanto, diante do quadro clínico, o médico deverá atestar se o nível de consciência do paciente permite que ele tome decisões.[73]

Significa dizer que, no âmbito das situações jurídicas que envolvam médicos e pacientes, capacidade de fato não é, sempre, sinônimo de discernimento. No direito brasileiro, essas questões se tornaram ainda mais pungentes com a Lei 13.146, sancionada em 06 de Julho de 2015, com vacância de 180 dias, entrando em vigor em Janeiro de 2016. Nomeada de Lei Brasileira de Inclusão da Pessoa com Deficiência, e mais conhecida como Estatuto da Pessoa com Deficiência (EPD), altera sobremaneira a teoria das capacidades no Brasil, dispondo que apenas os menores de 16 anos serão absolutamente incapazes e nenhum tipo de deficiência gerará perda de capacidade de direito no país.[74]

Assim, no caso concreto, quando o médico estiver diante de um paciente civilmente capaz, mas constatar que o mesmo não possui condições de, autonomamente, tomar decisões sobre sua saúde, deve se questionar se este terá capacidade para consentir e, se for o caso, buscar suprimento judicial para o consentimento. Em verdade, capacidade civil e capacidade para consentir são institutos diferentes. Portanto, ao contrário do que ocorre no Brasil, necessitam de tratamento jurídico diferente. O que se questiona na capacidade para consentir é a condição do paciente de tomar uma decisão e de entender as informações prestadas pelo médico, e não a capacidade deste moldada ao Código Civil de 2002.

> Um paciente ou sujeito é capaz de tomar uma decisão caso possua a capacidade de entender a informação material, fazer um julgamento sobre a informação à luz de seus próprios valores, visar um resultado determinado e comunicar livremente seu desejo àqueles que o tratam ou que procuram saber qual é a sua vontade.[75]

Entende-se, no contexto da referida obra,[76] que a capacidade para consentir – também nomeada de discernimento – é requisito essencial para a validade do consentimento prestado, uma vez que não haverá liberdade nem esclarecimento suficientes

---

73. NAVES, Bruno Torquato de Oliveira; SÁ, Maria de Fátima Freire de. Da relação jurídica médico-paciente: dignidade da pessoa humana e autonomia privada. In: SÁ, Maria de Fátima Freire de. (Org.). **Biodireito**. Belo Horizonte: Del Rey, 2002. v. 1, p. 119-120.
74. Acerca do tema, recomenda-se a leitura de MENEZES, Joyceanne Bezerra. O direito protetivo no Brasil após a Convenção sobre a Proteção da Pessoa com Deficiência: impactos do novo CPC e do Estatuto da Pessoa com Deficiência. Civilistica.com: **Revista Eletrônica de Direito Civil**. Rio de Janeiro, 2015. v. 4, n. 1, 2015. Disponível em: https://civilistica.com/wp-content/uploads1/2016/01/Menezes-civilistica.com--a.4.n.1.2015-4.pdf. Acesso em: 05 ago. 2021.
75. BEAUCHAMP, Tom L; CHILDRESS, James F. **Princípios de ética biomédica**. Trad. Luciana Pudenzi. São Paulo: Loyola, 2002. p. 154.
76. *Ibidem*.

quando o paciente for incapaz de entender a informação prestada, dialogar com o médico e, livremente, decidir.

A capacidade civil, por sua vez, é mera formalidade. Não deve ser levada em conta para aferir a validade do consentimento do paciente. No caso concreto, deve-se verificar se à época da manifestação do consentimento o paciente estava em pleno gozo de suas funções cognitivas, e não se ele se enquadrava no conceito de pessoa capaz civilmente.

Nessa perspectiva, Iara Antunes de Souza[77] defende que os curatelados podem, desde que comprovado seu discernimento, manifestar sua vontade por meio de uma das espécies de diretivas antecipadas.

Interessante notar que André Dias Pereira[78] classifica a capacidade para consentir/discernimento como uma nova espécie do gênero, ao lado da capacidade de fato e de direito. Essa, segundo o autor, seria estabelecida pelo médico, contudo, estaria sujeita ao controle jurisdicional, por meio do ajuizamento de uma ação questionando a capacidade do paciente. Questão importante – e atrelada à diferenciação entre capacidade civil e discernimento – é aquela referente ao critério etário objetivo utilizado pelo Código Civil brasileiro para definição da capacidade, tendo em vista as inúmeras críticas[79] a este por não levar em conta fatores subjetivos, como o ambiente em que vive o sujeito. Isso porque será discutida posteriormente a validade do testamento vital por uma pessoa menor de idade, que, de acordo com a lei civil brasileira, não possui capacidade de fato e, portanto, em tese, não possui capacidade para consentir.

Neste tópico interessa apenas a verificação da indispensabilidade de que o paciente possua discernimento para que possa consentir, ou, em outras palavras, a constatação de que o discernimento, e não a capacidade de fato, é um requisito essencial do consentimento livre e esclarecido.[80]

---

77. SOUZA, Iara Antunes de. As Diretivas Antecipadas de Vontade diante da curatela: (Im)possibilidade de exercício da autonomia privada do incapaz. In: DADALTO, Luciana. **Diretivas antecipadas de vontade**: ensaios sobre o direito à autodeterminação. Belo Horizonte: Letramento, 2013. p. 231-245.
78. PEREIRA, André Gonçalo Dias. **O consentimento informado na relação médico-paciente**. Coimbra: Coimbra Editora, 2004.
79. "Com efeito, deve-se levar em consideração que os parâmetros de incapacidade firmados no Código Civil não são suficientes para traduzir o grau de discernimento de que é dotado o indivíduo, para dar-lhes ou não autonomia. Assim, pode haver supressão da subjetividade da pessoa menor que, detentora de discernimento, pode ter seu âmbito de atuação suprimido, em função dessas regras". SALES, Ana Amélia Ribeiro et al. Autonomia privada da criança e do adolescente: uma reflexão sobre o regime das incapacidades. **Revista Brasileira de Direito das Famílias**. Belo Horizonte, n. 0, p. 61-65, out./nov. 2007, p. 60.
80. Sobre o assunto, recomenda-se: DADALTO, Luciana. Capacidade versus Discernimento: quem pode fazer Diretivas Antecipadas de Vontade? In: DADALTO, Luciana. **Diretivas antecipadas de vontade**: ensaios sobre o direito à autodeterminação. Belo Horizonte: Letramento, 2013. p. 223-230.

Capítulo 3
DOCUMENTOS DE DIRETIVAS ANTECIPADAS DE VONTADE

3.1 CONTEXTO HISTÓRICO: MODELOS DE TOMADA DE DECISÃO DE BEAUCHAMPS E CHILDRESS

Em 1977, foi publicada nos Estados Unidos a primeira edição do livro *Principles of Biomedical Ethics*, de Tom L. Beauchamp e James F. Childress. A partir de sua segunda edição, em 1979, com a incorporação dos princípios da autonomia, da justiça, da não-maleficência e da beneficência, derivados dos princípios do respeito ao outro, da beneficência e da justiça apresentados no Relatório de Belmont,[1] a obra passou a assumir um papel central nas discussões afetas à Bioética clínica.

No que diz respeito à aplicação da autonomia do paciente na tomada de decisões acerca dos cuidados de saúde aos quais estes devem (ou não) ser submetidos, Beauchamp e Childress[2] oferecem grande contribuição quando apontam três modelos de autonomia a serem levados em conta.

O primeiro é chamado de *modelo de julgamento substituto,* que "parte da premissa de que as decisões sobre tratamentos pertencem propriamente ao paciente incapaz ou não-autônomo, em virtude dos direitos à autonomia e à privacidade".[3] Por este modelo, o paciente, nomeia um decisor substituto que deverá tomar decisões como se fosse o paciente.

Os autores defendem a utilização deste modelo apenas para pacientes que já foram capazes, quando existam sérias razões para se acreditar que é possível prever qual seria a decisão que este teria tomado se estivesse no gozo de suas atribuições

---

1. O Relatório de Belmont foi elaborado em 1978 pela Comissão Nacional para Proteção de Sujeitos Humanos nas Pesquisas Biomédicas e Comportamentais e estabeleceu os princípios éticos fundamentais que deveriam nortear pesquisas com seres humanos. THE NATIONAL COMMISSION FOR THE PROTECTION OF HUMAN SUBJECTS OF BIOMEDICAL AND BEHAVIORAL RESEARCH. **The Belmont Report: ethical principles and guidelines for the protection of human subjects of research. April 1979**. Disponível em: https://www.hhs.gov/ohrp/regulations-and-policy/belmont-report/index.html. Acesso em: 22 set. 2021. Segundo Barboza, estes "princípios da Bioética não deverão ser preteridos pelo legislador, na medida em que têm por fundamento valores reconhecidos pelo Direito". BARBOZA, Heloisa Helena. Princípios da bioética e do biodireito. **Revista Bioética**, Brasília, 2000. v. 8, n. 2, p. 209-216, 2000. Disponível em: https://revistabioetica.cfm.org.br/index.php/revista_bioetica/article/view/276. Acesso em: 22 set. 2021.
2. BEAUCHAMP, Tom L; CHILDRESS, James F. **Princípios de ética biomédica**. Trad. Luciana Pudenzi. São Paulo: Loyola, 2002.
3. *Ibidem*, p. 196.

físicas e mentais. E, conforme se verá, o modelo do julgamento substituto é instrumentalizado na procuração para cuidados de saúde – *durable power of attorney*, positivado em 1991 nos EUA.

O segundo modelo é denominado *modelo de pura autonomia* e "se aplica exclusivamente a pacientes que já foram autônomos e expressaram uma decisão autônoma ou preferência relevante".[4] Aqui, o paciente expressou previamente sua vontade e é esta vontade que orientará a tomada de decisões nos cuidados de sua saúde. O modelo de autonomia pura orienta sobremaneira a presente pesquisa, vez que se aplica *in tontum* ao testamento vital.

Por fim, o terceiro e último é o *modelo dos melhores interesses*, no qual "um decisor substituto deve determinar o maior benefício entre as opções possíveis, atribuindo diferentes pesos aos interesses que o paciente tem em cada opção e subtraindo os riscos e os custos inerentes a cada uma".[5]

Historicamente, a relação entre paciente e médico é fulcrada em uma assimetria que coloca esses sujeitos em lados opostos de uma mesma relação. Silva afirma que o "processo de tomada de decisão na prática clínica é a mecânica aplicada pelo médico de modo a resolver um problema com base no seu conhecimento prático e teórico" e, sob essa perspectiva, deve o nosocômio partir da anamnese, do exame físico e dos exames complementares para chegar à decisão. Nesse contexto, firmou-se a (inadequada) ideia de que a tomada de decisão é, eminentemente, um dever daquele que detém o conhecimento técnico específico da doença, ou seja, o médico; e mais: que o médico é capaz de decidir qual é o melhor interesse do paciente.

Ocorre que, sob a luz das transformações vivenciadas a partir da segunda metade do século XX, tratar a tomada de decisão apenas como um dever/direito do médico é por demais simplista.

Esse modelo – paternalista – ignora que a tomada de decisão tem por finalidade máxima o benefício do paciente e, portanto, não é possível tomar decisões sobre ele sem que ele participe. Contudo, movimentos históricos são pendulares e para sair do extremo do paternalismo foi preciso que um outro extremo aparecesse – a autonomia. E é nesse contexto que surgem os documentos de DAV e os clássicos modelos de tomada de decisão de Beauchamp e Childress.

3.2 ESPÉCIES DE DOCUMENTOS DE DIRETIVAS ANTECIPADAS DE VONTADE

Grande parte dos poucos estudos brasileiros sobre diretivas antecipadas e/ou sobre testamento vital faz confusão com esses institutos, induzindo o leitor, por vezes, a acreditar que são sinônimos. Todavia, a distinção entre os institutos foi feita pela

---

4. *Ibidem*.
5. *Ibidem*.

Patient Self-Determination Act (PSDA), uma lei federal americana que será melhor trabalhada no capítulo seguinte.

Os documentos de diretivas antecipadas de vontade (*advanced directives*), tradicionalmente, têm sido entendidas como gênero do qual são espécies o testamento vital (*living will*) e a procuração para cuidados de saúde (*durable power attorney for health care*), pois essa foi a construção feita pela PSDA. Contudo, como será visto adiante, a população norte-americana criou outras espécies de documentos de diretivas antecipadas de vontade (DAV) não positivadas na lei federal, mas regulamentadas por legislações e atos normativos estaduais.

Atualmente, os documentos de DAV não tratam apenas de desejos para fim de vida, sendo entendidos como documentos de manifestação de vontade prévia que terão efeito quando o paciente não conseguir manifestar livre e autonomamente sua vontade. Contudo, no último capítulo será visto que o projeto de lei em tramitação no Senado Federal limita as DAV a situações de fim de vida, em clara restrição de manifestação de autonomia do paciente, situação que, espera-se, seja revertida até a aprovação da proposição.

Gonzáles[6] aponta como princípios que fundamentam as diretivas antecipadas a autonomia, o respeito às pessoas e a lealdade. Esses princípios são defensáveis para este trabalho apenas se forem tidos como princípios bioéticos, não como princípios jurídicos, vez que ainda que a autonomia, sob uma perspectiva jurídica, seja aplicável a este caso, a lealdade não é. Assim, entende-se que autonomia, respeito às pessoas e lealdade são princípios bioéticos que fundamentam as diretivas antecipadas. Não pertencem exclusivamente, portanto, à esfera do direito.

Esse mesmo autor elenca consequências benéficas de documentos de diretivas antecipadas, como a redução do medo do paciente de situações inaceitáveis, o aumento da autoestima do paciente, o aumento da comunicação e da confiança entre médico e paciente, a proteção do médico contra reclamações e denúncias, a orientação do médico ante situações difíceis e conflituosas, o alívio moral para os familiares diante de situações duvidosas ou "potencialmente culpabilizadoras" e, por fim, a economia de recursos da saúde.

Por óbvio, é induvidoso o benefício destes documentos quanto ao melhoramento da relação médico-paciente, à autoestima do paciente e à diminuição de sentimento de culpa e indecisão dos parentes. Não se pode, ainda, fechar os olhos para o caráter econômico da questão, uma vez que a autonomia decisória do paciente impacta diretamente na sustentabilidade do sistema de saúde, seja ele público ou privado.

---

6. GONZÁLES, Miguel Angel Sánchez. O novo testamento: testamentos vitais e diretivas antecipadas. In: BASTOS, Eliene Ferreira Bastos; SOUSA, Asiel Henrique. **Família e jurisdição**. Belo Horizonte: Del Rey, 2006. p. 91-137.

É verdade que a vida não pode ser quantificada, não pode ser valorada, não pode ser economicamente determinada, mas é também verdade que no âmbito da gestão de saúde deve-se buscar a conformação do interesse privado ao interesse público.

Os documentos de diretivas antecipadas são necessárias e imprescindíveis como instrumento de respeito à dignidade humana e também como política pública no âmbito da saúde, mas como meta governamental de preservação da autonomia do indivíduo-paciente, e não para eventual diminuição de despesas públicas.

Por fim, é oportuno ressaltar que, apesar deste trabalho objetivar o estudo do testamento vital, imperiosa se faz a análise também da procuração para cuidados de saúde, da ordem de não reanimação, das diretivas antecipadas psiquiátricas, das diretivas para demência e dos planos de parto, documentos que hoje são entendidos como espécies da DAV, assim como o testamento vital.

3.2.1 Diretivas antecipadas psiquiátricas

As diretivas antecipadas psiquiátricas (DAP), também chamadas de diretivas de saúde mental, são produto de uma construção feita pela sociedade norte-americana, que, reconhecendo serem as diretivas antecipadas de vontade um gênero de documentos aptos a instrumentalizar os desejos prévios dos pacientes, cria um documento feito por um paciente psiquiátrico no qual ele especifica suas preferências a serem usadas em períodos em que estiver com sua capacidade decisória comprometida.

E, curiosamente, seguem o modelo clássico da PSDA, contendo em seu bojo a manifestação de vontade do paciente – do caso em tela, instruções para tratamento mental – e a nomeação de um procurador.

Esclareça-se que não há estudos realizados no Brasil acerca das DAP. A pesquisa nas bases científicas PubMed, Scielo, BVS, feita com os descritores diretivas antecipadas psiquiátricas, não retornou nenhum resultado, evidenciando que a resolução do CFM 1995/2012 não teve impacto no desenvolvimento do tema.

Todavia, como já visto, a literatura internacional – notadamente a norte-americana – tem sido profícua no tema, especialmente na análise do impacto das diretivas antecipadas psiquiátricas no bem-estar do paciente.

Estudos demonstram que as DAP são comumente usadas para instruções sobre medicações psicotrópicas, terapia eletroconvulsiva e internações hospitalares. O primeiro estudo a sistematizar o conteúdo e a utilidade clínica das DAP evidenciou que os pacientes reconheciam a importância de serem tratados com psicotrópicos e, eventualmente, com eletroconvulsoterapia. Evidenciou ainda que 81% dos pacientes desejam que, em caso de internação, seja feito contato com seus familiares. A metade dos participantes especificou uma pessoa para tomar conta de sua vida financeira, de seus dependentes e de seus animais de estimação. 42% das pessoas manifestaram suas preferências alimentares.[7]

Um dado interessante diz respeito à ativação e revogação das diretivas antecipadas psiquiátricas. Como elas são usadas em situações de incapacidade decisória e estas são – em sua maioria – temporárias, há nas DAP possibilidade de o paciente escolher quando as ativar e quando as revogar: diante da incapacidade jurídica, em serviços de atendimento emergencial e/ou em hospitalizações. Há ainda a possibilidade de escolha acerca do momento em que a DAP será irrevogável, sendo que 57% dos pacientes acionaram a cláusula de irrevogabilidade durante períodos de incapacidade.[8] Segundo os autores, restou claro que os pacientes com doenças mentais graves e persistentes conseguem claramente especificar e justificar suas preferências na DAP e que, ao contrário do entendimento de muitos médicos, as DAP são instrumentos úteis e consistentes no cuidado desses pacientes, inclusive em momentos mais sensíveis como a medicalização e a hospitalização.[9]

A maior parte dos pacientes que enfrentam condições associadas à saúde mental mostra-se disposta a elaborar uma diretiva antecipada de vontade psiquiátrica quando são apresentados aos seus conceitos, experimentando maior sensação de empoderamento, autodeterminação e autonomia. Duas importantes barreiras para o avanço dessa prática entre médicos são o desconhecimento do instrumento por parte desses profissionais e sua falta de preparo para adentrar numa conversa sobre a morte e o morrer com seus pacientes.[10]

Percebe-se, assim, que as diretivas antecipadas psiquiátricas são um importante aliado no reconhecimento e na proteção da autonomia do paciente e não se vinculam estritamente a pacientes psiquiátricos em Cuidados Paliativos (CP), merecendo estudos específicos no Brasil.

3.2.2 Diretivas antecipadas para demência

Em dezembro de 2017 o geriatra norte-americano Barak Gaster publicou um ensaio na prestigiada revista internacional JAMA,[11] defendendo que as manifestações prévias sobre cuidados de saúde na demência sejam retiradas do testamento vital

---

7. SREBNIK, Debra et al. The content and clinical utility of psychiatric advance directives. **Psychiatric services**. Psychiatric Services, Washington, 2005. v. 56, n. 5, p. 592-598, 2005. Disponível em: https://ps.psychiatryonline.org/doi/10.1176/appi.ps.56.5.592. Acesso em: 12 ago. 2021.
8. SWANSON, Jeffrey et al. Psiquiatric advance directives and reduction of coercive crises interventions. **Journal of Mental Health**, 2018. v. 17, n. 3, p. 255-267, 2018. Disponível em: https://www.tandfonline.com/doi/full/10.1080/09638230802052195. Acesso em: 12 ago. 2021.
9. *Ibidem*.
10. ZELLE, Heather *et al*. Advanced directives in mental health care: evidence, challenges and promise. **World Psychiatry**, Rockville, 2015. V. 14, n. 3, p. 278-280, 2018. Disponível em: https://www.ncbi.nlm.nih.gov/pmc/articles/PMC4592640/. Acesso em: 12 ago. 2021.
11. GASTER, Barak. *et al*. Advance Directives for Dementia: Meeting a Unique Challenge. **JAMA**, Chicago, 2017. v. 318, n. 22, p. 2175–2176, 2017. Disponível em: https://jamanetwork.com/journals/jama/article-abstract/2662678. Acesso em: 12 ago. 2021.

e tratadas em um documento específico, o qual nomeou de *advanced directives for dementia*.

Para Gaster, esse documento deve conter especificamente "(1) as mudanças na cognição que ocorrem à medida que a demência progride e (2) as mudanças nos objetivos de cuidado que os pacientes desejariam o *continuum* da doença"[12] escalonados nos graus leve, moderado ou severo da patologia. Gaster sugere ainda que as diretivas antecipadas para demência sejam anexadas ao testamento vital ou à procuração para cuidados de saúde do paciente.

O autor justifica esse documento afirmando que no modelo clássico o paciente se autodetermina, sem interferência de familiares e amigos, mas que, tendo em vista o impacto da demência na vida de terceiros, essa manifestação deveria ser discutida em um documento com a presença de todos os que seriam impactados pela doença no futuro.

A fim de disseminar a ideia, Gaster disponibiliza em seu site um formulário de diretivas antecipadas para demência (DAD), que pode ser baixado gratuitamente por qualquer pessoa.[13]

Diferentemente da DAP, as DAD ainda não foram objeto de variados estudos nos EUA, possivelmente porque são uma construção bastante recente. Dadalto, et. al., concluíram, ao estudar as DAD sob a perspectiva brasileira que "é urgente debater as DAD no contexto brasileiro. Esse debate deve se dar não apenas no âmbito das instituições de saúde, mas incluir toda a sociedade, visto que se trata de um instrumento fundamental para garantir a autodeterminação de pacientes com demência".[14]

3.2.3 Plano de parto

Uma discussão pungente nas questões que envolvem a autonomia do paciente diz respeito à possibilidade de uma gestante fazer escolhas acerca dos cuidados e procedimentos que deseja ou não no momento do parto. Esse tema, *de per se*, pode e deve ser objeto de estudos aprofundados no Brasil, o que não será feito aqui por escapar ao objetivo deste livro.

Todavia, é preciso esclarecer que o plano de parto se insere *in tontum* no conceito de DAV, razão pela qual já vem sendo classificado pela literatura norte-americana como uma espécie de diretiva, à semelhança do testamento vital.

Segundo Nadia Sawicki, o testamento vital e o plano de parto se assemelham, pois, ambos

---

12. Ibidem.
13. GASTER, Barak. **Dementia Directive**. Disponível em: https://dementia-directive.org. Acesso em: 12 ago. 2021.
14. DADALTO, Luciana; ARANTES, Alexandra Mendes Barreto; BARUFFI, Priscila Demari. Diretivas antecipadas de vontade em pacientes com doença de Alzheimer. **Revista Bioética**, Brasília, 2021. v. 29, n. 3, p. p. 474. Disponível em: https://revistabioetica.cfm.org.br/index.php/revista_bioetica/article/view/2791/2680. Acesso em: 12 ago. 2021.

desenvolveram-se como uma resposta a práticas médicas intervencionistas de rotina, mas muitas vezes indesejáveis. Ambos os documentos são usados para garantir que os prestadores de cuidados compreendam os valores e as preferências do paciente. Ambos são usados para garantir que as escolhas autônomas do paciente sejam respeitadas em um momento em que o paciente, que pode ser incapaz de comunicar claramente suas preferências, está passando por um processo biológico irreversível de grande significado pessoal e cultural.[15]

Philipsen e Haynes[16] afirma que tanto o testamento vital quanto o plano de parto são ferramentas para evitar a automatização das rotinas hospitalares, para ajudar na comunicação prévia entre paciente, equipe e familiares, para responsabilizar o paciente por suas escolhas e para promover o melhor cuidado.

É certo que, no Brasil, inexiste ainda a aproximação entre esses institutos e que a visão transmitida nessas linhas foi superficial. O propósito aqui, no entanto, foi levantar o tema, conclamando os pesquisadores para que dirijam o olhar a essa espécie de DAV, tão importante, tão desejada e tão negligenciada em nosso país.

3.2.4 Ordens de não reanimação

As ordens de não reanimação (ONR) surgiram nos EUA, na década de 1970, época em que se começou a noticiar o surgimento de protocolos de comunicação sobre reanimação nas instituições hospitalares. Em 1974, a Associação Médica Americana propôs que a ONR fosse documentada em prontuário,[17] prática que começou a ser seguida em 1976, por dois hospitais de Boston,[18] e que, rapidamente, se tornou comum nos hospitais norte-americanos.

Atualmente, as discussões sobre o tema nos EUA cotejam, no âmbito dos Cuidados Paliativos, as ONR com pedidos de procedimentos que se enquadram no conceito de futilidade terapêutica.[19] Isso faz a literatura questionar por que se deve seguir uma ONR ao mesmo tempo em que se atende um pedido de respiração artificial, por exemplo.[20]

---

15. SAWICKI, Nadia. **Birth Plans as Advance Directives**. Disponível em: http://blog.petrieflom.law.harvard.edu/2017/05/01/birth-plans-as-advance-directives/. Acesso em: 12 ago. 2021.
16. PHILIPSEN, Nayna. C. et al. The similarities between birth plans and living wills. **Journal of Perinatal Education**, 2005. v. 14, n. 4, p. 46-48, 2005. Disponível em: https://www.ncbi.nlm.nih.gov/pmc/articles/PMC1595270/. Acesso em: 12 ago. 2021.
17. AMERICAN MEDICAL ASSOCIATION. Standards for cardiopulmonary resuscitation (CPR) and emergency cardiac care (ECC). **Jama**, Chicago, 1974, v. 227, n. 7, p. 833-868, 1974. Disponível em: https://jamanetwork.com/journals/jama/article-abstract/2652580. Acesso em: 12 ago. 2021.
18. RABKIN, Mitchell. T. et al. Orders not to resuscitate. **New England Journal of Medicine**, Waltham, 1976. V. 295, p. 364-366. Disponível em: https://www.nejm.org/doi/full/10.1056/NEJM197608122950705. Acesso em: 12 ago. 2021.
19. Acerca da discussão sobre obstinação terapêutica, recomenda-se: MEANA, Pablo Requena. **Doctor no haga todo lo possible: de la limitación a la prudência terapéutica**. Granada: Editora Colmares, 2017.
20. BOSSLET, Gabriel T. et al. An official ATS/AACN/ACCP/ESICM/SCCM policy statement: responding to requests for potentially inappropriate treatments in intensive care units. American Journal of **Respiratory and Critical Care** Medicine, New York, 2015. v. 191, n. 11, p. 1318-1330, 2015. Disponível em: https://www.atsjournals.org/doi/pdf/10.1164/rccm.201505-0924ST. Acesso em: 12 ago. 2021.

Segundo Oselka,[21] a reanimação cardiopulmonar é iniciada sem prescrição e apenas uma ordem médica pode evitá-la. Assim, como inexiste regulamentação sobre a eticidade e a legalidade dessa ordem, a prática instituída nas instituições hospitalares do Brasil – notadamente nos serviços de emergência – é de reanimar o paciente, ainda que ele esteja em uma condição terminal e irreversível.

A verdade é que, no Brasil, a ideia de que a reanimação cardiopulmonar em pacientes com estados clínicos terminais e irreversíveis é um procedimento fútil ainda não é naturalizada entre os profissionais – apesar de amplamente caracterizada pela literatura mundial como futilidade terapêutica[22] – em razão da insegurança jurídica.[23]

Desta feita, é imperioso que o Conselho Federal de Medicina edite resolução específica sobre o tema e que eventual legislação sobre as DAV abarque essa questão, afim de possibilitar que os pacientes manifestem suas vontades e os profissionais tenham segurança em cumpri-las.

3.2.5 Recusa Terapêutica

As diretivas de recusa terapêutica alicerçam-se no reconhecimento do direito do paciente à autodeterminação.

Como já visto, no campo privado, a autonomia encontra-se abarcada entre os direitos da personalidade, considerados estes como o conjunto de direitos titularizados por toda e qualquer pessoa em razão de sua simples condição de ser pessoa humana, tendo por objeto a tutela de valores inerentes à sua personalidade.[24]

O Código Civil, consagra o direito à autonomia para questões de saúde no art. 15, em capítulo dedicado aos direitos de personalidade. Segundo essa regra, o paciente tem o direito de autorizar ou recusar ser submetido a tratamentos médicos, sendo controversa a interpretação de que esse entendimento autoriza a recusa de tratamentos, mesmo quando desta decorrer a morte.

Na perspectiva ética, o Código de Ética Médica[25] (CEM), que tem caráter vinculante para a classe médica, estabelece como princípios fundamentais a saúde do

---

21. OSELKA, Gabriel; TROSTER, Eduardo J. Aspectos éticos da ressuscitação cardiopulmonar. **Revista da Associação Médica Brasileira**, São Paulo, 2021. v. 47, n. 1, p. 17-18, 2021. Disponível em: https://www.scielo.br/j/ramb/a/FrMZWMjngRvGwR38LJvB78d/?lang=pt. Acesso em: 12 ago. 2021.
22. BURNS, Jeffrey P.; TRUOG, Robert. D. The DNR Order after 40 Years. **New England Journal of Medicine**, Waltham, 2016. V. 375, n. 6, p. 504-506, 2016. Disponível em: https://www.nejm.org/doi/full/10.1056/NEJMp1605597. Acesso em: 12 ago. 2021.
23. BATISTA, Kátia Tôrres; TORRES, Rafael Villela Silva Derré. A ordem de não ressuscitar no Brasil, considerações éticas. **Comunicação em Ciências da Saúde**, Brasília. 2008. v. 19, n. 4, p. 343-351, 2008. Disponível em: http://bases.bireme.br/cgi-bin/wxislind.exe/iah/online/?IsisScript=iah/iah.xis&src=google&base=LILACS&lang=p&nextAction=lnk&exprSearch=523421&indexSearch=ID. Acesso em: 12 ago. 2021.
24. VASCONCELOS, Pedro Pais de. **Teoria Geral do Direito Civil**. Coimbra: Almedina, 2005, p. 35-37; BERTI, Silma Mendes. Fragilização dos Direitos da Personalidade. Revista da Faculdade Mineira de Direito. Belo Horizonte, v. 3, n. 5 e 6, p. 238-247, 1º e 2º sem. 2000, p. 238,
25. BRASIL. Conselho Federal de Medicina. Resolução CFM 2.217, de 27 de setembro de 2018, modificada pelas Resoluções CFM 2.222/2018 e 2.226/2019. Aprova o Código de Ética Médica. Brasília, DF: Presidência

ser humano como algo de toda atenção do médico, devendo este sempre atuar em benefício do paciente, jamais utilizando seus conhecimentos para causar sofrimento físico ou moral, devendo sempre, na tomada de decisões aceitar a escolha do paciente relativa aos procedimentos diagnósticos e terapêuticos, evitando, nas situações clínicas irreversíveis e terminais, a realização de procedimentos diagnósticos e terapêuticos desnecessários.

Acerca da autonomia do paciente, o CEM, veda ao médico, deixar de garantir o direito de decidir livremente sobre sua pessoa ou sobre seu bem-estar e deixar de obter o consentimento do paciente ou deixar de respeitar sua vontade manifestada.

Todavia, no Conselho Federal de Medicina publicou, em 2019, a resolução 2232[26] – norma deontológica específica sobre recusa terapêutica – que possibilita ao médico descumprir a vontade do paciente caso este esteja em iminente risco de morte.

Em setembro de 2024, o Supremo Tribunal Federal (STF) julgou dois recursos extraordinários[27] que versavam sobre o direito à recusa de hemotransfusão de pacientes Testemunhas de Jeová. Nesta ocasião, o STF firmou dois temas de repercussão geral:

> Tema 952 – Conflito entre a liberdade religiosa e o dever do Estado de assegurar prestações de saúde universais e igualitárias.
>
> Tese
>
> 1. Testemunhas de Jeová, quando maiores e capazes, têm o direito de recusar procedimento médico que envolva transfusão de sangue, com base na autonomia individual e na liberdade religiosa. 2. Como consequência, em respeito ao direito à vida e à saúde, fazem jus aos procedimentos alternativos disponíveis no Sistema Único de Saúde – SUS, podendo, se necessário, recorrer a tratamento fora de seu domicílio.
>
> Tema 1069 – Direito de autodeterminação dos testemunhas de Jeová de submeterem-se a tratamento médico realizado sem transfusão de sangue, em razão da sua consciência religiosa.
>
> Tese
>
> 1. É permitido ao paciente, no gozo pleno de sua capacidade civil, recusar-se a se submeter a tratamento de saúde, por motivos religiosos. A recusa a tratamento de saúde, por razões religiosas, é condicionada à decisão inequívoca, livre, informada e esclarecida do paciente, inclusive, quando veiculada por meio de diretivas antecipadas de vontade. 2. É possível a realização de procedimento médico, disponibilizado a todos pelo sistema público de saúde, com a interdição da realização de transfusão sanguínea ou outra medida excepcional, caso haja viabilidade técnico-científica de sucesso, anuência da equipe médica com a sua realização e decisão inequívoca, livre, informada e esclarecida do paciente.

---

da República, [2018]. Disponível em: https://www.in.gov.br/materia/-/asset_publisher/Kujrw0TZC2Mb/content/id/48226289/do1-2018-11-01-resolucao-n-2-217-de-27-de-setembro-de-2018-48226042. Acesso em: 05 ago. 2021.

26. BRASIL. Conselho Federal de Medicina. Resolução CFM 2.232, de 16 de setembro de 2021. Estabelece normas éticas para a recusa terapêutica por pacientes e objeção de consciência na relação médico-paciente. Brasília, DF: Presidência da República, [2019]. Disponível em: https://sistemas.cfm.org.br/normas/visualizar/resolucoes/BR/2019/2232. Acesso em: 05 ago. 2021.

27. SUPREMO TRIBUNAL FEDERAL. RE 979742 e 1212272. Disponível em: https://redir.stf.jus.br/paginadorpub/paginador.jsp?docTP=TP&docID=782473186. Acesso em: 13 mar. 2025.

Há, nos acórdãos publicados, diversas menções às diretivas antecipadas de vontade, contudo, não há a compreensão de que as DAV são um gênero de documentos e que possuem diversas espécies, sendo o documento de recusa terapêutica apenas uma delas.

De toda forma, estes julgados são paradigmáticos na discussão jurídica acerca do direito à autodeterminação no contexto de tomadas de decisões em saúde e, certamente, abrem portas importantes para o reconhecimento deste direito em outras situações – inclusive na terminalidade da vida. Saliente-se, contudo, que o direito à recusa terapêutica não se restringe à motivação religiosa e, portanto, deve ser compreendido como corolário do direito à autodeterminação do paciente, um espaço de pessoalidade sobre o qual o Estado não tem ingerência.

As diretivas de recusa terapêutica são produto de uma cultura autonomista e amplamente aceita na Europa e nos EUA. O fato de ainda haver dificuldade de respeito a esses documentos no Brasil é uma demonstração cabal de que o paternalismo médico ainda prepondera na sociedade brasileira, tornando imperiosa a aprovação de uma lei federal sobre direitos do paciente.[28]

3.2.6 Procuração para cuidados de saúde

A procuração para cuidados de saúde – também conhecida como mandato duradouro – é um documento no qual o paciente nomeia um ou mais procuradores que deverão ser consultados pelos médicos em caso de sua incapacidade. Desse modo, o procurador de saúde decidirá tendo como base a vontade do paciente.

> As decisões do paciente serão sub-rogadas – tomadas em seu nome – pelo mandatário, com base no seu conhecimento do paciente e de suas preferências; quer dizer, o mandatário não deve indicar o que melhor lhe parece e sim o que crê que o paciente elegeria para essa circunstância particular.[29]

Essa modalidade de diretiva antecipada surgiu nos EUA – especificamente no Estado da Califórnia – na década de 1970 e foi positivada no âmbito federal pela PSDA.

A procuração para cuidados de saúde é denominada *durable power of attorney for health care* (EUA), *procuradores de cuidados de saúde* (Portugal) e *poder para el cuidado de salud/mandato de asistencia sanitária* (Espanha). Em alguns estados norte-americanos, em determinadas comunidades autônomas da Espanha e no Uruguai, é tratada como obrigatória em caso de feitura de Testamento Vital, em um documento

---

28. ALBUQUERQUE, Aline. **Direitos do Paciente**. Belo Horizonte: CEI, 2020.
29. "Las decisiones del paciente son subrogadas – tomadas en su nombre – por el apoderado, en base a su conocimiento del paciente y de sus preferencias; es decir, el apoderado no debe indicar lo que mejos le parece a él sino lo que cree que el paciente hubiera elegido para esa circunstancia particular". MANZINI, Jorge Luis. Las directivas anticipadas para tratamientos médicos apud MARINO, Ignazio R. Testamentobiológico: i diritti dei malati e l'operato dei Médici. In: BORASCHI, Andrea; MANCONI, Luigi. **Il dolore e la política**. Milão: Bruno Mondadori, 2007. p. 41, tradução nossa.

chamado convencionalmente de diretivas antecipadas, mas que já está caindo em desuso, tendo em vista as novas espécies de DAV que têm surgido.

Segundo os modelos de autonomia apontados por Beauchamp e Childress,[30] é possível inferir que a procuração para cuidados de saúde enquadra-se no modelo de julgamento substituto, no qual é necessário que "a intimidade do decisor substituto com o paciente seja suficientemente profunda e relevante para que o julgamento reflita os objetivos e as opiniões do paciente".[31]

Como vantagens desse instrumento, Vítor[32] aponta a possibilidade de evitar incertezas em relação a quem tem o poder legal para decidir; a possibilidade de se respeitar o desejo de conferir legalmente poderes a alguém, para que possa agir em vez da pessoa, quando esta estiver incapacitada; a possibilidade de definir um padrão de decisão; a possibilidade de evitar a imposição de uma medida de tutela ou curatela, quando desnecessária; e a garantia de respeito à vontade da pessoa incapaz, mesmo quando for instaurada a tutela ou curatela.

Sob a perspectiva jurídica, a procuração para cuidados de saúde deve ser entendida como um negócio jurídico unilateral de caráter existencial. Segundo Pontes de Miranda,[33] o conceito de negócio jurídico presente no Código Civil de 1916 objetivava abranger as situações de criação, modificação ou extinção de direitos, pretensões, ações ou exceções e pautava-se na autonomia da vontade, ou seja, no reconhecimento de que o agente define a relação jurídica e os limites das situações jurídicas de que fará parte. Contudo, este conceito não se aplica mais no ordenamento jurídico brasileiro, pois, sob a égide da constitucionalização do direito civil e do Código Civil de 2002, o negócio jurídico é uma vontade particular, reconhecida pelo ordenamento, que se presta a produzir determinados efeitos desejados pelo agente. Assim, não basta a vontade do indivíduo, é necessário que o sistema normativo vigente reconheça poder de autorregulação, o que se chama atualmente de autonomia privada.[34]

Maria Celina Bodin de Moraes[35] afirma que a dignidade da pessoa humana foi alçada a princípio constitucional, sendo verdadeira cláusula geral de tutela da personalidade humana e que, portanto, deve permear todas as relações públicas e privadas. Rose Melo Venceslau Meirelles, por sua vez, aduz que a concretização dessa cláusula se dá com a tutela dos direitos existenciais independentemente de violação

---

30. BEAUCHAMP, Tom L.; CHILDRESS, James F. **Princípios de ética biomédica**. Trad. Luciana Pudenzi. São Paulo: Loyola, 2002.
31. *Ibidem*, p. 197.
32. VÍTOR, Paula Távora. Procurador para cuidados de saúde: importância de um novo decisor. Lex Medicinae: **Revista Portuguesa de Direito da Saúde**, Coimbra, n. 1, p. 121-134, 2004.
33. PONTES DE MIRANDA, Francisco Cavalcanti. **Tratado de direito privado**: parte especial. Atual. por Vilson Rodrigues Alves. Revista dos Tribunais, São Paulo, n. 3, p. 16, 1986.
34. DADALTO, Luciana. **A judicialização do testamento vital**: análise dos autos n. 1084405-21.2015.8.26.0100/ TJSP. Civilistica.com, Rio de Janeiro, 2018, n. 2, p. 1-16, 2018. Disponível em: https://civilistica.emnuvens.com.br/redc/article/view/363. Acesso em: 12 ago. 2021.
35. MORAES, Maria Celina Bodin de. **Danos à pessoa humana**: uma leitura civil-constitucional dos danos morais. Rio de Janeiro: Renovar, 2003.

a quaisquer desses direitos, de modo que a pessoa terá "garantida pelo ordenamento a promoção da sua própria personalidade através da prática de atos de autodeterminação que podem assumir a forma de qualquer situação subjetiva".[36]

Percebe-se, assim, que em um Estado Democrático de Direito, no qual a dignidade da pessoa humana é princípio constitucional, as situações subjetivas existenciais configuram o que Stefano Rodotá chama de *indecidibile per il legislatore*,[37] ou seja, um espaço determinado pelo constituinte em que as escolhas acerca dos direitos de personalidade são próprias do sujeito, não podendo sofrer limitações externas.

A teoria tradicional dos negócios jurídicos aponta como pressupostos de validade do negócio jurídico a capacidade do agente, o objeto lícito, possível, determinado ou determinável e a forma prescrita ou não defesa em lei.[38] E como fatores de eficácia, tudo aquilo que não o integra, mas contribui para a obtenção de resultado visado,[39] como, por exemplo, a condição, o modo/encargo e o termo.

A procuração para cuidados de saúde levanta, ainda, a questão acerca da admissibilidade de representação voluntária para cuidados de saúde, pois seu conteúdo é de direitos de personalidade que, segundo a teoria clássica, são intransmissíveis e irrenunciáveis. Contudo, a teoria contemporânea dos direitos de personalidade faz uma releitura dessas características, entendendo que "a autolimitação ao exercício dos direitos da personalidade deve ser admitida pela ordem jurídica quando atenda genuinamente ao propósito de realização da personalidade do seu titular".[40]

Isso posto, tal documento deve ser compreendido como uma autolimitação válida ao exercício dos direitos de personalidade relativos à saúde, uma vez que o outorgante pretende com ela a preservação de seus interesses privados em momentos em que não lhe for possível autodeterminar-se.

No que diz respeito à representação voluntária, afirmam Gustavo Tepedino e Milena Donato Oliva que:

> A representação voluntária deriva da vontade do representado, que outorga ao representante poderes para agir em seu nome e vinculá-lo diretamente às relações jurídicas com terceiros. A outorga de poderes consubstancia negócio jurídico unilateral, do qual não nascem deveres jurídicos para o representante. A maneira como o representante deve agir e os deveres que lhe são impostos decorrem da relação jurídica base (mandato ou outro negócio) que regula a representação. Por

---

36. MEIRELLES, Rose Melo de Venceslau. **Autonomia privada e dignidade humana**. Renovar: 2009. p. 58.
37. RODOTÁ, Stefano. **Politici, liberateci dalla vostra coscienza**. Disponível em: http://daleggere.wordpress.com/2008/01/13/stefano-rodota-%C2%ABpolitici-liberateci-dalla-vostra-coscienza%C2%BB/. Acesso em: 12 ago. 2021.
38. AZEVEDO, Antônio Junqueira. **Negócio jurídico**: existência, validade e eficácia. 4. ed. São Paulo: Saraiva, 2008.
39. FARIAS, Cristiano Chaves; ROSENVALD, Nelson. **Curso de Direito Civil**: parte geral e LINDB. 17 ed. Salvador: Editora JusPodivm, 2019. p. 713.
40. SCHREIBER, Anderson. **Direitos de Personalidade**. 3. ed. São Paulo: Atlas, 2014. p. 27.

outras palavras, a representação, como técnica de atuação em nome de outrem, apenas diz com os limites de vinculação do representado para com terceiros pelo agir do representante.[41]

Nessa esfera, é preciso entender que o instrumento aqui analisado configura verdadeira representação voluntária de direitos de personalidade, prática que já ocorre, por exemplo, na hipótese legal de casamento por procuração. Não se trata de transmissão ou de renúncia, mas sim de delegação do exercício. Na procuração para cuidados de saúde, o outorgante continua detentor de seus direitos de personalidade, mas delega a terceiro o exercício da tomada de decisão sobre cuidados de saúde, que produzirá efeitos quando aquele estiver impossibilitado de fazê-lo, sendo esta verdadeira condição suspensiva do negócio jurídico.

André Gonçalo Dias Pereira, ao analisar a validade da procuração para cuidados de saúde, afirma que é possível "avançar paulatinamente no reconhecimento dessa faceta da personalidade humana", entendida como "a autodeterminação preventiva e a delegação do exercício dos direitos de personalidade".[42]

Por precaução, é preciso diferenciar a procuração para cuidados de saúde dos institutos jurídicos da curatela, da tomada de decisão apoiada e da autocuratela. Enquanto o primeiro refere-se a um "encargo imposto a uma pessoa natural para cuidar e proteger uma pessoa maior de idade que não pode se autodeterminar patrimonialmente por conta de uma incapacidade",[43] o segundo trata-se de "instituto voltado para auxiliar a pessoa que se sente fragilizada no exercício de sua autonomia, mas que não necessita de um suporte mais extremo como o da curatela".[44] Já o terceiro instrumento "permite à própria pessoa organizar antecipadamente a sua curatela".[45]

Tem-se, assim, a procuração para cuidados de saúde como "um documento que permite a um adulto competente designar uma pessoa – um procurador – que será autoridade a dar ou retirar consentimento para cuidados de saúde quando o outorgante perder a competência mental".[46] A lei portuguesa 25/2012 afirma em seu artigo 11º que "qualquer pessoa pode nomear um procurador de cuidados de

---

41. TEPEDINO, Gustavo; OLIVA, Milena Donato. Notas sobre a representação voluntária e o contrato de mandato. **Revista Brasileira de Direito Civil**, Belo Horizonte, 2017. v. 12, p. 21, 2017. Disponível em: https://rbdcivil.ibdcivil.org.br/rbdc/article/download/31/25. Acesso em: 12 ago. 2021.
42. PEREIRA, André Gonçalo Dias. **O consentimento informado na relação médico paciente**. Coimbra: Coimbra Editora, 2004. p. 250-251.
43. FARIAS, Cristiano Chaves de; ROSENVALD, Nelson. **Curso de Direito Civil: Famílias**. 9. ed. Salvador: Editora JusPodivm, 2017. p. 911.
44. MENEZES, Joyceane Bezerra. Tomada de decisão apoiada: instrumento de apoio ao exercício da capacidade civil da pessoa com deficiência instituído pela lei brasileira de inclusão (lei n. 13.146/2015). **Revista Brasileira de Direito Civil**, 2016, v. 9, p. 44, 2016. Disponível em: http://www.repositorio.ufc.br/handle/riufc/53653. Acesso em: 05 ago. 2021.
45. COELHO, Thais Câmara Maia Fernandes. **Autocuratela**. Rio de Janeiro, 2016. p. 145.
46. "It allows a competent adult to designate a person-a proxy decision maker-who will have the authority to give or withhold informed consent for medical procedures should the designator lose mental competence". GOLDSTEIN, Mary Kane et al. **Durable Power of Attorney for Health Care**: Are We Ready for It? Western Journal of Medicine, September 1991, v. 155, n. 3, p. 263. Disponível em: https://www.ncbi.nlm.nih.gov/pmc/articles/PMC1002981/. Acesso em: 12 ago. 2021.

saúde, atribuindo-lhe poderes representativos para decidir sobre os cuidados de saúde a receber, ou a não receber, pelo outorgante, quando este se encontre incapaz de expressar a sua vontade pessoal e autonomamente".

Na prática, sabe-se que o maior problema desse instituto é a escolha de quem será nomeado procurador do paciente. "Discute-se se a figura mais adequada seria o cônjuge, algum dos pais ou ambos, o juiz, a equipe médica ou um terceiro imparcial".[47]

Para a solução desse problema é preciso ter em mente que o procurador deve ter um contato próximo com o paciente, ou seja, deve saber a fundo exatamente qual é a vontade do paciente, sob pena de decidir com base em seus próprios desejos, desrespeitando o desejo do mandatário.

> A efectividade deste instituto dependerá de o paciente e o procurador terem previamente conversado sobre as opiniões do primeiro relativamente aos seus valores e às opções que tomaria numa determinada situação se estivesse capaz.[48]

Por essa razão, corrobora-se com o entendimento de Naves e Rezende[49] de que não seria possível que o procurador fosse um terceiro imparcial, o juiz ou a equipe médica.[50] Contudo, discorda-se dos autores no que diz respeito à nomeação de parentes ou cônjuges/companheiros, pois entende-se que o vínculo entre estes e o paciente é tão forte – emocional e, em alguns casos, financeiramente – que macula a decisão substituta, sendo recomendável que o procurador seja um amigo e, apenas em última instância, um parente – desde que não tenha dependência financeira atual ou futura com o paciente. No entanto, conforme será visto no último capítulo, o projeto de lei que tramita no Senado Federal brasileiro é ainda mais restritivo a essa nomeação.

> Tornou-se cada vez mais difícil encontrar pessoas apropriadas que desejem assumir a pesada tarefa de tutelar pessoas mentalmente inaptas que estejam institucionalizadas, e as famílias algumas vezes tomam decisões que entram em choque com os desejos aparentes da pessoa atualmente incapaz.[51]

---

47. NAVES, Bruno Torquato de Oliveira; REZENDE, Danúbia Ferreira Coelho de. A autonomia privada do paciente em estado terminal. In: FIÚZA, César; NAVES, Bruno Torquato de Oliveira; SÁ, Maria de Fátima Freire de. **Direito civil: atualidades II.** Belo Horizonte: Del Rey, 2007. p. 105.
48. PEREIRA, André Gonçalo Dias. **O consentimento informado na relação médico-paciente.** Coimbra: Coimbra Editora, 2004. p. 241.
49. *Op. cit.*, p. 89-110.
50. "Mas atenção: a pessoa de confiança não tem legitimidade para elaborar a vontade que será imputada ao paciente. Em termos técnicos, ele não é sequer um representante: é um *núncio*, ou seja, é a pessoa que tem a mera função de transmitir uma vontade formada pelo paciente, tal qual como por ele lhe foi transmitida. Vale apenas como depositário da vontade". ASCENSÃO, José de Oliveira. A terminalidade da vida. In: FACHIN, Luiz Edson; TEPEDINO, Gustavo (Coord.). **O direito e o tempo: embates jurídicos e utopias contemporâneas: estudos em homenagem ao Professor Ricardo Pereira Lira.** Rio de Janeiro: Renovar, 2008. p. 171.
51. BEAUCHAMP, Tom L; CHILDRESS, James F. **Princípios de ética biomédica.** Trad. Luciana Pudenzi. São Paulo: Loyola, 2002. p. 203.

Assim, Beauchamp e Childress[52] afirmam que o modelo dos melhores interesses pode ser usado para invalidar decisões do substituto claramente contrárias aos melhores interesses do paciente.

A coexistência da procuração para cuidados de saúde e do testamento vital em um único documento é salutar para o paciente. Contudo, como a aplicabilidade dessa procuração não se restringe a situações de fim de vida, é interessante que se faça um testamento vital contendo a nomeação de um procurador para cuidados de saúde, e, concomitantemente, redija-se uma procuração para cuidados de saúde, nomeando o mesmo procurador, para que, assim, não haja conflito entre os documentos e a fim de que este possa agir em situações que não envolvam o fim da vida.

Inexistindo o procurador, seria necessária a nomeação de uma equipe médica, de um juiz ou até mesmo de um comitê de bioética/ética do hospital[53] para dirimir conflitos existentes entre os parentes do incapaz, pautando-se nos melhores interesses dos pacientes.[54]

Isso porque "a procuração para cuidados de saúde tem um alcance mais amplo porque demonstra seus efeitos cada vez que a pessoa que o outorgou seja incapaz de tomar uma decisão, ainda que de forma temporária".[55] Ou seja, enquanto o testamento vital, como será visto a seguir, só produzirá efeito em caso de incapacidade definitiva do paciente, a procuração para cuidados de saúde poderá ser utilizada também em caso de incapacidade temporária.

3.2.7 Diretiva de Parada Voluntária de Comer e Beber (Voluntary Stop Eating and Drinking)

Parada Voluntária de Comer e Beber, tradução do termo inglês *Voluntary Stopping Eating and Drinking* (VSED) é definida como a ação da pessoa capaz, que escolhe de maneira voluntária e deliberada, parar de comer e beber líquidos por via oral com a

---

52. *Ibidem*.
53. "Estes comitês de ética têm, habitualmente, problemas de representatividade, fins e procedimentos. Na Espanha, foram positivados recentemente e têm poucos anos de funcionamento. Por outro lado, seus poderes são meramente consultivos. Pelos testemunhos recebidos, chega-se à conclusão que funcionam bem ou mal dependendo das pessoas que os compõem mais do que dos estatutos que o regulam". BETANCOR, Juana Tereza. Testamento vital. Eguzkilore: Cuaderno del Instituto Vasco de Criminología, 1995. n. 9, p. 104, 1995, tradução nossa. Disponível em: https://dialnet.unirioja.es/servlet/articulo?codigo=2277208. Acesso em: 12 ago. 2021.
54. "Aceitar um modelo dos melhores interesses, propriamente falando, equivale a reconhecer que, em casos-limite, temos de decidir quais são os interesses de bem-estar do paciente naquele momento, e não buscar aquilo que ele teria escolhido em algum mundo possível imaginário". BEAUCHAMP, Tom L; CHILDRESS, James F. Princípios de ética biomédica. Trad. Luciana Pudenzi. São Paulo: Loyola, 2002. p. 206.
55. "El poder para el cuidado de la salud tiene un alcance más amplio porque despliega sus efectos cada vez que quien lo otorgó sea incapaz de tomar una decisión, aunque sea de forma temporal". SÁNCHEZ, Cristina López. Testamento vital y voluntad del paciente: conforme a la Ley 41/2002, de 14 de noviembre. Madrid: Dykinson, 2003, tradução nossa.

intenção primária de antecipar a morte devido a persistência de sofrimento(s) intolerável(is) ou para evitá-los.[56-57-58]

Nos últimos anos, o número de estadunidenses que manifestaram vontade neste sentido aumentou exponencialmente e o debate acerca do VSED se tornou realidade. Juntamente com isso, veio a necessidade de sistematizá-las em um documento e no primeiro semestre de 2024, o Northwest Justice Project (NJP) se uniu ao National VSED Advance Directive Committee e propôs "um documento que expressa seus desejos no fim da vida sobre receber alimentos ou bebidas de prestadores de cuidados",[59] nomeando-o de Diretiva de VSED.

O referido documento é dividido em 11 partes: (i) descrição do que está sendo pedido aos cuidados e prestadores de saúde; (ii) condições para iniciar o VSED; (iii) decisão sobre o grau de vinculação do cuidador ao documento; (iv) manifestação de vontade sobre sedação intermitente ou paliativa; (v) decisões sobre como o cuidador deve agir se o outorgante, depois de acionar a diretiva, expressar o desejo de comer ou beber; (vi) decisões sobre como lidar com instituições e profissionais de saúde que não aceitam esta diretiva; (vii) indicação de quem será o procurador de saúde responsável para resolver eventuais conflitos que surgirem durante o cumprimento desta diretiva; (viii) lista dos outros documentos de diretivas que a pessoa já fez; (ix) isenção de responsabilidade das pessoas que seguirem as instruções deste documento e autorização de ação judicial contra qualquer pessoa que "forneça comida e água contra as instruções"; (x) explicação que a pessoa entende o documento e compreende o que está escrito ali; (xi) assinatura e testemunhas.

sInúmeras são as definições de testamento vital encontradas na literatura estrangeira. O apanhado dessas definições permite concluir que o testamento vital é um documento redigido por uma pessoa no pleno gozo de suas faculdades mentais, com o objetivo de dispor acerca dos cuidados, tratamentos e procedimentos a que deseja ou não ser submetida quando estiver com uma doença ameaçadora da vida, fora de possibilidades terapêuticas e impossibilitado de manifestar livremente sua vontade.

---

56. IVANOVIĆ, Nataša; BÜCHE, Daniel; FRINGER, André. Voluntary stopping of eating and drinking at the end of life – a 'systematic search and review' giving insight into an option of hastening death in capacitated adults at the end of life. **BMC palliative care**. 2014;(13):1.
57. WECHKIN, Hope; MACAULEY, Robert; MENZEL, Paul; REAGAN, Peter; SIMMERS, Nancy; QUILL Thimothy. Clinical Guidelines for Voluntarily Stopping Eating and Drinking (VSED). **J Pain Symptom Manage**, 2023, 21:S0885-3924(23)00565-1.
58. DYKES, Linda; HODES, Simon; MALIK, Sarah. Voluntarily stopping eating and drinking – lack of guidance is failing patients and clinicians. **BMJ**, 2022: 379:o2621.
59. NORTHWEST JUSTICE PROJECT; NATIONAL VSED ADVANCE DIRECTIVE COMMITTEE. **Advance Directive for Voluntary Stopping of Eating and Drinking (VSED Directive)**. Disponível em: https://www.washingtonlawhelp.org/resource/vsed-directive. Acesso em 19 jul. 2024.

Este documento enquadra-se no modelo denominado por Beauchamp e Childress[60] de modelo da pura autonomia, vez que neste há expressa manifestação de vontade do paciente, feita enquanto capaz.[61]

No próximo capítulo, o instituto será detalhado.

---

60. BEAUCHAMP, Tom L; CHILDRESS, James F. **Princípios de ética biomédica**. Trad. Luciana Pudenzi. São Paulo: Loyola, 2002. p. 206.
61. Estes autores afirmam textualmente que "ele [o modelo da pura autonomia] se aplica a pacientes que já foram autônomos e capazes e que expressaram uma decisão autônoma ou preferência relevante". *Ibidem*, p. 199. Todavia, não é possível afirmar que os pacientes terminais deixam de ser autônomos com o diagnóstico de terminalidade da vida. Por esta razão, entende este trabalho que estes pacientes são desprovidos apenas de capacidade.

Capítulo 4
TESTAMENTO VITAL

Conforme mencionado na introdução, a nomenclatura testamento vital é fruto de errôneas e sucessivas traduções de *living will*. O erro da tradução cinge-se basicamente à incompatibilidade das características do testamento vital com a característica principal do testamento – a produção de efeitos *mortis causa* –, pois o primeiro deixa claro que essa declaração surtirá efeito durante a vida do paciente.

Esclarecida tal questão, torna-se necessário pormenorizar as especificidades desse instituto. Primeiramente, é importante verificar que o instrumento deverá ser escrito por pessoa com discernimento[1] e será eficaz apenas em situações de irreversibilidade do quadro, quando o paciente não puder exprimir sua vontade.

Desse modo, é imperioso verificar que o paciente em fim da vida deve ser assistido de modo digno, recebendo tratamentos de conforto para amenizar o sofrimento, para assegurar-lhe qualidade de vida, pois "o ser humano tem outras dimensões que não somente a biológica, de forma a aceitar que o critério da qualidade de vida significa estar a serviço não só da vida, mas também da pessoa".[2] Tais tratamentos, como já visto, são próprios da abordagem paliativa.

Em contrapartida, os tratamentos fúteis – também conhecidos como extraordinários – são aqueles que visam prolongar a vida, e não têm qualquer perspectiva de reverter o estado clínico do paciente.[3]

A abordagem paliativa tem como um dos objetivos a aceitação da morte como um processo natural, por isso, o uso de suporte avançado de vida é restrito e a discussão sobre a não iniciação (chamado pelos americanos de *withdraw*) e a suspensão (*withholding*)[4] do suporte avançado de vida é bastante proeminente. A não introdução e suspensão são condutas iguais do ponto de vista ético e bioético,

---

1. Em países como a Espanha, há leis estaduais (ditas ley autonoma) que facultam ao menor de idade o direito de realizar diretivas antecipadas. Este tema será melhor desenvolvido no capítulo seguinte, no item sobre a experiência espanhola e no último capítulo, no qual será analisado a necessidade ou não de impor essa restrição etária no Brasil.
2. SÁ, Maria de Fátima Freire de. **Direito de morrer**: eutanásia, suicídio assistido. 2. ed. Belo Horizonte: Del Rey, 2005. p. 32.
3. Interessante discussão se dá acerca da possibilidade de o paciente pedir expressamente em seu testamento vital a distanásia, pois esta é contra a ética médica e ainda não é proibida no Brasil. Este tem se mostrado um assunto que merece um aprofundamento no debate acerca de – eventuais – limites à autonomia do paciente.
4. MANALO, Maria Fidelis C. End-of-Life Decisions about Withholding or Withdrawing Therapy: Medical, Ethical, and Religio-Cultural Considerations. **Palliative Care**: research and treatment, 2013. n. 7, p. 1-5, 2013. Disponível em: https://journals.sagepub.com/doi/pdf/10.4137/PCRT.S10796. Acesso em: 12 ago. 2021.

mas estudos comprovam que, na prática, os profissionais de saúde sentem-se mais confortáveis do ponto de vista ético e moral em não iniciar, tendo muita dificuldade na suspensão.[5] Por isso, esses tratamentos precisam ser o objeto de recusa expressa no testamento vital caso essa seja a vontade do outorgante, afinal, o paciente, ainda que esteja em estado terminal, deve ser respeitado como ser humano autônomo, ou seja, sua vontade, mesmo que prévia, deve ser levada em consideração.

Assim, é possível apontar os dois principais objetivos do testamento vital, de acordo com Sánchez. Primeiramente, objetiva garantir ao paciente que seus desejos serão atendidos no momento de terminalidade da vida; em segundo lugar, esse documento proporciona ao médico um respaldo legal para a tomada de decisões em situações conflitivas.[6]

Quanto ao conteúdo, a doutrina estrangeira tem apontado para três pontos fundamentais. A saber: 1) os aspectos relativos ao tratamento médico: como a SET, a manifestação antecipada do desejo ou não de ser informado sobre diagnósticos fatais e a não utilização de máquinas e previsões relativas a intervenções médicas que não deseja receber, entre outras; 2) a nomeação de um procurador, ponto já discutido ao longo deste trabalho; e 3) a manifestação sobre eventual doação de órgãos, ponto que será detalhado no último capítulo.

Pittelli et. al afirmam que as diretivas antecipadas de vontade[7] devem ser instrumentos "genéricos e abrangentes",[8] pois entendem ser impossível prever detalhadamente as situações. Esse posicionamento coaduna-se com o de Fagerlin e Schneider,[9] que em 2004 criticaram os modelos que especificavam os tratamentos e cuidados, alegando serem muito detalhistas. Contudo, os estudos feitos em diferentes países,[10-11-12-13]

---

5. *Ibidem*.
6. Sobre o papel do testamento vital na relação médico-paciente, recomenda-se a leitura de DADALTO, Luciana. Declarações previas de vontade em caso de terminalidade: estudos acerca da utilização do testamento vital como forma de prevenir demandas médicas e proteger a autonomia do paciente. In: DADALTO, Luciana; TEIXEIRA, Ana Carolina Brochado (Coord.). **Dos Hospitais aos Tribunais**. Belo Horizonte, 2013a. p. 367-389.
7. Nota da autora: os autores utilizam a já ultrapassada ideia de que diretivas antecipadas são documentos únicos, para situações de fim de vida.
8. PITTELLI, Sergio Domingos; OLIVEIRA, Reinaldo Ayer de; NARAZETH, Janice Caron. Diretivas antecipadas de vontade: proposta de instrumento único. **Revista Bioética**, Brasília, 2020. v. 28, n. 4, p. 606, 2020. Disponível em: https://revistabioetica.cfm.org.br/index.php/revista_bioetica/article/view/2234/2477. Acesso em: 08 set. 2021.
9. FAGERLIN, Angela; SCHNEIDER, Carl. E. Enough: **The Failure of the Living Will**. Hastings Center Report, Philipstown, 2004. v. 34, n. 2, p. 30-42, 2004. Disponível em: https://www.thehastingscenter.org/pdf/publications/hcr_mar_apr_2004_enough.pdf. Acesso em: 12 ago. 2021.
10. ANDERSON, Emily; KRYZANSKI, James. **Prognosis and futility in neurosurgical emergencies**: a review. Clinical Neurology and Neurosurgery, Antuérpia, 2020. v. 195, p. 1-7, 2020. Disponível em: https://www.sciencedirect.com/science/article/abs/pii/S0303846720301943. Acesso em: 12 ago. 2021.
11. KÄGI, Emmanuel E. et al. Value of the TTM risk score for early prognostication of comatose patients after out-of-hospital cardiac arrest in a Swiss university hospital. **Swiss Medical Weekly**, Muttenz, 2020. v. 150, p. 1-6, 2020. Disponível em: https://smw.ch/article/doi/smw.2020.20344. Acesso em: 12 ago. 2021.

demonstram que quanto mais específico for o documento, maiores as chances de as vontades dos pacientes serem cumpridas. Consequentemente, quanto mais vagos e genéricos, menores as chances de respeito à real vontade do paciente. Portanto, essa crítica não merece prosperar, e é preciso continuar educando as pessoas a serem as mais específicas possíveis na documentação de suas vontades.

O testamento vital, em regra, produz efeitos *erga omnes*, vinculando médicos, parentes do paciente e eventual procurador de saúde vinculado às suas disposições.

> O caráter vinculante das diretivas parece ser necessário para evitar uma perigosa 'jurisdicionalização' do morrer, que inevitavelmente ocorreria quando o médico se recusasse a executar as diretivas antecipadas, decisão que precluiria uma impugnação da sua decisão pelo fiduciário ou pelos familiares.[14]

Importante verificar os limites que a doutrina aponta ao testamento vital. São eles: a objeção de consciência do médico, a proibição de disposições contrárias ao ordenamento jurídico e disposições que sejam contraindicadas à patologia do paciente ou tratamento que já estejam superados pela Medicina.

Muito se discute acerca do direito do médico à objeção de consciência.[15] O Código de Ética Médica brasileiro prevê em seu artigo 28 que é direito do médico recusar a realização de atos que, embora permitidos por lei, sejam contrários aos ditames de sua consciência.

Assim, é direito do médico, diante do testamento vital, recusar-se a realizar a vontade do paciente, desde que esteja balizada por razões éticas, morais, religiosas, ou qualquer outra razão de foro íntimo. Não é possível, dessa forma, que a objeção de consciência do médico seja respaldada por recusa injustificada, é necessário externar o motivo pelo qual está recusando a cumprir a disposição de vontade do paciente e, neste caso, deverá encaminhá-lo para cuidados de outro médico.[16]

Quanto à proibição de disposições contrárias ao ordenamento jurídico, a principal preocupação é com disposições que incitem a prática da eutanásia. Conforme já mencionado, a eutanásia é proibida no Brasil, assim como na maioria dos países

---

12. GOFFIN, Tom. Advance directives as an instrument in an ageing Europe. **European Journal of Health law**, 2012. v. 19, n. 2, p. 121-140, 2012. Disponível em: https://europepmc.org/article/med/22558655. Acesso em: 12 ago. 2021.
13. VIVAS, Lucas; CARPENTER, Travis. Meaningful futility: requests for resuscitation against medical recommendation. **Journal of Medical Ethics**, Dunedin, 2020. v. 47, p. 654-656, 2020. Disponível em: https://jme.bmj.com/content/medethics/47/10/654.full.pdf. Acesso em: 12 ago. 2021.
14. RODOTÀ, Stefano. La legge i dilemmi della libertà. *In*: BORASCHI, Andrea; MANCONI, Luigi. **Il dolore e la política**. Milão: Bruno Mondadori, 2007. p. 29, tradução nossa.
15. Acerca do tema, recomenda-se a leitura de CASABONA, Carlos María Romeo. Libertad de conciencia y actividad biomédica. In: SÁ, Maria de Fátima Freire de (Coord.). **Biodireito**. Belo Horizonte: Del Rey, 2002. p. 20.
16. "No caso em que é esperado objeção de consciência do médico e isso acontece no interior do hospital público ou particular em que o paciente está internado, a instituição deve fornecer de qualquer forma a presença de um médico para executar o disposto nas diretivas". RODOTÀ, Stefano. La legge i dilemmi della libertà. *In*: BORASCHI, Andrea; MANCONI, Luigi. **Il dolore e la política**. Milão: Bruno Mondadori, 2007. p. 29, tradução nossa.

ocidentais, todavia, esta preocupação também deveria abarcar a frequente prática de obstinação terapêutica.

Por fim, as disposições contraindicadas à patologia do paciente ou que prevejam tratamentos já superados pela Medicina não podem ser consideradas válidas, pois são contrárias ao melhor interesse do paciente. Tal limitação é necessária, vez que é possível a decorrência de um longo lapso temporal entre a feitura do testamento vital e a necessidade de sua utilização – a situação de incurabilidade/irreversibilidade do quadro clínico desse paciente.

Desse modo, como a Medicina avança a passos largos, e não raras vezes são descobertos novas drogas e novos tratamentos, o papel dessa limitação é evitar a suspensão do esforço terapêutico em casos que não mais se caracterizam como obstinação terapêutica, vez que surgiram novos tratamentos ordinários, inexistentes à época da realização do testamento vital.

No que tange ao aspecto formal, o testamento vital, assim como o testamento (patrimonial), é um negócio jurídico solene, portanto, deve ser escrito e seguir forma prevista em lei. Ressalte-se que nos EUA não há registro cartorário do *living will* pelo simples fato de não haver cartórios naquele país. A divergência na doutrina estrangeira existe quanto à necessidade ou não de registrar esse documento em cartório e de haver testemunhas. O capítulo seguinte apresentará como essa questão é trabalhada nos países que já legislaram sobre o testamento vital e, no último capítulo, serão melhor avaliados quais deveriam ser a forma e o conteúdo do testamento vital para que seja válido no ordenamento jurídico brasileiro.

4.1 EFICÁCIA

Estudos recentes comprovam que os testamentos vitais não se aplicam apenas à situação de terminalidade, mas a todos os estágios clínicos que coloquem o paciente em situação de incurabilidade/irreversibilidade. São estes: a doença terminal, o estado vegetativo persistente e doenças crônicas – especial, mas não restritivamente, a demência avançada.

4.1.1 Doença terminal

A Sociedade Espanhola de Cuidados Paliativos (SECPAL) determina os elementos necessários para se caracterizar uma patologia como terminal:

> 1) Presença de uma doença avançada, progressiva e incurável; 2) Falta de possibilidades razoáveis de respostas a tratamentos específicos; 3) Presença de inúmeros problemas ou sintomas intensos, múltiplos, multifatoriais; 4) Grande impacto emocional no paciente, família e equipe de cuidados, estritamente relacionado com a presença explícita ou não da morte; 5) Prognóstico de vida inferior a 6 meses.[17]

---

17. SOCIEDAD ESPAÑOLA DE CUIDADOS PALIATIVOS. 2. Definición de enfermedad terminal. SOCIEDAD ESPAÑOLA DE CUIDADOS PALIATIVOS. **Guía de Cuidados Paliativos**. Madrid: SECPAL, 2014. p. 4, tra-

Em estudos recentes, com a finalidade de amenizar o estigma que o termo carrega, a nomenclatura "paciente terminal" tem sido substituída por "pacientes fora de possibilidades terapêuticas atuais",[18] "portadores de doenças terminais" ou "portadores de doenças ameaçadoras da vida".

Percebe-se que o diagnóstico de terminalidade da vida está intimamente relacionado à impossibilidade de cura/recuperação aliada com a iminência da morte. Assim, muito se discute acerca da autonomia privada do paciente em fim de vida, vez que não raras vezes associa-se a terminalidade da vida a situações de incapacidade.

> O doente terminal é, antes de mais nada, uma pessoa que não pode ver limitados arbitrariamente os seus direitos pelo simples facto de se encontrar doente, na fase final de uma doença incurável no estado actual do conhecimento médico. Continua, portanto, não obstante a doença que lhe dá uma esperança de vida previsível de um ou dois meses, a ser titular dos direitos reconhecidos nas grandes declarações de direitos no plano do Direito Internacional [...].[19]

É preciso ter em mente que "mesmo que um paciente esteja próximo de morrer, ainda está vivo, e é uma pessoa com desejos".[20] Posto isso, deve-se diferenciar duas situações de terminalidade: (I) o paciente consciente com doença terminal consciente; (II) o paciente inconsciente com doença terminal.

A primeira é uma situação mais confortável para os médicos, vez que o paciente assume a condição de sujeito completamente autônomo. Em contrapartida, quando o paciente estiver inconsciente, sua autonomia estará reduzida. Por isso, os médicos devem se valer dos desejos anteriormente expressados pelo paciente, por meio do testamento vital ou, quando o documento não existir, da autonomia da família e de sua própria autonomia, a fim de decidir em face do melhor interesse do paciente, respaldado pelo princípio da beneficência, que, segundo Matos, direciona a conduta médica a não causar o mal, "maximizando os benefícios e minimizando os riscos possíveis e sua relação".[21]

Todavia, em ambas as situações, não se deve olvidar que o paciente ainda está vivo, e seus desejos expressados devem ser seguidos. Ou seja, quer o paciente com

---

dução nossa. Disponível em: http://www.secpal.com//Documentos/Paginas/guiacp.pdf. Acesso em: Acesso em: 12 ago. 2021.
18. MENEZES, Rachel Aisengart. **Em busca da boa morte**: antropologia dos cuidados paliativos. Rio de Janeiro: Fiocruz e Garamond, 2004.
19. MELO, Helena Pereira de. O direito a morrer com dignidade. **Lex Medicinae: Revista Portuguesa de Direito da Saúde**, Coimbra, n. 6, p. 72, jul-dez. 2004.
20. KOVÁCS, Maria Júlia. Autonomia e o direito de morrer com dignidade. **Revista Bioética**, Brasília, 1998. v. 6, n. 1, p. 65, 1998. Disponível em: https://revistabioetica.cfm.org.br/index.php/revista_bioetica/article/view/326/394. Acesso em: 12 ago. 2021.
21. MATOS, Gilson Ely Chaves de. Aspectos jurídicos e bioéticos do consentimento informado na prática médica. **Revista Bioética**. Brasília, 2007. v. 15, n. 2. p. 196-213, 2007. Disponível em: https://revistabioetica.cfm.org.br/index.php/revista_bioetica/article/view/41/44. Acesso em: 05 ago. 2021.

doença terminal esteja consciente quer esteja inconsciente, sua dignidade e autonomia devem ser preservadas.[22]

4.1.2 Estado vegetativo persistente

O termo estado vegetativo persistente (EVP) foi utilizado pela primeira vez na literatura em 1972,[23] mas a definição da síndrome só foi estabelecida mais de vinte anos depois, em 1994, quando a Multi-Society Task Force on PVS publicou um estudo sobre o tema.[24]

Segundo esse trabalho, "o estado vegetativo é uma situação clínica de completa ausência da consciência de si e do ambiente circundante, com ciclos de sono-vigília e preservação completa ou parcial das funções hipotalâmicas e do tronco cerebral".[25] Os critérios para sua definição são:

> total ausência de consciência do eu ou do ambiente circundante; impossibilidade de interação com o próximo;
>
> ausência de respostas sustentadas, reprodutíveis, intencionais e voluntárias a estímulos visuais, auditivos, tácteis ou nóxicos;
>
> ausência de compreensão ou expressão verbais;
>
> vigília intermitente, ciclos sono-vigília;
>
> preservação das funções hipotalâmicas e autonômicas suficientes para sobrevivência. Incontinência urinária e fecal;
>
> preservação em grau variável dos reflexos dos nervos cranianos (pupilares, oculocefálicos, córneos, oculovestibulares, de deglutição) e espinomedulares.[26]

Esse mesmo estudo diferenciou os estados "permanente" e "persistente", afirmando que o primeiro é um prognóstico, pois diz respeito à irreversibilidade do quadro, enquanto o segundo é um diagnóstico, referindo-se a uma condição de incapacidade que aconteceu em determinado momento e persiste.

---

22. Acerca de um enfoque médico sobre o tema, recomenda-se a leitura de OLIVEIRA, José Ricardo de. **Bioética e atenção ao paciente sem perspectiva terapêutica convencional**: estudo sobre o morrer com dignidade. 2007. Dissertação (Mestrado) – Faculdade de Medicina, Universidade Federal de Minas Gerais, Belo Horizonte, 2007. 147 f.
23. JENNETT, Bryan; PLUM, Fred. Persistent vegetative state after brain damage. A syndrome in search of a name. Lancet, Londres, 1972. v. 1, p. 734-737, 1972. Disponível em: https://www.sciencedirect.com/science/article/abs/pii/S0140673672902425. Acesso em: 12 ago. 2021..
24. THE MULTI-SOCIETY TASK FORCE ON PVS. Medical aspects of the persistent vegetative state (first of two parts). **The New England Journal of Medicine**, Waltham, 1994. v. 330, n. 21, p. 1499-1508, 1994. Disponível em: https://www.nejm.org/doi/pdf/10.1056/NEJM199405263302107?articleTools=true. Acesso em: 12 ago. 2021.
25. CARNEIRO, António Vaz et al. **Relatório sobre o Estado Vegetativo Persistente**. Lisboa: Conselho Nacional de Ética para as Ciências da Vida (CNECV), 2005. p. 3. No Relatório em questão, consta em português a definição de EVP feita pela Multi-Society Task Force, no referido estudo de 1994. Disponível em: https://www.cnecv.pt/pt/pareceres/relatorio4?download_document=3015&token=b66b3d823d270559bff-545c799e80996. Acesso em: 12 ago. 2021.
26. *Ibidem*.

Em verdade, o paciente em EVP possui uma peculiaridade no que tange ao estudo das DAV, pois, como não está ligado a aparelhos, o único tratamento que pode ser suspenso para propiciar a abreviação de sua vida é a nutrição e hidratação artificial (AHA).[27] Os críticos à suspensão da AHA afirmam que nutrição e hidratação são cuidados básicos, que sua suspensão ocasionará invariavelmente a morte, constituindo eutanásia, e que os doentes morrerão de fome e sede, indo contra a solidariedade interpessoal.[28] Já os favoráveis afirmam que a AHA só pode ser considerada cuidado básico quando melhora a qualidade de vida, o que não é o caso na maior parte das situações, pois gera danos e desconfortos para o paciente, razão pela qual deve ser considerada um tratamento médico que substitui uma função, assim como a ventilação mecânica e a diálise.[29]

Não obstante essa divergência, a posição majoritária é de que a AHA tem caráter de tratamento, mesmo no EVP.[30] Inclusive, pesquisas já comprovaram que até o principal temor diante da aceitação dessa suspensão – a possibilidade de que o paciente sinta fome e sede – não prospera, pois existem formas de paliar essas sensações, como molhar a boca com pano molhado, gelo moído, entre outros. A verdade é que o paciente não morrerá de fome e sede, mas sim que ele não sente fome e sede porque está morrendo.[31]

Pesquisas comprovam, ainda, que os indivíduos são mais propensos a recusarem tratamentos e procedimentos em quadro de EVP do que nos estados terminais e crônicos, inclusive no que tange à AHA. Pode-se justificar tal propensão pela verificação de que os sujeitos da pesquisa afirmaram terem sido devidamente informados por seus médicos antes de fazer as DAV, ou seja, tinham consciência de que a suspensão da AHA era benéfica e não lhes traria sofrimento – o que demonstra a importância da informação e do esclarecimento prévio à feitura das DAV.

Ressalte-se, todavia, que o paciente em EVP é um paciente fora de possibilidades terapêuticas, cuja vida social já foi ceifada pelo estágio vegetativo, ainda que a vida

---

27. AMERICAN ACADEMY OF NEUROLOGY. Position of the American Academy of Neurology on certain aspects of the care and management of the persistent vegetative state patient. **Neurology**, Minneapolis, 1989. v. 29, p. 125, 1989. Disponível em: https://n.neurology.org/content/39/1/125. Acesso em: 12 ago. 2021.
28. FUHRMAN, M. Patricia; HERMANN, Virginia M. Bridging the continuum: nutrition support in palliative and hospice care. **Nutrition in Clinical Practice**, 2006. v. 21, p. 137, 2006. Disponível em: https://aspenjournals.onlinelibrary.wiley.com/doi/abs/10.1177/0115426506021002134. Acesso em: 12 ago. 2021.
29. *Ibidem* e BARROCAS, Albert et al. Ethical and Legal issues in nutrition support of the geriatric patient: the can, should, and must of Nutrition Suport. **Nutrition in Clinical Practice**, 2003. v. 18, n. ?, p. 27-47, 2003. Disponível em: https://aspenjournals.onlinelibrary.wiley.com/doi/abs/10.1177/011542650301800137. Acesso em: 12 ago. 2021.
30. ALLISON, S. P. Basics in clinical nutrition: ethical and legal aspects. e-SPEN, **the European e-Journal of Clinical Nutrition and Metabolism**. 2008. n. 3, p. 299, 2008. Disponível em: https://clinicalnutritionespen.com/action/showPdf?pii=S1751-4991%2808%2900061-9. Acesso em: 12 ago. 2021.
31. GONÇALVES, José António Saraiva Ferraz. **A boa morte**: Ética no fim da vida. Dissertação (Mestrado) – Faculdade de Medicina, Universidade do Porto, Porto, 2006. Disponível em: https://repositorio-aberto.up.pt/bitstream/10216/22105/3/A%20Boa%20Morte%20tica%20no%20Fim%20da%20Vida.pdf. Acesso em: 12 ago. 2021. 251 f.

biológica possa perdurar por vários anos, razão pela qual é incluído dentre aqueles que estão em fim de vida.

4.1.3 Demência avançada

As doenças crônicas incuráveis são aquelas que "têm uma ou mais das seguintes características: são permanentes, produzem incapacidade/deficiências residuais, são causadas por alterações patológicas irreversíveis, exigem uma formação especial do doente para a reabilitação, ou podem exigir longos períodos de supervisão, observação ou cuidados".[32]

Segundo a OMS, as doenças crônicas como diabetes, problemas cardíacos, câncer e demências representam sessenta e três por cento da mortalidade mundial. Para o presente estudo, interessa o caso dos pacientes crônicos com demência avançada, pois, além de incurável, é incapacitante, retirando deles a possibilidade de decidir livre e autonomamente sobre seu tratamento.[33]

Historicamente, a demência avançada não figurava entre os estados clínicos que possibilitavam recusa de tratamento/procedimento no testamento vital. Ela foi incluída por causa do impacto da demanda de saúde gerado pelo exponencial aumento da expectativa de vida da população, justificado pela redução do número de nascidos, pelo aumento da longevidade humana e pelo declínio das taxas de mortalidade.[34] Ademais, é preciso ter em mente que as pessoas começam a se preocupar com a velhice e com a forma como irão morrer. Estudos norte-americanos demonstram que a maior parte dos outorgantes de diretivas antecipadas são adultos velhos e incluem disposições sobre doenças crônicas e demência avançada em seu testamento vital.[35]

Mas, como visto na sessão sobre diretivas antecipadas para demência, tem voltado à discussão a retirada desse estado clínico do testamento vital.

Como todas as doenças crônicas, que evoluem para incapacitar o paciente, a demência avançada – entendida aqui como "uma síndrome caracterizada pelo declínio progressivo e global de memória, associado ao déficit de uma ou mais funções

---

32. NOVAIS, Eulália et al. O saber da pessoa com doença crônica no autocuidado. **Revista do Hospital de Clínicas de Porto Alegre**. Porto Alegre, 2009. v. 29, n. 1, p. 37, 2009. Disponível em: https://seer.ufrgs.br/hcpa/article/download/7376/4964#:~:text=Alguns%20autores%20salientam%20que%20a,enfermeiro%-2Dcliente%20(8). Acesso em: 12 ago. 2021.
33. Para aprofundar no assunto, recomenda-se: BURLÁ, Claudia et al. Envelhecimento e Doença de Alzheimer. **Revista Bioética**, Brasília, 2014. v. 22, n. 1, p. 85-93, 2014. Disponível em: https://www.scielo.br/j/bioet/a/kjBjVtHF4qHT7s4VX5FtR8r/?format=html&lang=pt. Acesso em: 12 ago. 2021.
34. RUGGIO, Adriana. Dignidade do idoso: construindo uma nova hermenêutica. In: DADALTO, Luciana; TEIXEIRA, Ana Carolina Brochado (Coord.). **Dos Hospitais aos Tribunais**. Belo Horizonte, 2013. p. 450
35. BROWN, Barbara. A. The history of advance directives: A literature review. **Journal of Gerontological Nursing**. New York, 2003. v. 29, n. 9, p. 4-14, 2003. Disponível em: https://journals.healio.com/doi/10.3928/0098-9134-20030901-04. Acesso em: 12 ago. 2021. DANIS, Marion et al. A Prospective study of advance directives for life-sustaining care. The New England **Journal of Medicine**, Waltham, 1991. v. 324, n. 13, p. 882-888, 1991. Disponível em: https://www.nejm.org/doi/full/10.1056/NEJM199103283241304. Acesso em: 12 ago. 2021.

cognitivas (linguagem, agnosia, apraxias, funções executivas), com uma intensidade que possa interferir no desempenho social diário ou ocupacional do indivíduo"[36] – é uma das patologias que mais acomete o idoso.[37]

Verifica-se, pelo exposto, que a demência é uma doença que incapacita o paciente a tomar decisões, pois retira sua consciência e, consequentemente, sua autonomia. Como há uma perspectiva de aumento de incidência na população brasileira nos próximos anos, é importante que se discuta acerca da inclusão dessa patologia no testamento vital ou se decida pela adoção das diretivas antecipadas para demência, conforme proposto por Gaster.[38]

4.2 O TESTAMENTO VITAL NA EXPERIÊNCIA ESTRANGEIRA

Se é certo que o testamento vital é um instituto ainda pouco conhecido no Brasil, não se pode olvidar que a experiência estrangeira acerca de tal documento é de grande valia para uma análise detalhada do instituto e de como ele tem sido aplicado, a fim de orientar a construção de parâmetros jurídicos para a feitura e efetivação do testamento vital no ordenamento jurídico brasileiro.

O presente capítulo, portanto, tem por objetivo específico fazer um esforço histórico para verificar as origens do testamento vital e analisar como esse documento tem sido utilizado nos países em que está positivado.

Assim, o que se pretende é a análise do testamento vital em diversos países e das características do instituto em cada um deles, sob os diversos nomes a ele concedidos: *living will*, *biotestamento*, *testament de vie*, *instruciones previas*, *testamento vital* etc.

4.2.1 A experiência estadunidense

A expressão *living will* foi cunhada nos EUA no final da década de 1960. Segundo Emanuel,[39] o testamento vital foi proposto pela primeira vez em 1967, pela Sociedade Americana para a Eutanásia, como um "documento de cuidados antecipados, pelo qual o indivíduo poderia registrar seu desejo de interromper as intervenções médicas de manutenção da vida".[40]

---

36. CARAMELLI, Paulo; BARBOSA, Maira Tonidandel. Como diagnosticar as quatro causas mais frequentes de demência? **Revista Brasileira de Psiquiatria**. Rio de Janeiro, 2002. v. 24, n. 1, p. 7, 2002. Disponível em: https://www.scielo.br/j/rbp/a/wK6prKZXgrZwcyTB9TScPpH/?lang=pt. Acesso em: 12 ago. 2021.
37. SCAZUFCA, M. et al. Investigações epidemiológicas sobre demência nos países em desenvolvimento. **Rev. Saúde Pública**. São Paulo, 2002. v. 36, n. 6, p. 773-778, 2002. Disponível em: https://www.scielo.br/j/rsp/a/jS8J5fFhD8ckRz9TQ5bhckS/?lang=pt#. Acesso em: 12 ago. 2021.
38. GASTER, Barak. et al. Advance Directives for Dementia: Meeting a Unique Challenge. **JAMA**, Chicago, 2017. v. 318, n. 22, p. 2175–2176, 2017. Disponível em: https://jamanetwork.com/journals/jama/article-abstract/2662678. Acesso em: 12 ago. 2021.
39. EMANUEL, Ezekiel J.; EMANUEL, Linda L. Living wills: past, present, and future. **The Journal of Clinical Ethics**. Hagerstown, 1990. v. 1, n. 1, p. 1-19, 1990. Disponível em: https://repository.library.georgetown.edu/handle/10822/737937. Acesso em: 27 ago. 2021.
40. Ibidem, p. 10, tradução nossa.

O primeiro modelo de *living will* e as premissas desse documento foram cunhados em 1969, por Luis Kutner[41] que se amparou no consentimento livre e esclarecido para desenvolver o testamento vital e, inclusive, propôs que os pacientes pudessem acrescentar uma cláusula ao Termo de Consentimento Livre e Esclarecido (TCLE) assinado para a realização de cirurgias ou procedimentos mais radicais, manifestando sua recusa a tratamentos caso sua condição se torne incurável ou seu corpo fique em estado vegetativo.[42]

Reconhecendo que a legislação norte-americana vedava a eutanásia e o suicídio assistido, mas, que ao mesmo tempo, era legítimo o direito de o paciente com um quadro incurável e irreversível morrer como desejasse, ele defendeu que seguir os desejos desse paciente acerca de recusas de tratamentos se afastava do conceito clássico de eutanásia, uma vez que essa recusa não englobava os meios ordinários de preservação da vida.

Desta feita, Kutner propôs um documento – ao qual atribuiu o nome de *living will*[43] – em que o paciente deixaria por escrito sua recusa a se submeter a determinados tratamentos quando fossem comprovados o estado vegetativo ou a terminalidade – inclusive, propôs que os seguidores da religião Testemunhas de Jeová o utilizassem para manifestarem recusa às transfusões sanguíneas. Com esse estudo, Luis Kutner alicerçou as bases do testamento vital, que, a partir de então, tem sido estudado, discutido, modificado e criticado pelos estudiosos da Bioética. Desde então, os Estados Unidos em muito evoluíram nos documentos de manifestação de vontade para tratamentos médicos.

Os EUA possuem um sistema legal de *common law*, o que significa, em linhas gerais, que a legislação é criada a partir da jurisprudência. O primeiro caso judicial a tratar do *living will* foi em 1976, ano em que Karen Ann Quinlan, uma americana de 22 anos, entrou em coma por causas nunca reveladas[44] e seus pais adotivos, após

---

41. KUTNER, L. Due process of Euthanasia: The Living Will, A Proposal. **Indiana Law Journal**. Bloomington, 1969. v. 44, p. 539-554, 1969. Disponível em: https://www.repository.law.indiana.edu/cgi/viewcontent.cgi?referer=&httpsredir=1&article=2525&context=ilj. Acesso em: 27 ago. 2021.
42. *Ibidem*, p. 550.
43. Esse termo apareceu pela primeira vez em 1967, em uma proposta da Sociedade Americana para a Eutanásia, instituição para a qual Kutner prestava serviços jurídicos. Cf. EMANUEL, Ezekiel J.; EMANUEL, Linda L. Living wills: past, present, and future. **The Journal of Clinical Ethics**, Hagerstown, 1990. v. 1, n. 1, p. 10, 1990. Disponível em: https://repository.library.georgetown.edu/handle/10822/737937. A Acesso em: 27 ago. 2021. Kutner sugeriu outros nomes para o instituto: "declaração que determina o fim da vida" (*declaration determining the termination of life*), "testamentopermitindo a morte" (*testament permitting death*), "declaração de autonomia corporal" (*declaration for bodily autonomy*), "declaração de término do tratamento" (*declaration for ending treatment*) e "relação de confiança do corpo" (*body trust*). Contudo, o nome *living will* (desejos de vida) é o mais adotado, até mesmo por ter sido utilizado no título do paradigmático artigo sobre o tema. Todavia, é preciso ter em mente que "testamento vita", nome pelo qual o *living will* é conhecido no Brasil, é uma tradução errada, vez que *will* é sinônimo de testamento, mas também de desejo, razão pela qual a tradução literal mais apropriada seria "desejos de vida".
44. As causas do coma de Karen Ann Quinlan nunca foram esclarecidas. Isso gera várias informações desencontradas na doutrina jurídica. Existem informações de que Karen entrou em coma em virtude de um acidente automobilístico e outras de que o coma foi em decorrência de consumo excessivo de álcool e drogas. Para

serem informados pelos médicos da irreversibilidade do caso, solicitaram a retirada do respirador e da AHA. Frente à recusa do médico responsável, acionaram o Poder Judiciário de New Jersey – estado no qual a paciente residia – objetivando uma autorização judicial para a suspensão do esforço terapêutico,[45] sob alegação de que a jovem havia manifestado o desejo de não ser mantida viva por aparelhos – manifestação ocorrida em conversas anteriores ao coma, a respeito de outros pacientes com estados irreversíveis submetidos a medidas de esforço terapêutico.

A autorização foi negada em primeira instância, sob o argumento de que a declaração da paciente não tinha respaldo legal. Em segunda instância, a Suprema Corte de New Jersey[46] designou o Comitê de Ética do Hospital St. Clair para avaliar a paciente e o prognóstico de seu quadro clínico. O comitê teve que ser criado especialmente para o caso, em virtude da inexistência de comitês de ética no hospital e em quase todos os hospitais norte-americanos. Seu parecer concluiu pela irreversibilidade do quadro e, em 31.03.1976, a Suprema Corte de New Jersey concedeu à família de Karen o direito de solicitar ao médico o desligamento dos aparelhos que a mantinham viva, bem como a suspensão da AHA.

Após o desligamento dos aparelhos, Karen viveu mais nove anos e faleceu em decorrência de uma pneumonia, sem respirador externo e com o mesmo quadro clínico de antes.

Nesse mesmo ano, motivado pela grande repercussão do caso, o estado da Califórnia aprovou o *Natural Death Act*,[47] lei que garantia ao indivíduo o direito de recusar ou de suspender um tratamento médico e protegia os profissionais de saúde de eventual processo judicial por terem respeitado a vontade manifestada do paciente.

Após sua aprovação, membros de algumas associações médicas californianas fizeram as *Guidelines and Directive*, contendo orientações para ajudar o outorgante a instruir seu médico acerca do uso dos métodos artificiais de prolongamento de vida.

As orientações dispostas nesse documento são: a) antes de redigir o testamento vital, procurar uma pessoa, que não precisa ser advogado nem notário público, e solicitar ajuda para a redação; b) solicitar ao seu médico que esse testamento vital faça parte de seu histórico clínico; c) as duas testemunhas que assinarem o testamento vital não podem ter nenhum parentesco sanguíneo com o paciente, nem serem casadas com ele; não podem, ainda, estar beneficiadas em seu testamento e

---

maiores detalhes, sugere-se a leitura de ROTHMAN, David J. **Strangers at the bedside**: a history of how Law and Bioethics transformed medical decision making. New York: BasicBooks, 1991.

45. Ribeiro afirma que esforço terapêutico é a prática de manter o paciente diagnosticado com quadro incurável vivo com ajuda de aparelhos. Cf. RIBEIRO, Diaulas Costa. A eterna busca da imortalidade humana: a terminalidade da vida e a autonomia. **Revista Bioética**, Brasília, 2005. v. 13, n. 2, p. 112-120, 2005. Disponível em: https://revistabioetica.cfm.org.br/index.php/revista_bioetica/article/view/112. Acesso em: 12 ago. 2021.
46. Disponível em: https://euthanasia.procon.org/wp-content/uploads/sites/43/in_re_quinlan.pdf. Acesso em: 27 ago. 2021.
47. TOWERS, Bernard. The impact of the California Natural Death Act. **Journal of Medical Ethics**. 1978, n. 4, v. 2, p. 96-98. Disponível em: https://www.jstor.org/stable/27715703. Acesso em: 27 ago. 2021.

nem ter alguma demanda sobre bens de sua propriedade; d) o médico do paciente não pode ser testemunha, nem ninguém que trabalhe com ele. Se a pessoa assinar o documento dentro do hospital, nenhum dos empregados do hospital poderá ser testemunha.

Além disso, o *Guidelines and Directive* estabelece que apenas maiores de 18 anos e capazes podem redigir uma diretiva antecipada; que esta será válida por cinco anos, quando será possível fazer outra; que esta não é válida durante a gravidez; e que a feitura do documento deve ser de forma livre.

Por fim, quanto à vinculação do médico à diretiva antecipada, dispõe que o médico está limitado ao documento se ele tiver certeza de que seja válido, se outro médico certificou o estado terminal e se o paciente estiver informado de sua condição há pelo menos 14 dias.

A Califórnia também foi o primeiro estado norte-americano a legislar sobre a procuração para cuidados de saúde. Em 1983, motivada pelas discussões acerca do julgamento substituto que permearam o julgamento de Karen Quinlan, editou o *California's Durable Power of Attorney for Health Care Act*,[48] reconhecendo o direito do indivíduo a nomear um procurador para tomar decisões médicas em nome dele quando estiver impossibilitado – temporária ou definitivamente – de fazê-lo e isentando o procurador de responsabilidade.

A partir da aprovação destas leis californianas, vários estados norte-americanos aprovaram leis regulamentando o *living will* e o *durable power of attorney health care* (DPAHC), mas uma lei federal só foi possível após o caso Nancy Cruzan[49] ter chegado à Suprema Corte Americana, em 1990.

Nancy Beth Cruzan, uma americana de 25 anos, casada, sofreu, em 1983, um acidente automobilístico no interior do Estado de Missouri, que a deixou em coma permanente e irreversível, sendo posteriormente diagnosticada em estado vegetativo persistente (EVP). Após este diagnóstico, seus pais solicitaram aos médicos que a alimentação e a hidratação artificial que a mantinham viva fossem suspensas, alegando que, com 20 anos, Nancy havia dito para uma colega que não gostaria de ser mantida viva quando tivesse menos da metade de suas capacidades normais. Todavia, os médicos não atenderam o pedido em virtude da ausência de autorização judicial. Os pais de Nancy ganharam a causa em primeira instância, mas o estado recorreu. A Suprema Corte do Missouri alterou a decisão de primeira instância, entendendo que os pais de Nancy não tinham competência para decidir em nome da filha e que não havia prova contundente do desejo da paciente. O caso

---

48. CALIFORNIA. **California's durable power of attorney for health care act**. Dispõe sobre a possibilidade da nomeação de um procurador para cuidados de saúde. Sacramento, [2015]. Disponível em: https://oag.ca.gov/sites/all/files/agweb/pdfs/consumers/ProbateCodeAdvancedHealthCareDirectiveForm-fillable.pdf. Acesso em: 27 ago. 2021.

49. Informações sobre o caso disponíveis no *site* https://practicalbioethics.org/case-studies-study-guide-nancy-cruzan.html. Acesso em: 27 ago. 2021.

chegou à Suprema Corte americana em 1990, que em novembro do mesmo ano deferiu o pedido inicial, ordenando que o hospital cumprisse o desejo da família da paciente.[50]

Esse caso é apontado como o mais emblemático na luta do direito de morrer, por ter gerado nos indivíduos um temor de que, caso ficassem em situação similar à de Nancy, fosse exigido judicialmente prova do desejo de interromper o tratamento.[51]

Nesse contexto social e sob forte clamor público, os EUA aprovaram em 1991 a *Patient Self Determination Act*[52] (PSDA), primeira lei federal a reconhecer o direito à autodeterminação do paciente. Esta lei traz, em sua segunda seção, a instituição dos documentos diretivas antecipadas como gênero de documentos de manifestação de vontade para tratamento médicos, do qual são espécie o *living will* e o *durable power of attorney for health care*.[53] Como visto no capítulo anterior, novas espécies de DAV foram sendo criadas ao longo dos anos pelos americanos.

Os documentos de DAV representaram um grande avanço na luta estadunidense pelo direito à autodeterminação do indivíduo, todavia, são subutilizadas pela população daquele país. Estudos[54] demonstram que menos de um terço das pessoas possuem um *living will*, embora 75% afirmem que gostariam de fazer uma DAV.[55] Ou seja, existe um abismo entre o número de indivíduos que desejam manifestar sua vontade e os que realmente o fazem.[56]

---

50. No túmulo de Nancy Cruzan, consta a seguinte indicação: "Nascida em 20 de julho de 1957. Partiu em 11 de janeiro de 1983, Em paz em 26 de dezembro de 1990."
51. GONZÁLES, Miguel Angel Sánchez. O novo testamento: testamentos vitais e diretivas antecipadas. In: BASTOS, Eliene Ferreira Bastos; SOUSA, Asiel Henrique. **Família e jurisdição**. Belo Horizonte: Del Rey, 2006. p. 95.
52. ESTADOS UNIDOS. Congresso. **Patient Self Determination Act of 1990**. Washington, D.C.: Congresso, [1990]. Disponível em: https://www.congress.gov/bill/101st-congress/house-bill/4449/text. Acesso em: 17 ago. 2021.
53. Por esta razão, não se pode concordar com o posicionamento Renata Lima Rodrigues, que afirma "que diretivas antecipadas não são um gênero, mas a natureza mesma de todos os negócios jurídicos unilaterais que, independente de sua forma ou de suas formalidades, tenham como finalidade os cuidados futuros com a saúde em caso de incapacidade – leia-se, falta de discernimento –, e que sejam hábeis a garantir e valorizar as escolhas autônomas de todo indivíduo em relação ao trato de seu corpo, saúde e vida digna". RODRIGUES, Renata de Lima. **Incapacidade, curatela e autonomia privada**: estudos no marco do Estado Democrático de Direito. 2005. Dissertação (Mestrado) – Faculdade Mineira de Direito, Pontifícia Universidade Católica de Minas Gerais, Belo Horizonte, 2005. p. 457. As DAV são gênero dos quais são espécie o testamento vital e a procuração para cuidados de saúde, não porque a literatura quer, mas porque a lei que as instituiu pela primeira vez no mundo – PSDA – assim o fez.
54. YADAV, Kuldeep N. *et al*. Approximately One In Three US Adults Completes Any Type Of Advance Directive For End-Of-Life Care. **Health Affairs**, Washington, 2017, n. 7, p. 1244-1251, 2017. Disponível em: https://www.healthaffairs.org/doi/10.1377/hlthaff.2017.0175. Acesso em: 27 ago. 2021.
55. BROWN, Barbara. A. The history of advance directives: A literature review. **Journal of Gerontological Nursing**, New York, 2003. v. 29, n. 9, p. 7, 2003. Disponível em: https://journals.healio.com/doi/10.3928/0098-9134-20030901-04. Acesso em: 12 ago. 2021.
56. Nota-se que o percentual de americanos que fizeram suas DAV permanece estável nos últimos anos, pois desde o início da década de 2010 são publicados estudos em que este número varia de 20 a 30% da população.

Críticos como Fargelin e Schneider[57] decretaram a falência do testamento vital, apontando como causas a falta de interação entre médico e paciente, a impossibilidade de se predizer o que o paciente desejará diante de um diagnóstico fatal, a dificuldade dos indivíduos de transferirem seus desejos para um documento, a utilização de termos genéricos, o custo na realização do documento, entre outros.

A pouca adesão ao *living will*, aliada às críticas a esse documento e ao aumento da autonomia do paciente, abriu caminho para novos documentos de manifestação de vontade para tratamento médico nos EUA. Atualmente, o *Physician Orders for Life-Sustaining Treatment* (POLST)[58] tem ganhado espaço da documentação de condutas a serem tomadas pelos profissionais de saúde quando o paciente estiver em fim de vida; ademais, o testamento vital, juntamente com procuração de cuidados de saúde, têm sido entendidos como documentos que compõem o planejamento antecipado de cuidados,[59] mas não o encerra.

A substituição dos instrumentos tradicionais de DAV por esses novos documentos de manifestação de vontade para tratamento médico é justificada por Hickman et al.[60] pelo erro no fundamento daqueles, uma vez que as DAV se alicerçavam na ideia de que a autonomia era a primeira opção de tomada de decisões para a maioria das pessoas. Contudo, verificou-se que a principal motivação da população norte-americana para manifestar sua vontade quanto a tratamento médico se baseava na ampla rede social que a cerca.

Todavia, a experiência norte-americana é de grande valia para o estudo aqui proposto, vez que, como os EUA foram o primeiro país a positivar o testamento vital, as discussões estão sedimentadas, propiciando aos operadores do direito brasileiro uma visão concreta sobre as vantagens e desvantagens desse instituto, bem como dos problemas que surgem com sua implementação.

Obviamente, não se pode desconsiderar as diferenças de sistemas legais existentes entre Brasil e EUA, pois, enquanto aqui o poder normativo é centralizado,

---

57. FAGERLIN, Angela; SCHNEIDER, Carl. E. Enough: The Failure of the Living Will. **Hastings Center Report**, Philipstown, 2004. v. 34, n. 2, p. 30-42, 2004. Disponível em: https://www.thehastingscenter.org/pdf/publications/hcr_mar_apr_2004_enough.pdf. Acesso em: 12 ago. 2021.
58. Em português, Ordens Médicas para Manutenção do Tratamento de Suporte à Vida. Sobre o tema, recomenda-se a leitura de: HICKMAN, Susan. E. et al. Use of the Physician Orders for Life-Sustaining Treatment (POLST) Paradigm Program in the Hospice Setting. **Journal of Palliative Medicine**, Chicago, 2009. v. 12, n. 2, p. 133-141, 2009. Disponível em: https://www.researchgate.net/publication/23997606_Use_of_the_Physician_Orders_for_Life-Sustaining_Treatment_POLST_Paradigm_Program_in_the_Hospice_Setting. Acesso em: 27 ago. 2021.
59. LIN, Cheng-Pei *et al*. What influences patients' decisions regarding palliative care in advance care planning discussions? Perspectives from a qualitative study conducted with advanced cancer patients, families and healthcare professionals. **Palliative Medicine**, 2019. v. 33, p. 1299-1309, 2019. Disponível em: https://www.semanticscholar.org/paper/What-influences-patients%E2%80%99-decisions-regarding-care-Lin-Evans/35121e5bb38cc6efda8dcc71d2f7f77fdfbc0a8e. Acesso em:27 ago. 2021.
60. HICKMAN, Susan E. *et al*. Hope for the future: achieving the original intent of advance directives. **The Hastings Cent Report**, Philipstown, 2005. v. 35, n. 6, p. 26-30, 2005. Disponível em: https://www.researchgate.net/publication/7306680_Hope_for_the_Future_Achieving_the_Original_Intent_of_Advance_Directives. Acesso em:27 ago. 2021.

nos EUA há uma descentralização de poder normativo entre os estados, o que gera uma diversidade de leis sobre o mesmo assunto. Assim, é preciso ter em mente que, caso o testamento vital seja positivado no Brasil, isso deve se dar com uma lei federal. Ademais, a sociedade americana em muito se difere da brasileira, razão pela qual o estudo do testamento vital nos EUA é um norte, mas esse documento não pode ser visto como um modelo a ser seguido literalmente.

4.2.2 A experiência europeia

Em 4 de abril de 1997, foi redigida em Oviedo, Espanha, a Convenção para a Proteção dos Direitos do Homem e da Dignidade do Ser Humano em face das Aplicações da Biologia e da Medicina, conhecida também como Convenção de Direitos Humanos e Biomedicina ou Convênio de Oviedo, cujos signatários são os Estados-Membros do Conselho da Europa.[61] Apesar de o Conselho da Europa possuir 47 Estados-Membros, apenas 35 assinaram a convenção e, destes, apenas 23 a ratificaram.[62] Entre os países que a ratificaram está Portugal, Espanha e Suíça.

O artigo 9º do Convênio de Oviedo possui grande importância no estudo do tema, inclusive no que tange à construção legislativa sobre o tema, pois há expressa menção à vontade do paciente.

> Artigo 9º Serão levados em consideração os desejos expressados anteriormente pelo paciente, que dizem respeito à intervenção médica, quando este, no momento da intervenção, não puder expressar sua vontade.[63]

O ponto 62 do relatório explicativo sobre a Convenção[64] menciona que os desejos expressados anteriormente não serão necessariamente seguidos, pois se deve atentar para o avanço da Medicina. Tal orientação é fundada na possibilidade de decorrer um longo período entre a manifestação expressa de vontade do paciente e o momento em que esta tenha que ser usada, quando o paciente não puder mais exprimir sua vontade.

---

61. Segundo o *site* dessa organização, o Conselho da Europa visa realizar uma união estreita entre seus membros. São membros desse conselho quarenta e sete países, além de cinco países observadores.
62. COUNCIL OF EUROPE. **Convenio de Oviedo.** 1997. Disponível em: http://www.saludcapital.gov.co/Documentos%20Comit%20de%20tica/Declaraciones%20Internacionales%20%C3%89tica%20de%20Investigaci%C3%B3n/Convenio%20de%20Oviedo%201997%20Biomedicina.pdf. Acesso em: 03 set. 2021.
63. *Ibidem*, tradução nossa.
64. "62. The article lays down that when persons have previously expressed their wishes, these shall be taken into account. Nevertheless, taking previously expressed wishes into account does not mean that they should necessarily be followed. For example, when the wishes were expressed a long time before the intervention and science has since progressed, there may be grounds for not heeding the patient's opinion. The practitioner should thus, as far as possible, be satisfied that the wishes of the patient apply to the present situation and are still valid, taking account in particular of technical progress in medicine". COUNCIL OF EUROPE. Convention for the protection of Human Rights and dignity of the human being with regard to the application of biology and medicine: Convention on Human Rights and Biomedicine – Explanatory Report – [1997] COETSER 1 (4 April 1997). Disponível em: http://www.worldlii.org/int/other/treaties/COETSER/1997/1.html. Acesso em: 03 set. 2021.

Essa nota explicativa é relevante, principalmente para as discussões acerca de um possível prazo de eficácia da diretiva antecipada – no caso aqui estudado, do testamento vital. Tal problemática será retomada no próximo capítulo, quando se analisará a validade do testamento vital perante o ordenamento jurídico brasileiro.

É importante, nesse momento, atentar para o fato de que o Convênio de Oviedo é posterior às leis norte-americanas sobre o tema. Em segundo lugar, que o movimento de positivação de leis acerca dos direitos dos pacientes com doenças ameaçadoras da vida na Europa foi um movimento internacional, vez que capitaneado por uma organização da qual fazem parte 47 países europeus, ao contrário dos EUA, em que o movimento surgiu primeiramente em nível estadual, para depois se tornar federal.

Apesar de alguns países terem legislado sobre alguns documentos de DAV – em suas formas tradicionais: testamento vital e procuração para cuidados de saúde – antes do Convênio de Oviedo, este é de extrema importância para a consolidação da temática na Europa.

> Este Convênio é uma iniciativa capital, pois diferentemente das declarações internacionais que o precederam, é o primeiro instrumento internacional com caráter jurídico vinculante para os países que o subscrevem. Sua especial valia reside no fato de que estabelece um marco comum para a proteção dos direitos humanos e da dignidade humana na aplicação de biologia e da Medicina.[65]

Ademais, como tratado internacional, o Convênio de Oviedo contribui em muito para o debate, principalmente no que tange à análise específica de como cada um de seus signatários o implementou em seu território.

Por uma questão metodológica, optou-se nesta nova edição, por analisar a realidade do testamento vital nos seguintes países: Espanha,[66] Portugal,[67] França[68] e Itália.[69]

---

65. ESPANHA. Govierno. **LEY 41/2002, de 14 de noviembre**. Básica reguladora de la autonomía del paciente y de derechos y obligaciones en materia de información y documentación clínica. **Boletín Oficial del Estado**. Madrid: Jefatura del Estado, [2002]. Disponível em: https://www.boe.es/buscar/pdf/2002/BOE-A--2002-22188-consolidado.pdf. Acesso em: 03 set. 2021.
66. ESPANHA. Govierno. **LEY 41/2002, de 14 de noviembre**. Básica reguladora de la autonomía del paciente y de derechos y obligaciones en materia de información y documentación clínica. Boletín Oficial del Estado. Madrid: Jefatura del Estado, [2002]. Disponível em: https://www.boe.es/buscar/pdf/2002/BOE-A--2002-22188-consolidado.pdf. Acesso em: 03 set. 2021.
67. PORTUGAL. Assembleia da República. **Lei 25/2012**. Regula as diretivas antecipadas de vontade, designadamente sob a forma de testamento vital, e a nomeação de procurador de cuidados de saúde e cria o Registo Nacional do Testamento Vital (RENTEV). Lisboa, [2012]. Disponível em: http://dre.pt/pdf1s-dip/2012/07/13600/0372803730.pdf. Acesso em: 03 set. 2021.
68. FRANÇA. Despacho de 3 de agosto de 2016 relativo ao modelo de diretivas antecipadas previsto no artigo L. 1111-11 do Código de Saúde Pública. Disponível em: https://www.legifrance.gouv.fr/jorf/id/JORF-TEXT000032967746. Acesso em: 03 set. 2021.
69. ITÁLIA. Senato della Repubblica XVII Legislatura. **Lei 219/2017**. Roma, [2017]. Disponível em: www.senato.it/leg/17/BGT/Schede/FascicoloSchedeDDL/ebook/47964.pdf. Acesso em: 03 set. 2021.

4.2.2.1 Espanha

Primeiramente, é importante ressaltar que o testamento vital é denominado na legislação federal da Espanha de *instrucciones previas*. Segundo Martinéz,[70] isso ocorre em razão da Emenda 90 apresentada no Congresso Nacional pelo Grupo Parlamentar Popular, que criticava a expressão *voluntades antecipadas* por ter sido transposta do direito norte-americano, à época muito alijado do mundo da bioética e do direito sanitário. Assim, nesse ponto, sempre que se falar em "instruções prévias", deve-se entender que o tema em questão é testamento vital.

Rodriguéz[71] afirma que as discussões sobre as *instruciones previas* iniciaram-se em 1986, com a *Associación Pro Derecho a Morir Dignamente*, que no mesmo ano redigiu um modelo de testamento vital.

A autora explica que a prática de instruir verbalmente – ou mesmo de forma escrita – os parentes têm se generalizado na Espanha e é acompanhada, por vezes, de discussões sobre a eutanásia ou sobre o direito ao consentimento informado.

A primeira lei a tratar sobre as *instruciones previas* foi a Lei Catalã 21/2000, de 19 de dezembro, em seu artigo 8º. Posteriormente, comunidades autônomas como Galícia, Extremadura, Madrid, Aragón, La Rioja, Navarra e Catambria[72] também regularam o tema, com algumas diferenças: a) nomenclatura: a maioria denomina esse documento de "vontade antecipada", apenas cinco, das dezesseis comunidades autônomas que possuem lei sobre o tema, utilizam a expressão "instruções prévias"; b) apenas as comunidades de Andaluzia, Valencia e Navarra reconhecem ao menor de idade o direito de realizar instruções prévias; c) apenas a lei de Navarra aponta diferenças entre o testamento vital e as vontades antecipadas; apenas a lei de Madrid diferencia as instruções prévias do procuração para cuidados de saúde; d) todas preveem que as instruções prévias devem ter forma escrita e devem ser incorporadas ao histórico clínico do paciente; e) em todas as legislações, está prevista a figura do representante/procurador; a única diferença é que em algumas comunidades está prevista a necessidade de se nomear vários representantes; f) a maioria das comunidades autônomas reconhece a possibilidade do outorgante de dispor acerca da doação de órgãos e do destino de seu corpo após o falecimento.

---

70. MARTÍNEZ, Josefa Cantero. **La autonomía del paciente**: del consentimiento informado al testamento vital. Albacete: Bomarzo, 2005.
71. RODRÍGUEZ, Sonia Navarro. Testamento vital: la nueva ley estatal enfrentada a las normas autonómicas. **Iuris**: Actualidad y Práctica del Derecho, Madrid, n. 70, p. 21-29, 2003.
72. Para aprofundar o estudo sobre as legislações acerca das instruções prévias nas comunidades autônomas da Espanha, sugiro a leitura da tese de ZABALA BLANCO, Jaime. Autonomía e instrucciones previas: un análisis comparativo de lãs legislaciones autonômicas del Estado Español. 2007. 160 f. Tese (Doutorado) – Departamento de Fisiología y Farmacología, Universidad de Cantabria, Cantabria, 2007. Disponível em: https://repositorio.unican.es/xmlui/bitstream/handle/10902/1571/TesisJZB.pdf?sequence=1. Acesso em: 03 set. 2021.

Entretanto, a despeito de a norma catalã ter sido a primeira lei espanhola a legalizar o testamento vital, os ditos "direitos sanitários" foram positivados na Espanha em 1986, com a *Ley General de Sanidad*.

Segundo Zabala Blanco,[73] essa lei "mesmo sem reconhecer especificamente o direito à realização de testamentos vitais, consolida o direito a autonomia por meio do direito à informação, ao consentimento prévio e ao consentimento por representação".[74]

A primeira norma a tratar especificamente do testamento vital na Espanha foi o Convênio de Oviedo, que entrou em vigor neste país em 1º de janeiro de 2000.

A primeira lei estatal a tratar sobre o tema foi a Lei 41/2002,[75] de 14 de novembro, que dispõe sobre as instruções prévias no artigo 11.

> Artigo 11. Instruções prévias.
>
> 1. Pelo documento de instruções prévias, uma pessoa maior de idade, capaz e livre manifesta antecipadamente sua vontade, com objetivo de que este se cumpra em situações nas quais não seja capaz de expressar pessoalmente, sobre os cuidados e tratamentos de sua saúde, ou, uma vez chegado o falecimento, sobre o destino de seu corpo ou dos órgãos do mesmo. O outorgante pode também designar um representante para que, chegado o caso, sirva como seu interlocutor para o médico ou a equipe sanitária para procurar o cumprimento das instruções prévias.
>
> 2. Cada serviço de saúde regulará o procedimento adequado para que, chegado o caso, se garanta o cumprimento das instruções prévias de cada pessoa, que deverá constar sempre por escrito.
>
> 3. Não serão aplicadas as instruções prévias contrárias ao ordenamento jurídico, à "lex artis", nem as que não correspondam com o que se suponha que o interessado tivesse previsto no momento de manifestá-las. Na história clínica do paciente ficará anotado as razões relacionadas com estas previsões.
>
> 4. As instruções poderão ser revogadas livremente a qualquer momento, por escrito.
>
> 5. Com o fim de assegurar a eficácia em todo o território nacional das instruções prévias manifestadas pelo paciente e formalizadas de acordo com o disposto na legislação das respectivas Comunidades Autônomas, se criará no Ministério de *Sanidad y Consumo* o Registro nacional de instruções prévias que se regirá pelas normas que se determinem, prévio acordo do *Consejo Interterritorial del Sistema Nacional de Salud*.[76]

A constitucionalidade dessa lei foi questionada, principalmente no que tange aos aspectos formais como sua promulgação como lei ordinária e o caráter privado

---

73. *Ibidem*.
74. *Ibidem*, p. 37.
75. Dada a passividade do legislador estatal, os grupos parlamentares *Convengència i Unió* e *Entesa Catalana de Progrés* apresentaram no Senado, em 21 de fevereiro de 2001, a proposição da lei sobre os direitos de informação sobre saúde e a autonomia do paciente e a documentação clínica. Trata-se da primeira vez que se utiliza a Câmara do Senado como porta de entrada de uma iniciativa legislativa que parte de uma Comunidade Autônoma. RODRÍGUEZ, Sonia Navarro. Testamento vital: la nueva ley estatal enfrentada a las normas autonômicas. **Iuris**: Actualidad y Práctica del Derecho, Madrid, n. 70, p. 26, 2003.
76. ESPANHA. Govierno. **LEY 41/2002, de 14 de noviembre**. Básica reguladora de la autonomía del paciente y de derechos y obligaciones en materia de información y documentación clínica. Boletín Oficial del Estado. Madrid: Jefatura del Estado, [2002]. p. 9, tradução nossa. Disponível em: https://www.boe.es/buscar/pdf/2002/BOE-A-2002-22188-consolidado.pdf. Acesso em: 03 set. 2021.

das disposições – que, por assim serem, não poderiam ser tratadas em uma lei eminentemente pública, haja vista que essa lei trata de direitos sanitários. Por sua vez, o *Consell Consultiu de la Generalitat* se pronunciou expressamente sobre o artigo 11 da Lei n. 41/2002, declarando sua constitucionalidade e o caráter de norma privada dos pontos 1, 3 e 4.

Em linhas gerais, as instruções prévias na Espanha devem conter instruções à equipe médica sobre o desejo de que não se prolongue artificialmente a vida, a não utilização dos chamados tratamentos extraordinários, a suspensão do esforço terapêutico e a utilização de medicamentos para diminuir a dor, entre outras.

Pela Lei 41/2002, é possível ainda que, no documento de instruções prévias o outorgante nomeie um representante para que, quando aquele estiver impossibilitado de manifestar sua vontade, este terceiro possa fazê-lo em nome do subscritor do documento. Ou seja, a lei espanhola apresenta uma clara confusão entre testamento vital e procuração para cuidados de saúde, ao tratar estes dois institutos como se fossem apenas um.

Além disso, é possível que nesse documento o outorgante expresse sua vontade acerca da doação de órgãos e do destino que gostaria que fosse dado ao seu corpo. Na Espanha, assim como no Brasil, existe uma legislação específica sobre doação de órgãos. Contudo, Zabala Blanco[77] entende que a inclusão dessa possibilidade na Lei 41/2002 é uma busca de expressão explícita da vontade do outorgante porque, na prática espanhola, é respeitada a posição da família quando inexiste uma manifestação expressa de vontade do paciente.

Quanto aos critérios formais, as instruções prévias na Espanha devem ter forma escrita e podem ser feitas em um cartório, perante o notário, ou perante um funcionário do Registro Nacional ou da Administração Pública (dotados de fé pública) ou, ainda, perante três testemunhas. Ressalte-se que a justificativa para a segunda possibilidade é "evitar ter que recorrer a terceiros, como testemunhas ou notários, para um ato que se situa na esfera de autonomia pessoal e da intimidade das pessoas".[78]

Ademais, disposições contrárias ao ordenamento jurídico e que não correspondam à manifestação de vontade do outorgante não serão levadas em conta.

Merece especial atenção a questão da capacidade do outorgante, pois apesar de a lei estatal dispor textualmente acerca da necessidade de maioridade do outorgante, as comunidades autônomas de Aragon, Catalunha, Navarra e La Rioja dotam o menor de capacidade para a realização desse ato.

---

77. ZABALA BLANCO, Jaime. *Autonomía e instrucciones previas: un análisis comparativo de lãs legislaciones autonômicas del Estado Español*. 2007. 160 f. Tese (Doutorado) – Departamento de Fisiología y Farmacología, Universidad de Cantabria, Cantabria, 2007. Disponível em: https://repositorio.unican.es/xmlui/bitstream/handle/10902/1571/TesisJZB.pdf?sequence=1. Acesso em: 03 set. 2021.
78. *Ibidem*, p. 37.

Por fim, pela lei espanhola, as instruções prévias serão incluídas no histórico clínico do paciente e poderão ser revogadas a qualquer tempo pelo outorgante, enquanto capaz.

Em 2 de fevereiro de 2007, foi publicado o Real Decreto 124/2007, instrumento que regula o ponto 5 deste artigo, pois cria o Registro Nacional de Instruções Prévias (RNIP) e o correspondente arquivo automatizado de dados de caráter pessoal.

Segundo o Decreto, o acesso ao RNIP é restrito às pessoas que fizeram as instruções prévias, aos representantes legais dessas pessoas ou a quem o outorgante tenha designado neste documento, aos responsáveis dos registros autônomos e às pessoas designadas pela autoridade sanitária da comunidade autônoma correspondente ou pelo *Ministerio de Sanidad y Consumo*.

Como não são todas as comunidades autônomas da Espanha que possuem lei específica sobre as instruções prévias, o Decreto Real 124/2007 estabelece que as pessoas residentes em comunidades que não tenham regulamentado as instruções prévias poderão redigir tal documento e deverão se apresentar perante a autoridade da comunidade autônoma onde vivem. Caberá à autoridade, por sua vez, remeter o documento ao registro nacional, em que serão feitas uma inscrição provisória e sua notificação à Comunidade Autônoma correspondente.

Interessante notar a força vinculante de tal instrumento, pois está expresso no decreto que, independentemente da comunidade autônoma a que pertença o outorgante, a instrução prévia deve ser conhecida e seguida, no momento oportuno, pelos profissionais de saúde que prestarem atendimento ao outorgante.

Segundo Sallort,[79] apenas em dezembro de 2012, os registros de todas as comunidades autônomas foram sincronizados ao RNIP, mas desde então ele tem cumprido perfeitamente a missão de possibilitar o conhecimento das instruções prévias outorgadas pelo cidadão, em todo o território espanhol.

Uma detida análise dos dados divulgados pelo RNIP permite a conclusão de que nos últimos anos a população espanhola tem feito mais instruções prévias. Veja-se:[80]

---

79. SALLORT, José Carlos Abellán. Directrices Anticipadas de Voluntad em España: contextos y perspectivas. In: DADALTO, Luciana. **Bioética e Diretivas Antecipadas de Vontade**. Curitiba: Editora Prismas, 2014. p. 137-154.
80. REGISTRO NACIONAL DE INSTRUÇÕES PRÉVIAS. **Numero inscripciones em el RENIP desde sicronizacion completa de los registros autonômicos**. Disponível em: https://www.sanidad.gob.es/areas/profesionesSanitarias/rnip/docs/Enero-2025/N_inscripciones_en_el_RNIP_desde_sincronizacion_completa_de_los_Registros_Autonomicos_Enero-2025.pdf. Acesso em: 13 mar. 2025.

N° INSCRIPCIONES EN EL RNIP DESDE SINCRONIZACIÓN COMPLETA DE LOS REGISTROS AUTONÓMICOS

REGISTRO AUTONÓMICO	Enero 2013	Enero 2014	Enero 2015	Enero 2016	Enero 2017	Enero 2018	Enero 2019	Enero 2020	Enero 2021	Enero 2022	Enero 2023	Enero 2024	Enero 2025
ANDALUCÍA	23.397	25.329	27.407	29.949	32.825	35.686	38.531	42.001	43.667	45.907	49.072	50.980	55.991
ARAGÓN	5.012	5.494	6.007	6.660	7.384	8.172	9.042	10.189	10.841	11.733	13.040	14.424	16.738
ASTURIAS	3.805	4.261	4.718	5.161	5.687	6.200	6.644	7.337	7.857	8.490	9.567	11.160	16.271
BALEARES	3.121	3.740	4.544	5.312	6.197	7.258	8.328	9.670	10.305	11.245	12.383	13.988	16.935
CANARIAS	6.001	6.757	7.602	8.404	9.290	10.319	10.600	11.786	12.754	14.200	15.825	1782	21.757
CANTABRIA	1.413	1.598	1.850	2.078	2.366	2.626	2.928	3.454	3.723	4.206	4.855	5.390	7.942
CASTILLA-LA MANCHA	4.047	4.474	4.960	5.481	6.049	6.656	7.188	8.154	8.602	9.006	9.284	10.407	12.451
CASTILLA Y LEÓN	4.380	5.171	5.923	6.805	7.958	9.291	10.330	11.951	12.979	14.137	15.840	17.404	21.413
CATALUÑA	47.773	50.957	56.167	59.606	63.959	72.515	83.179	90.953	95.656	103.682	110.294	127.823	157.989
C. VALENCIANA	14.474	15.776	17.478	19.343	21.310	23.554	25.558	28.425	30.402	33.337	36.940	41.170	47.988
EXTREMADURA	1.039	1.160	1.264	1.429	1.579	1.761	1.873	2.092	2.196	2.407	2.645	2.886	3.424
GALICIA	2.537	3.545	4.105	4.646	5.795	6.895	8.178	9.367	11.613	13.026	14.532	15.944	19.159
MADRID	12.307	14.205	16.363	18.724	21.273	23.445	26.900	31.665	34.602	36.302	41.698	48.002	64.932
MURCIA	2.889	3.132	3.399	3.648	3.940	4.409	4.405	4.847	5.204	5.629	6.245	6.486	7.800
NAVARRA	1.755	2.200	2.722	3.327	4.174	5.402	7.434	9.439	10.510	12.042	14.849	17.523	22.047
PAÍS VASCO	10.506	11.970	13.975	16.033	18.697	20.780	24.163	29.033	31.552	35.511	40.877	47.616	61.827
LA RIOJA	1.317	1.555	1.773	2.052	2.353	2.675	2.947	3.471	3.684	4.118	4.625	5.342	6.598
MSND(*)	2	4	70	93	107	132	140	177	181	186	190	206	255
TOTAL	**145.775**	**161.328**	**180.327**	**198.751**	**220.943**	**247.776**	**278.368**	**314.011**	**336.328**	**365.164**	**402.761**	**454.533**	**561.517**

(*) Para inscripciones provisionales referidas a Ceuta y Melilla.

Se inicia la serie en 2013 ya que la sincronización completa de los registros autonómicos con el nacional no se concluyó hasta diciembre 2012.

Verifica-se que houve um aumento percentual a partir da entrada em vigor da *Ley Orgánica de regulación de la eutanásia*[81] (ocorrida em 25.06.2021). A referida norma dispõe que o testamento vital pode ser utilizado para manifestação prévia de vontade para eutanásia, possibilitando, assim, que pessoas sem capacidade para consentir no momento da realização do ato tenham acesso à morte medicamente assistida.

4.2.2.2 Portugal

A Convenção de Direitos Humanos e Biomedicina foi ratificada por Portugal pela Resolução da Assembleia da República 1/2001. Em 16 de julho de 2012, foi promulgada a Lei 25/2012, que regula as diretivas antecipadas de vontade e cria o Registo Nacional de Testamento Vital (RENTEV).

Esta tem suas bases no trabalho da Associação Portuguesa de Bioética (APB), fundada em 2002, com objetivo de investigar, promover e difundir a bioética. Vinculada ao Serviço de Bioética e Ética Médica, da Faculdade de Medicina do Porto, ao longo dos anos a APB produziu importantes documentos bioéticos. No que tange às DAV, há o Parecer P/05/APB/06, sobre *directivas* antecipadas de vontade; o *Projecto de Diploma* P/06/APB/06, que regula o exercício do direito a formular *directivas* antecipadas de vontade no âmbito de prestação de cuidados de saúde e cria o correspondente registro nacional; e as *Guidelines*, sobre suspensão e abstenção de tratamento em doentes terminais.[82]

---

81. ESPANHA. Goviemo. **Ley Orgánica 3/2021, de 24 de marzo, de regulación de la eutanasia**. Disponível em https://www.boe.es/diario_boe/txt.php?id=BOE-A-2021-4628. Acesso em: 03 set. 2021.
82. Essas *Guidelines* foram discutidas na Conferência Nacional de Consenso sobre Suspensão e Abstenção de Tratamento em Doentes Terminais, realizada em 11 de janeiro de 2008.

O Parecer P/05/APB/06 é um documento voltado à análise da recusa de transfusão sanguínea pelos Testemunhas de Jeová. Resume-se, basicamente, a um documento que explica o histórico das diretivas antecipadas e as modalidades de diretivas existentes para, por fim, verificar a validade da diretiva antecipada feita por um Testemunha de Jeová para expressar sua recusa em ser submetido a uma transfusão sanguínea.

Já o Projeto de Diploma P/06/APB/06 é um projeto de lei para regulamentar o artigo 9º da Convenção de Direitos Humanos e Biomedicina. Ele aponta como fundamento legal a Constituição da República Portuguesa, que reconhece a autonomia do paciente e permite que ele tome decisões acerca de tratamentos,[83] o Código Penal português, que pune intervenções médicas realizadas sem autorização do paciente, e a Lei 21/2005 (Lei sobre Informação Genética Pessoal e Informação de Saúde), que prevê o direito da pessoa de ser ou não informado sobre seu estado de saúde.

As *Guidelines*, documento redigido em 26 de maio de 2008, pretendem ser normas de orientação e que, posteriormente, "venham a ser incorporadas no sistema de saúde português, seja pela via legislativa seja através da sua adopção pelas autoridades administrativas competentes".[84]

Percebe-se, desse modo, que a APB tem contribuído fundamentalmente para o debate, tanto que a Lei 25/2012 tem suas bases no Projeto de Diploma P/06/APB/06, apesar de ter sofrido algumas modificações.

No que tange à Lei 25/2012, há uma clara confusão terminológica, vez que iguala o testamento vital às DAV e trata a procuração para cuidados de saúde como outro instituto jurídico, olvidando-se que as DAV são um gênero do qual estes documentos são espécies.

Essa confusão fica clara na análise do artigo 1º: "a presente lei estabelece o regime das diretivas antecipadas de vontade (DAV) em matéria de cuidados de saúde, designadamente sob a forma de testamento vital (TV), regula a nomeação de procurador de cuidados de saúde e cria o Registo Nacional do Testamento Vital (RENTEV)".[85]

---

83. A Constituição da República Portuguesa, de 2 de Abril de 1976, nos seus artigos 1.º, 25.º, 26.º, 27.º e 41.º, reconhece, sucessivamente, a dignidade da pessoa humana como fundamento da República, os direitos da pessoa à integridade pessoal, ao desenvolvimento da personalidade e à liberdade, e declara a inviolabilidade da liberdade de consciência, de religião e de culto. Consagra igualmente, no artigo 64.º, o direito de todos à proteção da saúde, que foi objeto de concretização na Lei 48/90, de 24 de Agosto, a Lei de Bases da Saúde. Esta reconhece, na Base XIV, os direitos dos utentes a "ser informados sobre a sua situação, as alternativas possíveis de tratamento e a evolução provável do seu estado", e a "decidir receber ou recusar a prestação de cuidados que lhes é proposta, salvo disposição especial da lei". É assim valorizada a autonomia individual dos cidadãos no que concerne à sua saúde, sendo-lhes reconhecida a faculdade de tomar diferentes decisões sobre a mesma. ASSOCIAÇÃO PORTUGUESA DE BIOÉTICA. **Projecto no. P/06/APB/06**. Regula o exercício do direito a formular diretivas antecipadas de vontade no âmbito da prestação de cuidados de saúde e cria o correspondente registro nacional. Relatores: Helena MELO, Rui Nunes. 2007. Disponível em: https://silo.tips/download/associaao-portuguesa-de-bioetica. Acesso em: 03 set. 2021.
84. *Op. cit.*
85. PORTUGAL. Assembleia da República. Lei 25/2012. Regula as diretivas antecipadas de vontade, designadamente sob a forma de testamento vital, e a nomeação de procurador de cuidados de saúde e cria o

Ora, se o registro criado pela lei se refere ao testamento vital, deixando claro que, para os portugueses, diretivas antecipadas de vontade e testamento vital são sinônimos, para que afirmar que a lei regulamenta as DAV? Parece-nos um certo diletantismo, que acaba por confundir ainda mais a questão terminológica. A nosso ver, melhor seria assumir a opção feita, qual seja, tratar DAV e testamento vital como sinônimos.

A lei portuguesa inova ao estabelecer um prazo de eficácia de cinco anos para o documento, em clara demonstração de contrariedade à natureza revogável das DAV.

E avança na criação de um registro nacional, o RENTEV, operacionalizando a aplicação do instituto no país, especialmente por permitir o acesso do médico responsável pelo cuidado da pessoa que está incapaz de expressar sua vontade livre e autonomamente.

Note-se que o RENTEV apenas entrou em funcionamento no dia 1º.07.2014, portanto, mais de dois anos após a aprovação da lei que estabelecia sua criação. Ele está a cargo do Ministério da Saúde português, que disponibiliza em um portal na *internet* um modelo de DAV[86] para que o outorgante preencha e entregue em um Agrupamento de Centros de Saúde ou em uma Unidade Local de Saúde, que registrará o documento em um *software*, chamado de RENTEV.[87]

Em dezembro de 2018, haviam cerca de 24.400 testamentos vitais no RENTEV,[88] muito aquém da expectativa do governo, que era de ter 20.000 unidades registradas durante os seis meses primeiros meses de implementação desse *software*.[89] Ou seja, a meta do governo foi atingida após mais de quatro anos, por essa razão, a Assembleia da República publicou a Resolução 33/2019, no dia 04 de março de 2019, recomendando que o Governo Federal promova uma campanha informativa de divulgação e incentivo ao registro do testamento vital.[90]

Preocupada com esse cenário, a APB publicou, em 02 de dezembro de 2019, o parecer n. P/35/APB/19,[91] sugerindo uma alteração na lei 25/2012 "no sentido de

---

Registo Nacional do Testamento Vital (RENTEV). Lisboa, [2012]. Disponível em: http://dre.pt/pdf1s-dip/2012/07/13600/0372803730.pdf. Acesso em: 03 set. 2021.

86. PORTUGAL. Diretiva Antecipada de Vontade (DAV). Disponível em: https://spms.min-saude.pt/wp-content/uploads/2014/06/Rentev_form_v0.4.12.pdf. Acesso em: 03 set. 2021.
87. Informação retirada do site: https://www.spms.min-saude.pt/2016/06/rentev/. Acesso em: 03 set. 2021.
88. Informação retirada do site: https://www.sns.gov.pt/noticias/2019/03/06/testamento-vital-24-400-registados/. Acesso em: 03 set. 2021.
89. CAPUCHO, Joana. Só 6 mil têm testamento vital. Governo queria 20 mil em seis meses. **Diário de Notícias**, Lisboa, 03 jan. 2017. Sociedade. Disponível em: https://www.dn.pt/sociedade/interior/so-6-mil-tem-testamento-vital-e-preciso-dar-mais-informacao-5582702.html. Acesso em: 03 set. 2021.
90. PORTUGAL. Assembleia da República. **Resolução 33/2019**. Recomenda ao Governo que promova uma campanha informativa de divulgação e incentivo ao registo do Testamento Vital. Lisboa, [2019]. Disponível em: https://dre.pt/web/guest/pesquisa/-/search/120454164/details/maximized?p_p_auth=wrgaKur7. Acesso em: 03 set. 2021.
91. ASSOCIAÇÃO PORTUGUESA DE BIOÉTICA. **Parecer P/35/APB/19 sobre a proposta de alteração da lei n. 25/221 de 16 de julho**. Regula as diretivas antecipadas de vontade, designadamente sob a forma de testamento vital, e a nomeação de procurador de cuidados de saúde e cria o registo nacional do testamento

passar a ser obrigatório em todos os hospitais portugueses informar os doentes, no momento da admissão, da possibilidade de efetuar uma diretiva antecipada de vontade". Até o presente momento, a proposta não foi analisada pela Assembleia da República.

Em julho de 2024, ocasião em que o RENTEV completou dez anos, o Serviço Nacional de Saúde informou que "encontram-se ativos mais de 40 mil testamentos vitais, dos quais mais de 14 mil foram outorgados por homens e 26 mil por mulheres. Em qualquer dos gêneros, as faixas etárias com maior número de registros ativos de testamento vital situam-se entre os 65 e os 80 anos e entre os 50 e os 65 anos".[92]

Uma análise detalhada dos dados referentes ao números de testamentos vitais registrados desde a implementação do RENTEV permite perceber que houve um aumento depois da pandemia da covid-19, e que desde então os dados oscilam sem uma diferença significativa. Veja-se:

— Soma Total Testamentos Vitais de Utentes

Percebe-se, assim, que não basta a aprovação de uma lei e a implementação de um banco digital de testamento vital para que este documento se torne conhecido pela população. É preciso mais do que isso, é preciso, também, investimento em educação para a morte.

Para o Brasil, as discussões portuguesas são importantes não muito pelo conteúdo – vez que, em linhas gerais, a lei e as discussões não apresentam nenhuma inovação do que já existe nos EUA e na Espanha –, e sim porque a proximidade histórica com Portugal – consubstanciada na atualidade com a ajuda que a APB prestou ao CFM na elaboração da resolução sobre as DAV – já dá indícios de como o tema será tratado por aqui, possibilitando críticas e o aperfeiçoamento da temática, inclusive quanto ao modelo de DAV utilizado por aquele país.[93]

---

vital – RENTEV). Relator: Rui Nunes. Disponível em: https://apbioetica.org/wp-content/uploads/2021/01/Parecer-No.-P_35_APB_19_Proposta-de-alterac%CC%A7a%CC%83o-da-Lei-que-Regula-as-Diretivas-Antecipadas-de-Vontade.pdf. Acesso em: 03 set. 2021.

92. SERVIÇO NACIONAL DE SAÚDE. RENTEV: 10 anos a registrar testamentos vitais. Disponível em: https://www.spms.min-saude.pt/2024/07/rentev-10-anos-a-registar-testamentos-vitais-2. Acesso em: 29 jul. 2024.

93. Sobre esse assunto, recomenda-se: MACEDO, João M.; SANTOS, Laura Ferreira dos. **Testamento vital**: um modelo confuso? Disponível em: http://www.publico.pt/sociedade/noticia/testamento-vital-um-modelo--confuso-1661817?page=-1. Acesso em: 03 set. 2021.

4.2.2.3 França

Enquanto Portugal alcançou a legalização do testamento vital por meio de um longo debate social, capitaneado pela Associação Portuguesa de Bioética, e quinze anos após a Convenção de Oviedo, a França começou a positivar os direitos dos pacientes muito antes, em 2002.

Até 2016, as leis que tratavam acerca dos direitos dos pacientes na França eram: (I) Lei de 4 de março de 2002,[94] relativa aos direitos dos doentes e à qualidade do sistema de saúde, cujo objetivo foi "reequilibrar a relação médico-paciente insistindo sobre a importância de a pessoa doente participar das decisões médicas que lhe concernem. Para isso, a lei insiste na importância da informação, do consentimento, do respeito à recusa de tratamento";[95] (II) Lei Leonetti, de 2005,[96] que avançou nas discussões fomentadas pela lei de 2002, reconhecendo a importância de se ouvir e respeitar a vontade do doente, agora manifestada no testamento vital.

Ocorre que essas leis eram vagas, distantes de realidade e, além disso, enfrentavam resistência no meio médico e as dificuldades em se oferecer Cuidados Paliativos a todos os necessitados. E mais, no que diz respeito ao testamento vital, a legislação francesa não reconhecia a supremacia da vontade manifestada, sendo a vontade manifestada na DAV apenas um elemento a ser levado em consideração pelos médicos na tomada de decisões, sem caráter vinculante.

Por essa razão, o Comitê Consultivo Nacional de Ética francês se manifesta dizendo que "não se tratam verdadeiramente de diretivas: elas não apresentam valor vinculante e, hoje, nenhum formalismo particular cerca a sua coleta e sua conservação".[97-98]

No ano de 2016, a situação mudou com a aprovação da Lei 2016-87, que trata especificamente dos direitos das pessoas em fim de vida e altera o Código Civil francês para introduzir o testamento vital, chamado, assim como em Portugal, de diretivas antecipadas de vontade.

Em linhas gerais, a lei francesa reconhece que as DAV vinculam os médicos, derrubando assim as críticas existentes em relação às legislações anteriores; estabe-

---

94. FRANÇA. **Lei 2002-303 de 4 de março de 2002.** Relativa aos direitos dos pacientes e à qualidade do sistema de saúde. Paris, [2002]. Disponível em: https://www.legifrance.gouv.fr/loda/id/JORFTEXT000000227015/. Acesso em: 03 set. 2021.
95. FOURNIER, Véronique; TRARIEUX, Sophie. Les directives anticipées en France. **Médecine & Droit**, Paris, 2005. n. 74-75, p. 146-148, 2005. Disponível em: https://www.em-consulte.com/article/38411/les-directives-anticipees-enfrance. Acesso em: 03 set. 2021.
96. FRANÇA. **Lei 2005-370 de 22 de abril de 2005.** Lei sobre os direitos dos pacientes e o fim da vida. Paris, [2005]. Disponível em: http://www.senat.fr/dossier-legislatif/ppl04-090.html. Acesso em: 03 set. 2021.
97. COMITÉ CONSULTATIF NATIONAL D'ÉTHIQUE. Avis 121 – Fin de vie, autonomie de la personne, volonté de mourir. Disponível em: http://www.ccne-ethique.fr/fr/publications/fin-de-vie-autonomie-de-la-personne-volonte-de-mourir#.UvEQUXnGKQs. Acesso em: 03 set. 2021.
98. Nas edições anteriores desta obra, afirmávamos que: "Não obstante a França possuir legislação sobre o tema desde 2005, esta não pode ser vista como nação que reconhece o direito do paciente a se autodeterminar a partir de uma DAV, pois não vincula o médico a disposições constantes no documento".

lece que os incapazes também podem fazer DAV desde que com autorização judicial; reconhece que as DAV são instrumentos que valem apenas para o paciente em fim de vida, revogáveis a qualquer tempo; cria um registro nacional nos moldes portugueses e apresenta dois modelos de DAV: um, para pessoas saudáveis e outro, para pessoas com doença grave e em fim de vida.

A lei francesa difere-se da portuguesa[99] porque prevê a possibilidade de incapazes redigirem suas DAV, ainda que com autorização judicial, por não estabelecer prazo de eficácia, por ter criado dois modelos de DAV, diferenciando as pessoas saudáveis das pessoas doentes e, por fim, por ter apresentado, na própria lei, os modelos de DAV,[100] ao invés de deixar a cargo do órgão estatal que regula a saúde.

Em 2019, um estudo feito com pessoas maiores de cinquenta anos evidenciou que 13% dessa população fez sua DAV.[101-102] Neste mesmo ano, uma pesquisa feita em instituições de longa permanência voltada para pessoas idosas afirmou que 91% dos estabelecimentos informam os moradores sobre a possibilidade de receberem apoio na elaboração de suas diretivas antecipadas.[103]

Inexistem estudos mais recentes com esta faixa etária e/ou com toda a população francesa e também não há, até o momento, nenhuma notícia sobre a implementação de um registro oficial.

4.2.2.4 Itália

Como já foi dito anteriormente, a Itália é signatária do Convênio de Oviedo e em dezembro de 2017 aprovou uma lei sobre testamento vital.

Em 1998, foi aprovado um novo Código de Deontologia Médica na Itália, que em seu artigo 34, dispôs especificamente acerca da autonomia do paciente, protegendo a liberdade, a dignidade e a vontade expressa do paciente, inclusive a vontade anteriormente manifestada por aquele que não está em condições de se exprimir.[104] No artigo 37, está expresso que o médico não deve se utilizar da obstinação terapêutica em caso

---

99. Acerca da diferença entre a lei portuguesa e a francesa, recomenda-se: DADALTO, Luciana. A necessidade de um modelo de Diretivas Antecipadas de Vontade para o Brasil: estudo comparativo dos modelos português e franceses. **Revista M**, Rio de Janeiro, 2016. v. 1, n. 2, p. 446-463, 2016. Disponível em: http://seer.unirio.br/revistam/article/view/8140. Acesso em: 03 set. 2021.
100. FRANÇA. [Modelo de DAV anexo a este decreto] Despacho de 3 de agosto de 2016 relativo ao modelo de diretivas antecipadas previsto no artigo L. 1111-11 do Código de Saúde Pública. Disponível em: https://www.legifrance.gouv.fr/jorf/id/JORFTEXT000032967746. Acesso em: 03 set. 2021.
101. BVA OPINION. **Les directives anticipées en mai 2019: situation générale et dans les EHPAD en particulier**. Disponível em: https://www.parlons-fin-de-vie.fr/je-minteresse-a-la-fin-de-vie/les-directives-anticipees/. Acesso em: 03 set. 2021.
102. FRANÇA. Tout comprendre sur les directives anticipées. Disponível em: https://www.info.gouv.fr/actualite/tout-comprendre-sur-les-directives-anticipees. Acesso em: 29 jul. 2024.
103. FIN DE VIE SOINS PALLIATIFS. La fin de vie en EHPAD. Disponível em: https://www.parlons-fin-de-vie.fr/la-fin-de-vie-en-pratique/la-fin-de-vie-en-ehpad/. Acesso em: 13 mar 2025.
104. "Art. 34. Il medico deve attenersi, nel rispetto della dignità, della libertà e dell'17; indipendenza professionale, alla volontà di curarsi, liberamente espressa dalla persona.

de paciente em fase de terminalidade, ou seja, deve apenas se valer dos tratamentos ordinários para evitar o sofrimento quando não há mais como reverter o quadro.[105]

Essa norma médica foi a precursora da garantia dos direitos do paciente na Itália, todavia, trata-se apenas de uma diretriz para os médicos, sem qualquer eficácia *erga omnes*, razão pela qual não pode ser encarada como uma lei italiana que possibilita interpretações sobre a legalidade do testamento vital nesse país.

As discussões acerca desse instituto ganharam força após 2003, quando o Comitê Nacional de Bioética editou um documento intitulado *Dichiarazzioni Anticipate di Tratamento*,[106] motivado pela crescente literatura nacional e internacional sobre questões afetas aos documentos de manifestação de vontade de pacientes, bem como pela Convenção de Direitos Humanos e Biomedicina, da qual a Itália é signatária.

Esse documento era a principal recomendação feita por um órgão de alcance nacional da Itália até a aprovação da lei, em dezembro de 2017. Todavia, ele trata amplamente das diretivas antecipadas – não apenas dos testamentos vitais –, por indicar as várias formas de autodeterminação

Nele há algumas condições para que as "declarações antecipadas de tratamento" sejam tidas como válidas. São elas: a) caráter público, datado, forma escrita, feito por pessoa maior, capaz de entender, de manifestar vontade, sem que esteja sob qualquer tipo de pressão familiar, social ou ambiental; b) não pode conter disposições acerca da prática de eutanásia[107] que contrariem o direito positivo ou as normas médicas e deontológicas. Entretanto, o médico não pode ser obrigado a fazer algo que vá contra sua consciência; c) com a finalidade de que tenha uma redação adequada e em conformidade com o ponto "b", o outorgante deve ser orientado na elaboração do documento por um médico; d) a fim de garantir a máxima personalização da vontade do futuro paciente, as disposições devem ser redigidas de forma "não genérica", de modo a não gerar equívocos quando de sua interpretação e de relatar, o mais fielmente possível, a situação clínica na qual esse documento será levado em consideração.

Il medico, se il paziente non è in grado di esprimere la propria volontà in caso di grave pericolo di vita, non può non tenere conto di quanto precedentemente manifestato dallo stesso. [...]." ITÁLIA. Ministero della Salud. **Il códice di deontologia medica**. Roma, 1998.

105. "Art. 47. In caso di malattie a prognosi sicuramente infausta o pervenute alla fase terminale, il medico deve limitare la sua opera all'assistenza morale e alla terapia atta a risparmiare inutili sofferenze, fornendo al malato i trattamenti appropriati a tutela, per quanto possibile, della qualità di vita.
In caso di compromissione dello stato di coscienza, il medico deve proseguire nella terapia di sostegno vitale finchè ritenuta ragionevolmente utile". *Ibidem*.

106. Comitato Nazionale per la Bioetica. **Dichiarazioni anticipate di trattamento**. 2003. Disponível em: https://bioetica.governo.it/it/pareri/pareri-e-risposte/dichiarazioni-anticipate-di-trattamento/. Acesso em: 06 set. 2021.

107. Acerca da relação entre Eutanásia e Testamento vital no ordenamento jurídico italiano, recomenda-se a leitura de BALLARINO, Tito. Eutanásia e testamentobiologico nel conflitto di leggi. **Rivista di Diritto Civile**, Milano, 2008. n. 1, p. 69-85, 2008. Disponível em: https://dialnet.unirioja.es/servlet/articulo?codigo=3569950. Acesso em: 06 set. 2021.

No que tange ao conteúdo das diretivas, o Comitê Nacional de Bioética[108] entende que as declarações de vontade devem se pautar pelo princípio de que qualquer pessoa tem o direito de exprimir seu próprio desejo de modo antecipado em relação a todos os tratamentos e a todas as intervenções médicas acerca das quais pode, licitamente, exprimir a própria vontade atual. Desse princípio infere-se que as diretivas antecipadas não poderão conter disposições contrárias à lei e o paciente não poderá solicitar a prática da eutanásia.

Assim, as disposições que este Comitê entende serem lícitas são aquelas que indicam se o paciente quer doar seus órgãos, qual destino deseja que seja dado a seu cadáver, indicações sobre a humanização da morte, suspensão do esforço terapêutico e suspensão da alimentação e da hidratação artificial.

Apesar de, em 2003, o Comitê Nacional de Bioética ter se manifestado de forma incisiva sobre as diretivas antecipadas e a necessidade de uma lei que as regulamentasse, foi em 2006, no caso Piergiogio Welby, que o tema realmente tomou contornos sociais e começou a ser discutido nos meios não acadêmicos, alcançando a esfera política.

Piergiogio Welby[109] tinha 60 anos e desde os 18 sofria de distrofia muscular progressiva. Desde 1997, vivia conectado a um respirador artificial, em virtude da piora de seu estado de saúde. Em 2006, seu quadro clínico piorou drasticamente, motivando-o a procurar a justiça italiana para solicitar que fossem desligados os aparelhos que o mantinham vivo.

Após uma derrota no Tribunal de Roma, em 22 de setembro de 2006, Welby escreveu uma carta ao então presidente italiano, Giorgio Napolitano, com o objetivo de sensibilizá-lo sobre seu sofrimento. Essa carta gerou uma grande comoção social, dando início a um debate público sobre a legalização da eutanásia.

Em 21 de dezembro de 2006, o médico anestesista Mario Ricco desligou o respirador, após sedar o paciente para evitar que ele sofresse.[110] Após este ato, o médico foi processado pela prática de eutanásia – delito tipificado na Itália.

Em seu julgamento, segundo o jornal O Estado de S. Paulo, Ricco foi absolvido pela juíza Zaira Secchi, do Tribunal de Roma, sob o argumento de que o médico atendeu a uma vontade expressa do paciente e apenas cumpriu com seu dever profissional, uma vez que a Constituição italiana concede o direito a rejeição de tratamento médico não desejado.

Esse julgamento foi emblemático na Itália e, desde então, os estudos acerca da manifestação de vontade do paciente têm crescido no país.

---

108. *Op. cit.*
109. Sobre este caso, recomenda-se a leitura do livro: WELBY, Piergiorgio. **Lasciatemi morire.** Milano: Situdio Editoriale Littera, 2006.
110. Importante comentar que a Igreja Católica negou a Piergiorgio Welby um enterro religioso, pois o Vaticano argumentou que, ao desejar a eutanásia, Welby se afastou da doutrina cristã. Em seu funeral, houve apenas uma cerimônia laica.

Segundo Salaris,[111] em 2007 havia cerca de dez projetos de lei em tramitação na Câmara e no Senado sobre diretivas antecipadas.

O projeto S. 2943, de 4 de maio de 2004, intitulado "Norma em matéria de declaração antecipada de tratamento", que prevê a positivação da procuração para cuidados de saúde, bem como a criação de um registro geral desses documentos vinculado ao conselho nacional de cartório, foi rejeitado pelo Parlamento italiano em 2009. Tratava-se de um contexto político conturbado em virtude da morte de Eluana Englaro, uma jovem que, após um acidente automobilístico, ficou em estado vegetativo permanente. Seu pai, então, ajuizou uma ação judicial solicitando a retirada do tubo de alimentação, que só foi julgada procedente em 2008, um ano antes da morte de Eluana, ocorrida em 9 de fevereiro de 2009, depois de dezessete anos de estado vegetativo. Essa situação gerou uma grande comoção social na Itália.

Contudo, o debate na Itália voltou a ganhar força com a edição, pelo Conselho da Europa, da Resolução 1.859/2012[112] da qual a Itália foi signatária, que reconhece textualmente o direito do indivíduo a realizar seu testamento vital.

Assim, em 14 de dezembro de 2017,[113] foi aprovada a lei do *biotestamento* na Itália. Sem dúvidas, trata-se da lei mais completa já publicada no mundo sobre o assunto, e atribuímos isso ao longo processo de feitura e aprovação dessa lei.

Em linhas gerais, a lei italiana deixa claro que nenhum tratamento de saúde pode ser iniciado ou continuado sem o consentimento livre e esclarecido do paciente e que os profissionais de saúde são obrigados a respeitar o desejo expresso do paciente, estando isentos de responsabilidade civil e penal nessas situações.

Toca em temas polêmicos como a AHA e a sedação paliativa, deixando claro que a AHA é um tratamento e, portanto, pode ser recusado pelo paciente e que a sedação paliativa, quando consentida pelo paciente, é um procedimento que faz parte da abordagem dos Cuidados Paliativos.

Reserva o artigo 3º para tratar do direito do menor e do incapaz em tomar decisões de saúde, reconhecendo o direito destes a receber informações e a necessidade de judicialização da tomada de decisão quando houver conflito entre a vontade do representante e a indicação médica.

O artigo 4º fala especificamente nos documentos de manifestação de vontade, utilizando a nomenclatura *disposizioni anticipate di trattamento* (DAT) em substituição às diretivas antecipadas de vontade. Segundo a lei italiana, a DAT é um documento feito por qualquer pessoa adulta e capaz, depois de ter recebido informações médicas adequadas sobre as consequências de suas escolhas, por meio do qual expressa seus

---

111. SALARIS, M. Giuseppina. **Corpo umano e diritto civile**. Milano: Giuffrè, 2007.
112. COUNCIL OF EUROPE. **Resolution 1859/2012**. Disponível em: https://pace.coe.int/en/files/18064. Acesso em: 06 set. 2021.
113. ITÁLIA. Senato della Repubblica XVII Legislatura. **Lei 219/2017**. Roma, [2017]. Disponível em: www.senato.it/leg/17/BGT/Schede/FascicoloSchedeDDL/ebook/47964.pdf. Acesso em: 06 set. 2021.

desejos em matéria de tratamentos de saúde, bem como consentimento ou recusa em relação a testes de diagnóstico ou escolhas terapêuticas e a tratamentos de saúde individuais; estabelece, ainda, a figura do fiduciário,[114] pessoa de confiança do paciente, que o representará frente ao médico e à instituição de saúde. Saliente-se que a nomeação do fiduciário é facultativa.

Esse artigo dispõe, ainda, acerca da forma das DAT: (I) escritura pública; (II) instrumento particular certificado ou (III) escrito privado, entregue pessoalmente pelo outorgante no cartório de registro civil do município de residência do próprio outorgante ou em instituições de saúde.

De forma inédita no mundo, a lei italiana reconhece a possibilidade de DAT formalizada em gravação de vídeo ou outros dispositivos que permitam a comunicação de pessoas com deficiência, deixando claro que essas formas só são válidas quando as condições físicas do paciente não permitirem a realização da escritura pública ou do instrumento particular. Reconhece, também, que as DAT são renováveis, modificáveis e revogáveis a qualquer tempo, inclusive podem ser revogadas por declaração verbal recolhida ou filmada por um médico, com a assistência de duas testemunhas. Esclarece que o médico poderá desconsiderar a vontade do paciente se ela parecer claramente incongruente ou não corresponder à condição clínica atual do paciente ou existirem terapias não previsíveis no momento da subscrição, capazes de oferecer possibilidades concretas de melhoria das condições de vida. Normatiza que, em caso de conflito entre o fiduciário e o médico, deve a questão ser levada à juízo. Por fim, concede um prazo de 60 dias após a entrada em vigor da lei para que o Ministério da Saúde e as Instituições de Saúde forneçam informações sobre as DAT, inclusive em seus sites.

O artigo 5º reconhece a importância da realização de um planejamento de cuidados compartilhados entre o paciente e o médico. Diferentemente das DAT, o planejamento compartilhado é feito no bojo da relação médico-paciente e o paciente consentirá em relação ao proposto pelo médico, diante da situação concreta. Caso o paciente, cujo planejamento de cuidados tenha sido feito, esteja incapaz de expressar seu consentimento ou em estado de incapacidade, deverão o médico e a equipe de saúde cumprir o plano traçado.

Os demais artigos tratam de questões procedimentais, estabelecendo que as manifestações de vontade anteriores a essa lei são válidas e ordenando que o Ministério da Saúde transmita anualmente às Câmaras relatórios acerca da aplicação da lei.[115]

No dia 17 de janeiro de 2020, foi publicado no Diário Oficial o Decreto 168 de 10 de dezembro de 2019, regulamentando os métodos de registo das DAT na base de

---

114. Está-se diante da procuração para cuidados de saúde.
115. Para aprofundar os estudos sobre a lei italiana, recomenda-se: FEDERAZIONE CURE PALLIATIVE ONLUS. **La Legge 219/2017**: Norme in materia di consenso informato e di disposizioni anticipate di trattamento. Il punto di vista di... Milão: Federazion Cure Palliative Onlus, 2018. Disponível em: https://www.comitato-finevita.it/wp-content/uploads/2020/05/Libro-FCP-Legge-219.pdf. Acesso em: 06 set. 2021.

dados nacional. Segundo informações do Ministério da Saúde italiano, a base de dados será alimentada por: (i) escrivães dos municípios de residência dos instituidores, ou seus delegados, e os escrivães das representações diplomáticas ou consulares italianas no exterior; (ii) notários e chefes de repartições consulares italianas no exterior, no exercício de funções notariais; (iii) gestores das unidades orgânicas competentes das regiões que tenham adotado métodos de gestão do prontuário ou do registo eletrônico de saúde ou outros métodos de gestão informática dos dados dos inscritos no Serviço Nacional de Saúde, e que tenham, por ato próprio, regulamentado a coleta de cópias das DAT.[116]

Infelizmente, os dados não são públicos e, portanto, não é possível ter acesso a eles e analisá-los.

Em 2024, o Vaticano publicou um léxico do fim de vida e deixou claro à importância das DAT propondo, inclusive, um modelo de formulário que se diferencia dos já existentes no mundo por trazer uma sessão específica sobre desejos relacionados à assistência espiritual/religiosa.[117]

4.2.3 O testamento vital na América Latina

Andruet[118] afirma que o testamento vital não tem recebido especial atenção da doutrina jurídica na América Latina, com exceção de Porto Rico. Este país aprovou, em 2001, a Lei 160, na qual reconhece o direito de toda pessoa maior de idade, em pleno uso de suas faculdades mentais, a declarar previamente sua vontade sobre os tratamentos médicos caso sofra uma condição de terminalidade ou de EVP persistente.[119]

---

116. ITÁLIA. Banca dati delle DAT. Disponível em: https://www.salute.gov.it/portale/dat/dettaglioContenutiDat.jsp?lingua=italiano&id=4956&area=dat&menu=vuoto. Acesso em: 29 jul. 2024.
117. HUMANA COMUNITAS. Piccolo lessico del fine -vita. Libreria Editrice Vaticana: Città del Vaticano, 2024.
118. ANDRUET, Armando S. Breve exégesis del llamado "testamento vital". **Derecho y Salud**, Santiago de Compostela, 2002. v. 10, n. 2, p. 183-196, 2002. Disponível em: https://dialnet.unirioja.es/descarga/articulo/279730.pdf. Acesso em: 06 set. 2021.
119. "Artigo 3. Toda pessoa maior de idade e em pleno gozo de suas faculdades mentais poderá declarar sua vontade antecipada, e em qualquer momento, de ser submetida ou não submetida a determinado tratamento médico ante a eventualidade de ser vítima de alguma condição de saúde ou de estado vegetativo persistente que não lhe permita expressar-se durante o momento em que dito tratamento deverá, ou não deverá, segundo sua vontade, ser administrado. Essa declaração poderá incluir a designação de um mandatário que tome decisões sobre aceitação ou recusa de tratamento no caso em que o declarante não possa se comunicar por si mesmo. Caso o declarante não designe um mandatário se considerará mandatário o parente maior de idade mais próximo, segundo a ordem sucessória estabelecida no Código Civil de Porto Rico, tendo em primeiro lugar o cônjuge do declarante. Ninguém poderá sem embargo, proibir que nesta eventualidade lhe sejam administrados remédios para inibir a dor, ou hidratá-lo e alimentá-lo, a não ser que a morte seja iminente ou que o organismo não possa mais absorver a hidratação e a alimentação administrada". PORTO RICO. **Ley n. 160 del año de 2001**. Ley de declaración previa de voluntad sobre tratamiento médico en caso de sufrir una condición de salud terminal o de estado vegetativo persistente. San Juan, [2001]. Tradução nossa. Disponível em: http://www.lexjuris.com/LEXLEX/Leyes2001/lex2001160.htm. Acesso em: 06 set. 2021.

Segundo o autor, essa é a primeira lei federal sobre o tema na América Latina,[120] o que não é surpreendente, haja vista que Porto Rico é território dos Estados Unidos da América.

Temos ainda a Argentina,[121] o Uruguai,[122] o México[123] e a Colômbia[124] que já regulamentaram a matéria.

4.2.3.1 Argentina

Antes mesmo da promulgação da Lei 26.529 de 21 de outubro de 2009, a Argentina já possuía intensa produção doutrinária, jurisprudencial e legislativa sobre o testamento vital, neste país também denominado como DAV.[125] A província de Rio Negro positivou este instituto com a Lei 4.263, promulgada em 19 de dezembro de 2007. Essa é a primeira lei argentina – ainda que em nível provincial – a tratar especificamente sobre diretivas antecipadas.

Seu artigo 1º prevê que:

> Art. 1º. Toda pessoa capaz tem o direito e expressar seu consentimento a respeito de tratamentos médicos que podem ser indicados a ele no futuro, em razão da perda de capacidade ou não ocorrência de circunstâncias clínicas que o impeçam de expressar sua vontade no momento.[126]

---

120. Tal afirmação é contrariada por Sanchez, que menciona o reconhecimento expresso da validade do testamento vital também na Venezuela, apesar de não ser muito utilizado neste país. Cf. SÁNCHEZ, Cristina López. **Testamento vital y voluntad del paciente**: conforme a la Ley 41/2002, de 14 de noviembre. Madrid: Dykinson, 2003, tradução nossa.
121. ARGENTINA. Ministerio de Justicia y Derechos Humanos. **Ley 26.529**. Derechos del Paciente en su Relación con los Profesionales e Instituciones de la Salud. Buenos Aires, Presidencia de la Nación, [2009]. Disponível em: http://servicios.infoleg.gob.ar/infolegInternet/anexos/160000-164999/160432/norma.htm. Acesso em: 06 set. 2021.
122. URUGUAI. **Ley 18473**. Regulacion de voluntad anticipada en tratamientos y procedimientos medicos que prolonguen la vida en casos terminales. Montevidéu, [2009]. Disponível em: https://www.impo.com.uy/bases/leyes/18473-2009. Acesso em: 06 set. 2021. Sobre a legislação uruguaia, recomenda-se a leitura de ALMADA, Hugo Rodríguez. La Legislacion Urugaya sobre las Directivas de Voluntad Anticipada. *In*: DADALTO, Luciana. **Bioética e Diretivas Antecipadas de Vontade**. Curitiba: Editora Prismas, 2014. p. 199-215.
123. MÉXICO. Asamblea Legislativa Del Distrito Federal, Iv Legislatura. **Ley de Voluntad Anticipada para el Distrito Federal**. Decreto por el que se expide la ley de voluntad anticipada para el distrito federal; se adiciona el código penal para el distrito federal y se adiciona la ley de salud para el distrito federal. Cidade do México, [2009]. Disponível em: http://www.aldf.gob.mx/archivo-077346ece61525438e126242a37d313e.pdf. Acesso em: 06 set. 2021.
124. COLÔMBIA. Ministerio de Salud y Protección Social. **Resolución 2665/2018**. Por médio de la cual se reglamenta parcialmente la Ley 1733 de 2014 em cuanto al derecho a suscribir el Documento de Voluntad Anticipada. Bogotá, [2018]. Disponível em: https://dmd.org.co/wp-content/uploads/2018/08/Resolucio%C-C%81n-2665-de-2018-Voluntades-anticipadas-2018.pdf. Acesso em: 06 set. 2021.
125. Sobre o tema, recomenda-se a leitura de BOSTIANCIC, Maria Carla; DADALTO, Luciana. **Diretivas Antecipadas para tratamentos médicos**: um estudo comparado entre o direito brasileiro e o argentino. Mar del Plata: Universidad Nacional de Mal del Plata, 2010.
126. ARGENTINA. **Ley 4263 de 19 dezembro de 2007**. Se reconoce el derecho de las personas a decidir y declarar fehacientemente su voluntad de ser o no sometidas a asistencia sanitaria y cuidados medicos. Se crea el Registro de Voluntades Anticipadas -RVA- en el ambito del Ministerio de Salud de la provincia. Viedma, [2007]. Disponível em: https://web.legisrn.gov.ar/legislativa/legislacion/ver?id=7808. Acesso em: 06 set. 2021.

O referido direito será exercido por meio de uma declaração de vontade antecipada, conforme previsto no artigo 2º.[127] Essa lei prevê ainda a criação de um Registro (estadual) de Vontades Antecipadas, no qual serão armazenadas as declarações de vontades antecipadas e, em caso de internação hospitalar do outorgante, a declaração deverá ser anexada na primeira folha da história clínica do paciente.

As declarações de vontades antecipadas reguladas por essa lei são revogáveis a qualquer momento, desde que observada a capacidade e a autonomia do outorgante. Além disso, prevê uma espécie de revogação tácita, que ocorrerá quando o outorgante expressar um consentimento informado que contrarie as declarações. Quanto à vinculação, está expresso no artigo 9º[128] que as declarações prevalecem sobre a opinião dos familiares e dos profissionais de saúde.

A lei provincial de Rio Negro proíbe disposições contrárias ao ordenamento jurídico argentino e que prevejam a interrupção da ministração de medicamentos contra a dor, de hidratação e alimentação por via natural ou ordinária.[129]

Seguindo o modelo espanhol, a Lei 4.263 da província de Rio Negro possibilita ao outorgante designar um ou mais representantes para atuarem como interlocutores junto à equipe médica, bem como para interpretarem as declarações de vontades antecipadas. Quando esse representante for cônjuge ou companheiro do outorgante, a nomeação se extingue com o ajuizamento de ação de nulidade do casamento, separação ou divórcio ou com a renúncia expressa do representante. Caso o outorgante, mesmo estando separado/divorciado, queira manter seu ex-cônjuge ou companheiro como representante, deverá solicitar que conste essa informação na sentença judicial que decretou a dissolução do vínculo.

Assim, percebe-se que muitas das disposições legais pautam-se nas experiências legislativas norte-americana e espanhola. Todavia, oportuno ressaltar que inova a lei provincial de Rio Negro quanto ao detalhamento das disposições médicas que podem conter as declarações de vontade antecipada. Bostiancic[130] aponta o viés

---

127. "Artigo 2: O direito mencionado será exercido mediante uma Declaração de Vontade Antecipada, entendendo-se por tal a manifestação escrita, datada e fidedigna, de toda pessoa capaz que livremente expressa as instruções que deverão ser respeitadas na atenção e cuidado de sua saúde que receba em razão do artigo anterior. Tal declaração poderá ser prestada pelo paciente diante do médico que o trata e na presença de duas testemunhas. Tal declaração será assentada na história clínica. Além disso, a declaração poderá ser prestada diante do escrivão público de registro da província de Rio Negro". *Ibidem*, tradução nossa.
128. "Artículo 9: La Declaración de Voluntad Anticipada que se encontrare debidamente inscripta en el Registro de Voluntades Anticipadas será eficaz cuando sobrevengan las condiciones previstas en ella y en tanto se mantengan las mismas. Dicha Declaración prevalecerá sobre la opinión y las indicaciones que puedan ser realizadas por los familiares o allegados y por los profesionales que intervengan en su atención sanitaria". *Ibidem*.
129. "Artículo 10: No se considerarán las instrucciones que, en el momento de ser aplicadas, resulten contrarias al ordenamiento jurídico o las que establezcan la prohibición de recibir la medicación necesaria para aliviar el dolor o alimentarse y/o hidratarse de modo natural u ordinário". *Ibidem*.
130. BOSTIANCIC, Maria Carla. **Las directivas anticipadas del paciente para tratamientos biomédicos**: validez ético-jurídica y responsabilidad civil de los profisionales de salud. Mar del Plata: Secretaria de Ciencia y Tecnica, Universidad Nacional de Mar del Plata, 2008.

protetor da dignidade da pessoa humana na limitação das disposições,[131] inovação esta que será considerada quando da análise do testamento vital no ordenamento jurídico brasileiro.

Em 2004, o Conselho Diretivo de Escrivães da Província de Buenos Aires aprovou a criação do primeiro Registro de Atos de Autoproteção de Prevenção de uma Eventual Incapacidade.

Brandi e Llorens[132] entendem que atos de autoproteção são aqueles outorgados a uma pessoa capaz para dispor sobre o modo como deseja ser tratada e como deseja que seu patrimônio seja tratado em uma eventual situação de incapacidade[133] e afirmam que

> [...] a expressão unilateral de vontade não será fonte de obrigações e sim de direitos. Ou seja, a decisão acerca de como cada ser humano, cada pessoa quer viver sua eventual incapacidade, tanto no âmbito pessoal quanto no patrimonial, deve obrigar a quem deva cuidar eventualmente de sua pessoa e de seus bens.[134]

Desse modo, é possível afirmar que a criação deste Registro é uma forma de legalização do testamento vital na província de Buenos Aires.

Tanto a lei provincial de Rio Negro quanto a criação do Registro de Atos de Autoproteção de Prevenção de uma Eventual Incapacidade devem ser encaradas como "respostas" normativas a acontecimentos reais. Segundo Bostiancic (2008), em 25 de julho de 2005, o juízo *Criminal y Correccional* n. 1 da cidade de *Mar del Plata* reconheceu, pela primeira vez na história jurisprudencial argentina, a validade do testamento vital no país.

O cônjuge de M., uma paciente com doença terminal portadora de um ato de autoproteção registrado na província de Buenos Aires, ajuizou uma ação judicial para conseguir efetivar os desejos previamente estabelecidos por sua esposa, requerendo autorização para que não fossem realizados na paciente traqueostomia e gastrostomia. O caso foi julgado por Pedro Federico Hooft, que, no curso da instrução probatória,

---

131. "También son de destacar las restricciones que establece la ley en cuanto determina que no se considerarán las instrucciones que establezcan la prohibición de recibir la medicación necesaria para aliviar el dolor o alimentarse y/o hidratarse de modo natural u ordinario o que afecten la calidad del cuidado básico de la salud, higiene, comodidad y seguridad, que siempre serán provistos para asegurar el respeto a la dignidad humana y la calidad de vida, hasta el momento de la muerte de la persona". *Ibidem*, p. 19.
132. BRANDI, Nelly A. Taiana de; LLORENS, Luis Rogelio. La creación del registro de actos de autoprotección. **Revista Notarial de La Plata**, La Plata, 2004. v. 948, p. 419-428, 2004. Disponível em: https://www.colescba.org.ar/ics-wpd/revista/Textos/RN948-2004-dr-brandi_llorens.pdf. Acesso em: 06 set. 2021.
133. "Entendemos por actos de autoprotección a aquellos que otorga una persona capaz para disponer acerca de modo en que quiere ser tratada en su persona y su patrimonio para la eventualidad de su propia incapacidade". *Ibidem*, p. 419.
134. "En nuestra materia, la expresión unilateral de voluntad ya no será fuente de obligaciones, sino de derechos. Esto es: la decisión acerca de cómo cada ser humano, cada persona (sujeto acreedor) quiere vivir su eventual incapacidad, tanto en lo personal como en lo patrimonial, ha de obligar a quienes deban cuidar eventualmente de su persona y de sus bienes (sujetos obligados)". *Ibidem*, p. 421.

colheu o depoimento pessoal da paciente – ainda lúcida, apesar de estar em estado terminal –, no qual ela ratificou seus desejos previamente estabelecidos.[135]

Sambrizzi[136] apresenta um estudo detalhado desse caso e afirma que a sentença evidenciou que o objetivo da paciente não é ser eutanasiada, tanto que continua aceitando todos os cuidados pertinentes e toda a medicação indicada, contudo, o que ela não aceita é ser submetida a intervenções invasivas. Sinteticamente, o magistrado Hooft baseou-se na proteção à saúde, na autonomia privada e na dignidade da pessoa humana para reconhecer o direito da paciente de optar entre a dignidade e a vida.

> Contrariar a vontade expressa da paciente implicaria desnaturalizar o fim da Medicina, incorrendo em verdadeira distanásia, ao realizar um tratamento em clara oposição com a vontade livremente expressada pela paciente, de acordo com suas convicções pessoais e seu plano de vida. Em casos como este a opção a favor de cuidados paliativos não invasivos, pressupõe a opção a favor de duas atitudes fundamentais: o respeito pela dignidade a pessoa e a aceitação da finitude da condição humana.[137]

Ademais, a sentença reconheceu os limites das diretivas antecipadas, deixando claro que a equipe médica deveria realizar todos os Cuidados Paliativos não invasivos, a fim de evitar o padecimento e de acompanhar a paciente em um processo de morte digna, na medida em que os atos não impliquem em prática de eutanásia ativa, no contexto do respeito máximo à dignidade da pessoa humana afetada por uma doença terminal.[138]

Em 9 de fevereiro de 2005, no julgamento do *fallo* c.85627,[139] a Suprema Corte de Buenos Aires se pronunciou acerca da validade do testamento vital na Argentina, em razão de um recurso interposto contra decisão do tribunal de instância única do foro de família n. 2 de *San Isidoro*, que recusou a solicitação formulada pelo curador de uma paciente em EVP para interrupção de alimentação artificial e hidratação.

---

135. BUENOS AIRES. Câmara de Diputados. Proyecto de ley "Declaración de voluntad vital anticipada". *In*: TINANT, Eduardo Luis. **Los derechos personalísimos del paciente y las directivas anticipadas para tratamientos médicos.** La Plata: HCD-PBA, 2005.
136. SAMBRIZZI, Eduardo A. Las directivas previas emitidas con la finalidad de rehusar la pratica futura de ciertos actos médicos. **La Ley**, Buenos Aires, v. 2005-1, p. 451-461, 2005.
137. En el contexto así explicitado contrariar la expresa voluntad de la paciente, implicaría desnaturalizar el fin mismo de la medicina, incurriendo en una verdadera distanasia, al realizar un tratamiento en clara oposición con la firme voluntad, libremente expresada por una paciente, de acuerdo con sus convicciones personales y su plan de vida. En supuestos como el aquí planteado, la opción a favor de cuidados paliativos no invasivos, presupone la opción a favor de dos actitudes fundamentales: "el respeto por la dignidad de la persona" y 'la aceptación de la finitud de la condición humana'". *Ibidem*, p. 454.
138. Disponer igualmente, que no obstante la negativa de la paciente M., con relación a "medios artificiales a permanencia" (traqueostomía y gastrostomía), deberá el profesional o equipo médico eventualmente interviniente en la atención de la paciente brindar a ésta, absolutamente todos los cuidados paliativos no invasivos, con miras a evitarle padecimientos y eventualmente acompañarla en un proceso de muerte digna, en la medida que no implique prácticas eutanásicas activas, todo ello en el contexto del máximo respeto a la dignidad de la persona humana afectada de una enfermedad irreversible". *Ibidem*.
139. ARGENTINA. Suprema Corte de Justicia. **Fallo c85627**. Buenos Aires, Presidencia de la Nación, [2002]. Disponível em: https://ar.vlex.com/vid/s-m-d-c-853702716. Acesso em: 06 set. 2021.

Apesar de a discussão não se centrar na validade das diretivas antecipadas, o assunto foi abordado pelos juízes Roncoroni,[140] Bogan, Soria e Pettigiani. Os três primeiros opinaram a favor da validade do testamento vital em respeito à autodeterminação do paciente. O último, por sua vez, entende que o testamento vital não pode ser entendido como uma ordem de deixar morrer e muito menos de matar o outro diante de contingências, por mais graves que sejam, já que ninguém pode ser obrigado a cometer delitos, seja por ação ou omissão. Afirma, ainda, que tem dúvidas se estes documentos realmente potenciam a autonomia do paciente. Por fim, alega que uma decisão de vida não pode ser igualada a uma decisão patrimonial, como seria a efetuada em um testamento.[141]

Segundo Bostiancic,[142] os votos dos magistrados nesse julgamento apontam para uma maior flexibilidade quanto à aceitação do testamento vital em detrimento da procuração para cuidados de saúde.[143]

Nesse contexto, em outubro de 2009 foi aprovada a Lei 26.529, alterada em 2012 pela Lei 26.742. Enquanto a de 2009 trata dos direitos do paciente em sua relação com os profissionais e instituições de saúde, a de 2012 trata da morte digna.

A primeira lei tratava das DAV apenas em um dos seus vinte e cinco artigos.

> Artigo 11. Diretivas Antecipadas. Toda pessoa maior de idade, capaz, pode dispor diretivas antecipadas sobre sua saúde, podendo consentir ou recusar tratamentos médicos, preventivos ou paliativos e decisões relativas a sua saúde. As diretivas deverão ser aceitas pelo médico que cuidar do paciente, salvo às que impliquem em prática de eutanásia, que serão tidas como inexistentes.[144]

---

140. "O paciente, prevendo ou pressupondo que fique inconsciente no futuro, privado de suas faculdades mentais ou com o discernimento afetado, pode exteriorizar sua vontade inequívoca de que ao chegar neste quadro se interrompam as medidas de manutenção artificial e se deixe o processo final se desenvolva naturalmente, sem prejuízo de manter as medidas endereçadas a neutralizar ou evitar a dor e todas aquelas que lhe garantam dignidade frente a própria morte, agregando que "esta vontade pode se expressar através do que os países anglo-saxões denominam de 'living will' ou mediante o procuração para cuidados de saúde". *Ibidem.*
141. "[...] en ningún caso el testamento vital podría ser entendido como un mandato perentorio para dejar morir y mucho menos matar irreflexivamente a otro frente a ciertas contingencias tales como enfermedades, dolencias, discapacidades o impedimentos aún cuando estuvieran fijadas de modo taxativo y por más graves que sean, ya que nadie puede ser obligado a cometer delitos, sea por acción o por omisión". [...] "me pregunto si este tipo de expresión potencia realmente la autonomía del paciente, o encapsula su voluntad dentro de un molde rígido que puede ir más allá de su propio deseo posterior, imponiéndole en este caso modificar algo así como su propia sentencia de muerte, auto asumida en circunstancias diferentes". [...] "una decisión de vida no puede parangonarse de ninguna manera con una decisión patrimonial como sería la efectuada en un testamento". *Ibidem.*
142. BOSTIANCIC, Maria Carla. **Las directivas anticipadas del paciente para tratamientos biomédicos**: validez ético-jurídica y responsabilidad civil de los profisionales de salud. Mar del Plata: Secretaria de Ciencia y Tecnica, Universidad Nacional de Mar del Plata, 2008.
143. "Los votos de los magistrados distinguen los testamentos vitales y los poderes permanentes de representación en cuestiones de salud. Mientras que los Magistrados se mostraron en su mayoría a favor de la validez legal de los testamentos vitales, en lo referente a la validez de los poderes permanentes de representación en cuestiones de salud la mayor parte de los jueces pareció no aceptar la figura". *Op. Cit.*
144. "ARTICULO 11. Directivas anticipadas. Toda persona capaz mayor de edad puede disponer directivas anticipadas sobre su salud, pudiendo consentir o rechazar determinados tratamientos médicos, preventivos o paliativos, y decisiones relativas a su salud. Las directivas deberán ser aceptadas por el médico a cargo,

A segunda lei, de 2012, modifica o referido artigo, acrescentando questões afetas à forma.

> Artigo 6º Modifica o artigo 11 da Lei 26.529 – Direitos do paciente em sua relação com os profissionais e instituições de saúde – que seja redigido da seguinte forma:
>
> Artículo 11. Toda pessoa maior de idade, capaz, pode dispor diretivas antecipadas sobre sua saúde, podendo consentir ou recusar tratamentos médicos, preventivos ou paliativos e decisões relativas a sua saúde. As diretivas deverão ser aceitas pelo médico que cuidar do paciente, salvo às que impliquem em prática de eutanásia, que serão tidas como inexistentes. A declaração de vontade deverá ser formalizada por escrito perante o escrivão público ou julgados de primeira instância, no caso em que será necessário duas testemunhas. Essa declaração poderá ser revogada a qualquer momento por quem a fez.[145]

Interessante notar que a Lei 26.742 – nomeada de lei da morte digna – trata, nos artigos anteriores, da possibilidade de recusa de tratamentos fúteis, inclusive AHA, reconhecendo ainda que crianças e adolescentes podem manifestar vontade sobre tratamento médico, em conformidade com a Lei 26.061.

Em 2014, foi aprovado o novo Código Civil argentino, que entrou em vigor em 01.01.2016. Várias foram as mudanças na legislação civil da Argentina, mas a que nos interessa aqui é a inclusão de um artigo específico sobre o testamento vital, chamado de "diretivas médicas antecipadas", dentro do capítulo intitulado "Direitos e atos personalíssimos".

> Artigo 60. Diretivas médicas antecipadas. A pessoa plenamente capaz pode antecipar diretivas e conferir mandato a respeito de sua saúde, prevendo sua própria incapacidade. Pode também designar uma ou mais pessoas que expressarão consentimento para atos médicos e para exercer sua curatela.
>
> Esta declaração de vontade pode ser livremente revogada a qualquer momento.[146]

---

salvo las que impliquen desarrollar prácticas eutanásicas, las que se tendrán como inexistentes". ARGENTINA. Ministerio de Justicia y Derechos Humanos. Ley 26.529. Derechos del Paciente en su Relación con los Profesionales e Instituciones de la Salud. Buenos Aires, Buenos Aires, Presidencia de la Nación, [2009]. Disponível em: http://servicios.infoleg.gob.ar/infolegInternet/anexos/160000-164999/160432/norma.htm. Acesso em: 06 set. 2021.

145. "Artículo 6º Modifíquese el artículo 11 de la Ley 26.529 – Derechos del paciente en su relación con los profesionales e instituciones de la salud – el que quedará redactado de la siguiente manera: Artículo 11. Directivas anticipadas. Toda persona capaz mayor de edad puede disponer directivas anticipadas sobre su salud, pudiendo consentir o rechazar determinados tratamientos médicos, preventivos o paliativos, y decisiones relativas a su salud. Las directivas deberán ser aceptadas por el médico a cargo, salvo las que impliquen desarrollar prácticas eutanásicas, las que se tendrán como inexistentes. La declaración de voluntad deberá formalizarse por escrito ante escribano público o juzgados de primera instancia, para lo cual se requerirá de la presencia de dos (2) testigos. Dicha declaración podrá ser revocada en todo momento por quien la manifiesto". ARGENTINA. Senado y Cámara de Diputados de la Nación Argentina. **Ley 26.742. Muerte Digna**. Buenos Aires, Presidencia de la Nación, [2012]. Disponível em: http://www.ms.gba.gov.ar/sitios/tocoginecologia/files/2014/01/Ley-26.742-Muerte-Digna.pdf. Acesso em: 06 set. 2021.

146. ARGENTINA. Ministerio de Justicia y Derechos Humanos. **Código Civil y Comercial de la Nación**. Aprobado por ley 26.994 Promulgado según decreto 1795/2014. Buenos Aires, Presidencia de la Nación, [2014]. Tradução Nossa. Disponível em: www.saij.gob.ar/docs-f/codigo/Codigo_Civil_y_Comercial_de_la_Nacion.pdf. Acesso em: 06 set. 2021.

Comparando o artigo 60 do Código Civil argentino com o artigo 11 da Lei 26.529/2009, modificada pela Lei 26.742/12, percebe-se que o termo utilizado é "diretivas antecipadas", referindo-se ao testamento vital, inexistindo qualquer disposição sobre a procuração para cuidados de saúde. O Código Civil de 2002 utiliza o termo "diretivas médicas antecipadas", sem deixar claro se trata do testamento vital ou das diretivas antecipadas de vontade.

O Código Civil se furtou a exemplificar os tratamentos, procedimentos e cuidados que podem ser recusados, ao contrário que dispõe a Lei 26.742/2012, proibindo apenas as práticas eutanásicas e deixando a análise acerca dessas práticas para exame casuístico.

O Código Civil não fala da "aceitação do médico", prevista na Lei 26.742/2012. Aqui é um mérito dos legisladores civilistas, pois não se pode olvidar que se trata de documentos de autonomia do paciente que independem de aceitação de qualquer pessoa, cabendo apenas ao profissional se utilizar da objeção de consciência, quando julgar conveniente.

Ambos os dispositivos legais, acertadamente, estabelecem que as diretivas antecipadas são revogáveis a qualquer tempo, afastando-se da lei portuguesa, que estabeleceu prazo de validade para esses documentos.

Saliente-se, contudo, que a falta de uniformidade e de sistematização dos institutos nas normas argentinas pode gerar dificuldade de aplicação,[147] causando, até mesmo, um conflito aparente de normas. Inclusive, não conseguimos localizar nenhum dado consistente sobre quantas diretivas antecipadas já foram feitas na Argentina. Entende-se, assim, que o país deveria seguir o exemplo dos supracitados países europeus e legislar acerca das DAV em um único diploma normativo, que cesse as antinomias existentes.

4.2.3.2 Uruguai

Em que pese o Uruguai ser um dos países mais autonomistas da América Latina, a legislação sobre testamento vital (Lei 18.473) foi aprovada em 3 de abril de 2009 – mesmo anos em que a maioria das demais leis da região.

Em linhas gerais, a lei uruguaia permite que toda pessoa maior e capaz tem o direito de manifestar sua vontade acerca da aceitação e recusa de cuidados, procedimentos e tratamentos médicos, deixando claro que, havendo uma diretiva antecipada, ela prevalece sobre a vontade dos familiares.

Quanto aos menores, deixa claro que a decisão sobre cuidados de saúde cabe aos pais ou tutores, mas evidencia a necessidade de ouvir a vontade do menor quando este tenha discernimento para tanto.

---

147. LAMM, Eleonora. Ministerio de Salud – Presidencia de la Nación [Argentina]; Organización Panamericana de la Salud; Organización Mundial de la Salud, **Directivas Médicas Anticipadas**. Disponível em: www.salud.gob.ar/dels/printpdf/40. Acesso em: 06 set. 2021.

Almada[148] afirma que um dos aspectos mais controversos dessa norma diz respeito à objeção de consciência, pois trata-se da primeira lei uruguaia a cuidar especificamente do assunto. Segundo a Lei 18.473/2009, o médico tem o direito à objeção de consciência, mas deverá encaminhar o paciente para outro profissional. Segundo o autor, se a lei uruguaia deixa claro que o paciente só pode recusar tratamentos fúteis e a imposição de tais tratamentos é antiética, pois trata-se de futilidade terapêutica, só haveria sentido em reconhecer esse direito ao médico se a referida lei permitisse disposições sobre eutanásia, o que não ocorre.

Acerca da forma, a lei prevê a obrigatoriedade de as DAV serem assinadas por duas testemunhas, que não poderão ter nenhuma vinculação com o médico do paciente, bem como a obrigatoriedade de nomeação de um procurador para cuidados de saúde, deixando claro que os profissionais de saúde que têm relação com o paciente não podem ser procuradores.

Saliente-se, por fim, que a referida lei não cria um registro nacional, mas obriga as instituições públicas e privadas de saúde a realizar programas educativos sobre as DAV para a população e para os profissionais de saúde, cabendo ao Ministério da Saúde Pública difundir o tema.

Também não foi possível encontrar dados atualizados sobre a quantidade de DAV feitas no Uruguai, o que impede a realização de uma análise mais detida da aceitação da Lei 18.473/2009 no país.

---

148. ALMADA, Hugo Rodrigues. La legislación uruguaya sobre las directivas de voluntad antecipada. *In*: DADALTO, Luciana (Coord.). **Bioética e diretivas antecipadas de vontade**. Curitiba: Prismas, 2014. p. 199-211.

# Capítulo 5
O TESTAMENTO VITAL NO BRASIL

5.1 TESTAMENTO VITAL NA DEONTOLOGIA MÉDICA ORDENAMENTO JURÍDICO BRASILEIRO

5.1.1 Resolução 1.805 do CFM

Em 28 de novembro de 2006, o CFM editou a Resolução 1.805, que, segundo consta no preâmbulo, permite ao médico limitar ou suspender, na fase terminal de enfermidades graves, tratamentos que prolonguem a vida do paciente. Contudo, devem ser mantidos "os cuidados necessários para aliviar os sintomas que levam ao sofrimento, na perspectiva de uma assistência integral, respeitada a vontade do paciente ou de seu representante legal".

A Resolução contém apenas três artigos, sendo que apenas os dois primeiros tratam do mérito da norma, enquanto o terceiro possui caráter meramente formal.

> Art. 1º É permitido ao médico limitar ou suspender procedimentos e tratamentos que prolonguem a vida do doente em fase terminal, de enfermidade grave e incurável, respeitada a vontade da pessoa ou de seu representante legal.
>
> § 1º O médico tem a obrigação de esclarecer ao doente ou a seu representante legal as modalidades terapêuticas adequadas para cada situação.
>
> § 2º A decisão referida no *caput* deve ser fundamentada e registrada no prontuário.
>
> § 3º É assegurado ao doente ou a seu representante legal o direito de solicitar uma segunda opinião médica.
>
> Art. 2º O doente continuará a receber todos os cuidados necessários para aliviar os sintomas que levam ao sofrimento, assegurada a assistência integral, o conforto físico, psíquico, social e espiritual, inclusive assegurando-lhe o direito da alta hospitalar.
>
> Art. 3º Esta resolução entra em vigor na data de sua publicação, revogando-se as disposições em contrário.[1]

Não obstante tratar-se de uma norma que vincula apenas a comunidade médica, a aprovação desta resolução foi parar nos tribunais, especificamente na 14ª Vara Federal do Distrito Federal, tendo em vista as repercussões sociais causadas por ela. O Ministério Público Federal do Distrito Federal ajuizou ação civil pública,

---

1. BRASIL. Conselho Federal De Medicina. **Resolução 1.805/2006**. Brasília, DF: Presidência da República, [2006]. Seção I, p. 169. Disponível em: https://sistemas.cfm.org.br/normas/visualizar/resolucoes/BR/2006/1805. Acesso em: 10 set. 2021.

em 9 de maio de 2008, contra o CFM (autos de processo n. 2007.34.00.014809-3), questionando a Resolução 1.805/2006, pois afirma, em síntese, que o CFM não tem poder regulamentador para estabelecer como conduta ética uma conduta tipificada como crime.[2]

Conforme se depreende da leitura da decisão que deferiu a antecipação de tutela, concedida pelo Juiz Federal Roberto Luis Luchi Demo, há uma latente confusão entre os conceitos de eutanásia, ortotanásia e suicídio assistido. A decisão faz referência aos filmes "Mar Adentro" e "Menina de Ouro", bem como à "Declaração sobre a Eutanásia",[3] documento religioso elaborado pela Sagrada Congregação para a Doutrina da Fé, nos idos de 1980, para exemplificar a amplitude do tema. Todavia, tais exemplos são totalmente descabidos, vez que o primeiro filme refere-se a um caso de suicídio assistido, o segundo a um caso de eutanásia, assim como a Declaração Sobre a Eutanásia. Em contrapartida, a Resolução do CFM trata da ortotanásia.

O Magistrado, entretanto, reconhece que:

> [...] a ortotanásia não antecipa o momento da morte, mas permite tão-somente a morte em seu tempo natural e sem utilização de recursos extraordinários postos à disposição pelo atual estado da tecnologia, os quais apenas adiam a morte com sofrimento e angústia para o doente e sua família.[4]

E, a despeito de tal reconhecimento, entende que tal circunstância não elide o enquadramento da prática de ortotanásia como conduta típica criminal, insculpida no artigo 121,[5] do Código Penal brasileiro. Isto porque está em tramitação no Congresso brasileiro um anteprojeto de reforma da parte especial do Código Penal, colocando a eutanásia como homicídio privilegiado e descriminalizando a ortotanásia. Assim, seguindo um raciocínio puramente legalista, o magistrado entendeu que, se há um projeto de lei propondo descriminalizar a ortotanásia é porque, atualmente, a ortotanásia é crime, logo não seria possível que uma norma de deontologia médica fizesse o papel do legislador, pois tal descriminalização deveria passar por um processo legislativo, ou, no mínimo, pela apreciação do Supremo Tribunal Federal, por meio de uma Arguição de Descumprimento de Preceito Fundamental (ADPF),[6] que teria o condão de suprir a

---

2. Petição inicial disponível em BRASIL. Ministério Público Federal. **Processo n. 2007.34.00.014809-3**. Brasília, DF: Presidência da República, [2007c]. Disponível em: https://www.conjur.com.br/dl/sentenca--resolucao-cfm-180596.pdf. Acesso em: 10 set. 2021.
3. SAGRADA CONGREGAÇÃO PARA A DOUTRINA DA FÉ. **Declaração sobre a Eutanásia**. Roma, 05 de maio de 1980. Disponível em: https://www.vatican.va/roman_curia/congregations/cfaith/documents/rc_con_cfaith_doc_19800505_euthanasia_po.html Acesso em: 10 set. 2021.
4. BRASIL. Ministério Público Federal. **Processo n. 2007.34.00.014809-3**. Brasília, DF: Presidência da República, [2007d]. Disponível em: http://www.df.trf1.gov.br/inteiro_teor/doc_inteiro_teor/14vara/2007.34.00.014809-3_decisao_23-10-2007.doc. Acesso em: 10 set. 2021.
5. "Art. 121. Matar alguém: Pena: reclusão, de seis a vinte anos". BRASIL. Casa Civil. Subchefia para Assuntos Jurídicos. **Decreto-Lei 2.848, de 7 de dezembro de 1940** [Código Penal]. Brasília, DF: Presidência da República, [1940]. Disponível em: http://www.planalto.gov.br/ccivil_03/decreto-lei/del2848compilado.htm. Acesso em: 10 set. 2021.
6. A ADPF está prevista no artigo 102, § 1º da Constituição Federal e foi regulamentada pela lei 9.882, de 03 de dezembro de 1999. Cabe ADPF para evitar lesão a preceito fundamental, resultante de ato do Poder Público para reparar lesão a preceito fundamental resultante de ato do Poder Público e quando for relevante

ausência de lei específica. Baseia-se, por fim, na aparência do conflito entre a Resolução 1.805/2006 do CFM e o Código Penal para suspender a Resolução.

Tal posicionamento não coaduna com o Estado Democrático de Direito, pois segundo a concepção de Chamon Junior,[7] "o Direito está mais além daquilo que os textos legislativos podem nos informar". Assim, partindo da concepção de Direito como integridade, a argumentação da decisão que suspendeu a eficácia da Resolução do CFM é falha, pois se fulcra em argumentos que não são válidos a partir de uma concepção principiológica do ordenamento jurídico.

Ademais, "se o CFM, via Resolução, considerou não ser dever do médico prolongar a vida do paciente desenganado à sua revelia, deixa de existir um dos elementos objetivos do tipo, a posição de garante de quem se omite".[8]

Pelo exposto, sob uma perspectiva interpretativa, pode-se defender a validade da ortotanásia no Brasil por ser prática que se coaduna com os princípios constitucionais da Dignidade da Pessoa Humana e da Autonomia Privada – princípios estes que propiciam a coexistência de diferentes projetos de vida na sociedade democrática –, bem como por ser prática aceita pelo CFM, órgão responsável por definir os deveres dos médicos. Assim, rechaça-se, por completo, o posicionamento de Nogueira (2007, p. 292), segundo o qual a Resolução do CFM é totalmente incompatível com o sistema constitucional brasileiro.

Ademais, sob a ótica médica, na exposição de motivos da Resolução 1.805/2006, o CFM afirma que

> [...] torna-se importante que a sociedade tome conhecimento de que certas decisões terapêuticas poderão apenas prolongar o sofrimento do ser humano até o momento de sua morte, sendo imprescindível que médicos, enfermos e familiares, que possuem diferentes interpretações e percepções morais de uma mesma situação, venham a debater sobre a terminalidade humana e sobre o processo do morrer.
>
> Torna-se vital que o médico reconheça a importância da necessidade da mudança do enfoque terapêutico diante de um enfermo portador de doença em fase terminal, para o qual a Organização Mundial da Saúde preconiza que sejam adotados os cuidados paliativos, ou seja, uma abordagem voltada para a qualidade de vida tanto dos pacientes quanto de seus familiares frente a problemas associados a doenças que põem em risco a vida. A atuação busca a prevenção e o alívio do sofrimento, através do reconhecimento precoce, de uma avaliação precisa e criteriosa e do tratamento da dor e de outros sintomas, sejam de natureza física, psicossocial ou espiritual.[9]

---

o fundamento da controvérsia constitucional sobre lei ou ato normativo federal, estadual ou municipal, incluídos os anteriores à Constituição.
7. CHAMON JÚNIOR, Lúcio Antônio. **Teoria da argumentação jurídica:** constitucionalismo e democracia em uma reconstrução das fontes no direito moderno. Rio de Janeiro: Lumen Juris, 2008.
8. MARTEL, Letícia de Campos Velho. Limitação de tratamento, cuidado paliativo, eutanásia e suicídio assistido: elementos para um diálogo sobre os reflexos jurídicos da categorização. In: BARROSO, Luis Roberto (Org.). **A reconstrução democrática do Direito Público no Brasil.** Rio de Janeiro: Renovar, 2007. p. 430.
9. CONSELHO FEDERAL DE MEDICINA. **Resolução 1.805/2006.** Brasília, DF: Presidência da República, [2006]. Seção I, p. 169. Disponível em: https://sistemas.cfm.org.br/normas/visualizar/resolucoes/BR/2006/1805. Acesso em: 10 set. 2021.

Significa dizer que, sob este enfoque, a ortotanásia deve ser encarada como prática terapêutica, garantidora da dignidade do paciente em estado de terminalidade, de sua autonomia e de seus familiares,[10] e não como conduta criminosa. Até porque, analogicamente, a manutenção da vida a qualquer custo deve ser encarada como prática de tortura, por prolongar o sofrimento do paciente e de seus familiares.

Após o ajuizamento dessa ação civil pública, o CFM aprovou um novo Código de Ética Médica em 24 de setembro de 2009, no qual estabelece, entre seus princípios fundamentais, que diante de "situações clínicas irreversíveis e terminais o médico evitará a realização de procedimentos diagnósticos e terapêuticos desnecessários e propiciará aos pacientes sobre sua atenção todos os Cuidados Paliativos apropriados".

Após a aprovação deste Código, o MPF/DF apresentou alegações finais favoráveis à tese defendida pelo CFM e o juiz, em sentença, julgou improcedente o pedido, pautando sua decisão em cinco premissas:

> 1) o CFM tem competência para editar a Resolução 1.805/2006, que não versa sobre direito penal e, sim, sobre ética médica e consequências disciplinares;
>
> 2) a ortotanásia não constitui crime de homicídio, interpretado o Código Penal à luz da Constituição Federal;
>
> 3) a edição da Resolução 1.805/2006 não determinou modificação significativa no dia a dia dos médicos que lidam com pacientes terminais, não gerando, portanto, os efeitos danosos propugnados pela inicial;
>
> 4) a Resolução 1.805/2006 deve, ao contrário, incentivar os médicos a descrever exatamente os procedimentos que adotam e os que deixam de adotar, em relação a pacientes terminais, permitindo maior transparência e possibilitando maior controle da atividade médica;
>
> 5) os pedidos formulados pelo Ministério Público Federal não devem ser acolhidos, porque não se revelarão úteis as providências pretendidas, em face da argumentação desenvolvida.[11]

Interessante notar que o mesmo magistrado que, em sede de decisão liminar suspendeu a eficácia da resolução, na sentença afirma que a medicina deixa "uma era paternalista superprotetora, que canalizava sua atenção apenas para a doença e não para o doente, numa verdadeira obsessão pela cura a qualquer custo, e passa a uma fase de preocupação maior com o bem-estar do ser humano".[12]

---

10. "Uma das maneiras de interpretar a Resolução, do ponto de vista clínico, é no que tange ao poder auferido ao médico no momento de interferir no tratamento do paciente, com a anuência deste ou de seus familiares. Este poder, na verdade, representa uma vontade – não dele, mas do paciente – direta na interrupção ou não implantação do tratamento". ANZILIERO, Dinéia Largo; LOPES NETO, Antônio dos Reis. Considerações acerca da (i)legalidade da ortotanásia no Brasil. **Revista Jurídica**, Porto Alegre, n. 359, p. 108, set. 2007.

11. BRASIL. Ministério Público Federal. **Processo n. 2007.34.00.014809-3**. Trata-se de ação civil pública com pedido de antecipação de tutela ajuizada pelo MINISTÉRIO PÚBLICO FEDERAL contra o CONSELHO FEDERAL DE MEDICINA pleiteando o reconhecimento da nulidade da Resolução CFM n. 1.805/2006 e alternativamente sua alteração a fim de que se definam critérios a serem seguidos para a prática da ortotanásia. Brasília, DF: Presidência da República, [2010]. Disponível em: https://www.conjur.com.br/dl/sentenca-resolucao-cfm-180596.pdf. Acesso em: 10 set. 2021.

12. *Ibidem*.

Percebe-se assim que o magistrado, como verdadeiro intérprete do direito, entendeu o avanço médico nas questões relativas aos Cuidados Paliativos e aos tratamentos extraordinários/fúteis, imiscuindo-se nas questões médicas para se tornar apto a lidar com situações jurídicas que envolvam a terminalidade da vida. Isso porque o entendimento de tais conceitos médicos é de extrema importância na averiguação da validade ou não de determinadas disposições do testamento vital no ordenamento jurídico brasileiro. Conforme será detalhado ainda neste capítulo, esta pesquisa entende que de nada adianta haver disposições no testamento vital que não serão postas em prática pelos médicos, por afrontarem princípios basilares da ética em cuidados com paciente em fim de vida. No mesmo sentido, entende ainda que de nada valem os estudos apaixonados pró e contra o direito de morrer, quando não se sabe, *in concreto*, como os profissionais que lidam diariamente com essas questões as encaram.

5.1.2 Resolução 1.995 do CFM

No dia 31 de agosto de 2012, o Conselho Federal de Medicina aprovou a Resolução 1.995,[13] dispondo sobre diretivas antecipadas de vontade no Brasil. Essa é a primeira regulamentação sobre o tema no país.

Em verdade, numa detida análise dos considerandos e das justificativas, a resolução CFM 1995 deixa claro que a intenção do Conselho era regulamentar o testamento vital, uma vez que o embasamento da resolução é a proteção da autonomia do paciente em fim de vida. Contudo, como já mencionado em capítulo anterior, a resolução tratou testamento vital como sinônimo de diretivas antecipadas de vontade, optando pela utilização – errônea – do último termo. Vejamos:

> CONSIDERANDO a necessidade, bem como a inexistência de regulamentação sobre diretivas antecipadas de vontade do paciente no contexto da ética médica brasileira;
>
> CONSIDERANDO a necessidade de disciplinar a conduta do médico em face das mesmas;
>
> CONSIDERANDO a atual relevância da questão da autonomia do paciente no contexto da relação médico-paciente, bem como sua interface com as diretivas antecipadas de vontade;
>
> CONSIDERANDO que, na prática profissional, os médicos podem defrontar-se com esta situação de ordem ética ainda não prevista nos atuais dispositivos éticos nacionais;
>
> CONSIDERANDO que os novos recursos tecnológicos permitem a adoção de medidas desproporcionais que prolongam o sofrimento do paciente em estado terminal, sem trazer benefícios, e que essas medidas podem ter sido antecipadamente rejeitadas pelo mesmo;
>
> JUSTIFICATIVAS
>
> 1) Dificuldade de comunicação do paciente em fim de vida
>
> Um aspecto relevante no contexto do final da vida do paciente, quando são adotadas decisões médicas cruciais a seu respeito, consiste na incapacidade de comunicação que afeta 95% dos

---

13. BRASIL. Conselho Federal de Medicina. **Resolução CFM 1.995, de 31 de agosto de 2012**. Dispõe sobre as diretivas antecipadas de vontade dos pacientes. Brasília, DF: Presidência da República, [2012]. Disponível em: https://sistemas.cfm.org.br/normas/visualizar/resolucoes/BR/2012/1995. Acesso em: 10 set. 2021.

pacientes (D'Amico et al, 2009). Neste contexto, as decisões médicas sobre seu atendimento são adotadas com a participação de outras pessoas que podem desconhecer suas vontades e, em consequência, desrespeitá-las.[14]

Em nota esclarecedora, o CFM afirmou que essa resolução respeita a vontade do paciente conforme o conceito de ortotanásia e não possui qualquer relação com a prática de eutanásia. Esclarecimento que teve o condão de reafirmar um limite inerente ao instituto: a impossibilidade de conter disposições contrárias ao ordenamento jurídico do país em que são propostas. Assim, como a eutanásia é proibida no Brasil e a ortotanásia é permitida, conforme entendimento judicial advindo do julgamento de mérito da ação civil pública 2.007.34.00.014809-3, a resolução – logicamente – acata essa determinação.

No que tange aos efeitos jurídicos dessa resolução, já nos posicionamos em trabalho específico.[15] Em síntese, é preciso, primeiramente, deixar claro que essa resolução não legalizou os documentos de DAV no país, vez que, como o CFM não tem competência para legislar, ela não possui força de lei.

Foi divulgado que apenas os maiores de 18 anos e os menores emancipados podem recorrer às diretivas antecipada. Contudo, essa informação não é absoluta, pois é possível que uma legislação específica estabeleça que os relativamente incapazes – maiores de 16 anos – também possam fazê-la.

Além disso, a mera informação de que o paciente pode recusar tratamentos extraordinários não é satisfatória, sob o ponto de vista da efetividade do instituto. Isto porque existem pontos polêmicos sobre a classificação de certos tratamentos ou procedimentos como Cuidados Paliativos ou tratamentos extraordinários, especialmente, a suspensão de hidratação e nutrição. Por essa razão, o ideal é que o documento seja o mais exaustivo possível quanto aos cuidados, tratamentos e procedimentos a que o outorgante deseja ou não ser submetido.

Sob o aspecto formal, o CFM, como um órgão de classe, não tem competência para determinar que as diretivas antecipadas de vontade sejam, obrigatoriamente, registradas em cartório. Contudo, essa formalidade se faz imperiosa para garantir ao declarante que sua vontade será seguida. Em outras palavras, a lavratura de escritura pública das diretivas antecipadas garante segurança jurídica.

A Resolução 1.995/2012 ainda estabelece, no § 2º do art. 2º, que o "médico registrará, no prontuário, as diretivas antecipadas de vontade que lhes foram diretamente comunicadas pelo paciente",[16] o que parece ir de encontro com o papel que o médico tem nas DAV nos demais países e, mais, com a função desse profissional.

---

14. *Ibidem.*
15. DADALTO, Luciana. Reflexos jurídicos da Resolução CFM 1995/2012. **Revista Bioética**, Brasília, 2013. v. 21, n. 1, p. 106-112, 2013. Disponível em: https://www.scielo.br/j/bioet/a/jt5d9PVQgWkffwMLzvvDM7h/?format=pdf&lang=pt. Acesso em: 10 set. 2021.
16. *Op. cit.*

Isto porque o papel do médico vai muito além de transcrever a vontade do paciente. Cabe ao profissional, como técnico, esclarecer o declarante quanto aos tratamentos e procedimentos que podem ou não ser recusados. Sendo assim, entende-se ser imprescindível a orientação do médico da família do declarante para a realização das diretivas antecipadas, e é exatamente isso que garante que o paciente vai manifestar, exatamente, sua vontade no documento, afinal, paciente autônomo é aquele bem informado/esclarecido.[17]

Seguindo o que parece ser um comportamento reiterado de alguns membros dos Ministérios Públicos Federais, o Procurador da República de Goiás, Ailton Benedito de Souza, ajuizou, em 31 de janeiro de 2013, Ação Civil Pública com a finalidade de ter declarada, pelo Poder Judiciário, a inconstitucionalidade da Resolução 1.995/2012, sob o argumento de que ela "extravasa o poder regulamentar do CFM, impõe riscos à segurança jurídica, alija a família de decisões que lhe são de direito e estabelece instrumento inidôneo para o registro de 'diretivas antecipadas de pacientes'".[18]

A análise da petição inicial dessa ação demonstra que o procurador desconhece por completo as DAV, bem como a competência do CFM.

Acerca da competência do CFM, lembra-se que esse mesmo argumento foi utilizado pelo MPF/DF para arguir a inconstitucionalidade da Resolução 1.805/2006. Veja-se a manifestação do magistrado na sentença:

> É que a Resolução não trata de direito penal. Não descrimina qualquer coisa, mas apenas põe o médico a salvo de contestação ético-disciplinar, caso decida adotar procedimentos que configurem a ortotanásia. Desse modo, cai por terra o argumento, alinhavado na inicial, de que o Conselho Federal de Medicina não teria competência para normatizar o tema.[19]

Por analogia, pode-se usar o mesmo raciocínio acerca da competência do CFM para editar a Resolução 1.995. Esta não promulga nenhuma lei. Não trata de direito penal. Não descriminaliza qualquer coisa. O que essa resolução faz, apenas, é garantir que o paciente possa expressar sua vontade acerca de tratamentos médicos e que essa vontade deve ser respeitada pelo clínico. O argumento do procurador estaria correto se a resolução tivesse se manifestado sobre o registro do documento e permitido que menores de idade fizessem DAV, o que não é o caso.

O argumento de que a resolução fere a segurança jurídica também é descabido, uma vez que, conceitualmente, segurança jurídica significa que

---

17. Sobre o assunto, recomenda-se: BONAMIGO, Elcio Luiz. PAZINI, Andréia Martini; PUTZEL, Elzio Luiz. O papel dos profissionais de saúde nas Diretivas Antecipadas de Vontade. In: DADALTO, Luciana. Bioética e Diretivas Antecipadas de Vontade. Curitiba: Editora Prismas, 2014. p. 249-272.
18. BRASIL. Ministério Público Federal. **Ação Civil Pública n. 0001039-86.2013.4.01.3500**. Brasília, DF: Presidência da República, [2007b]. Disponível em: https://www.conjur.com.br/dl/liminar-resolucao-cfm-19952012.pdf. Acesso em: 10 set. 2021.
19. CONSELHO FEDERAL DE MEDICINA. **Resolução 1.805/2006**. Brasília, DF: Presidência da República, [2006]. Disponível em: https://sistemas.cfm.org.br/normas/visualizar/resolucoes/BR/2006/1805. Acesso em: 10 set. 2021.

o cidadão pode confiar em que aos seus actos ou às decisões públicas incidentes sobre seus direitos, posições jurídicas e relações, praticados ou tomadas de acordo com as normas jurídicas vigentes, se ligam os efeitos jurídicos duradouros, previstos ou calculados com base nessas normas.[20]

Percebe-se, assim, que esse princípio diz respeito a uma previsibilidade de normas, ao direito do cidadão de não ser surpreendido com uma normativa que o faça perder direitos. Ocorre que o caso em tela não retira do cidadão qualquer direito, muito pelo contrário, a Resolução 1.995 concede ao cidadão a certeza de que, tendo manifestado sua vontade sobre tratamentos médicos, por meio de DAV, esta será cumprida.

Quanto ao argumento de que a resolução "alija a família de decisões que lhe são de direito", parece que o ilustre procurador desconhece a essência do instituto. Como já visto, os documentos de DAV fazem parte da autonomia prospectiva do indivíduo e qualquer alegação de alijamento da família está, em verdade, colocando em xeque o direito constitucional à autodeterminação do indivíduo.

Ora, esse posicionamento parece estar apartado da concepção contemporânea de família, vez que esta é entendida, atualmente, como o *locus* de desenvolvimento de relações interpessoais de afeto, amparada nos princípios constitucionais da dignidade da pessoa humana – entendido este como o "reduto intangível de cada indivíduo"[21] – e da solidariedade, que implicam no respeito e consideração mútuos. De modo que o pretenso direito da família ao qual a Ação Civil Pública se refere não se encontra em qualquer norma jurídica, antes pelo contrário, vai de encontro à finalidade da família constitucionalizada.

A equação acima exposta só será possível de ser resolvida quando os partícipes do processo entenderem que o papel da família é apoiar o paciente em seus derradeiros momentos. O processo morte não é uma situação que permite brigas, discussões e desavenças, pois o que moribundos querem é morrer em paz, sem se preocuparem com a família.

Por outro lado, sabe-se que a família que recebeu informação dos profissionais de saúde e tem a exata dimensão do quadro clínico do paciente e de sua vontade raramente irá confrontá-lo. Ou seja, a equipe de saúde – que, no âmbito dos Cuidados Paliativos, deve ser sempre multidisciplinar – também tem o dever de informação para com a família, dever este indispensável para possibilitar o cuidado com o doente, pois paciente cuidado é sinônimo de família cuidada.

Todavia, se mesmo com uma família informada ainda houver choque de vontades – aqui entendido como o conflito entre o disposto nas DAV do paciente e a vontade da família –, a equipe de saúde deve sempre priorizar o respeito à vontade do paciente, vez que, conforme definido por Kant, todo indivíduo é um fim em si

---

20. CANOTILHO, José Jorge Gomes. **Direito Constitucional**. 6. ed. Coimbra: Almeida, 1995. p. 373.
21. SARLET, Ingo Wolfgang. **A eficácia dos direitos fundamentais**. 5. ed. Porto Alegre: Livraria do Advogado, 2005. p. 124.

mesmo e, como tal, não deve "servir de instrumento à satisfação dos interesses de outros indivíduos",[22] ainda que esses outros sejam seus familiares.

No que tange ao argumento de que a resolução *estabelece instrumento inidôneo para o registro* das DAV, novamente há um desconhecimento do instituto, bem como do direito comparado. Interessante notar que, quando o direito comparado vai ao encontro do que se pretende com a Ação Civil Pública, ela é usada, e até mesmo distorcida, vez que o artigo 21 do Código de Ética Médica de Portugal,[23] não obstante seu caráter de norma de Conselho de Classe, prevê expressamente que, havendo manifestação de vontade do paciente, o médico deve respeitá-la e, apenas não havendo essa manifestação, é que o médico deverá respeitar a vontade dos familiares. Contudo, quando vai de encontro, como acontece com todas as normativas estrangeiras sobre DAV, elas são esquecidas.

Quanto ao mérito dessa alegação, também padece de cientificidade, uma vez que o direito comparado[24] aceita que as DAV sejam registradas em prontuário do paciente.

Na decisão que indeferiu pedido liminar, publicada em 15.03.2013, o juiz federal Jesus Crisóstomo de Almeida afirmou, em linhas gerais, que a referida resolução

> é constitucional e se coaduna com o princípio constitucional da pessoa humana, uma vez que assegura ao paciente em estado terminal o recebimento de cuidados paliativos, sem o submeter, contra a sua vontade, a tratamentos que prolonguem o seu sofrimento e não tragam mais qualquer benefício.[25]

Saliente-se que essa decisão é um marco do Direito brasileiro, pois é a primeira vez que o Poder Judiciário se manifesta, com veemência, acerca da dignidade da pessoa humana desses indivíduos, reconhecendo, de forma explícita, seu direito à autodeterminação.

O Ministério Público Federal recorreu da referida decisão, interpondo o agravo de instrumento 0019373-95.2013.4.01.0000, que ficou concluso no gabinete do desembargador relator por mais de um ano, sem qualquer movimentação. Como o processo em primeira instância não estava suspenso, o juiz substituto Eduardo Pereira da Silva proferiu sentença, publicada em 02.04.2014, reconhecendo a constitucionalidade da resolução. Contudo, fez as seguintes observações:

---

22. KANT, Immanuel. **Fundamentos da metafísica dos costumes**. Rio de Janeiro: Ediouro, 1997.
23. "Artigo 21.º Doentes incapazes de dar o consentimento 4 – A atuação dos médicos deve ter sempre como finalidade a defesa dos melhores interesses dos doentes, e em especial dos doentes incapazes de comunicarem a sua vontade. 5 – Para os efeitos do presente artigo entende-se como melhor interesse do doente a decisão que este tomaria de forma livre e esclarecida se para tal tivesse capacidade". PORTUGAL. Ordem dos Médicos. **Regulamento 707/2016**. Regulamento de Deontologia Médica. p. 22578. Lisboa, Presidência da República Portuguesa, [2016]. Disponível em: https://ordemdosmedicos.pt/wp-content/uploads/2017/08/Regulamento_707_2016__Regulamento_Deontol%C3%B3gico.pdf . Acesso em: 10 set. 2021.
24. Sobre isso, ver as leis australiana e espanhola.
25. BRASIL. Justiça Federal do Estado de Goiás. Decisão Liminar em Ação civil pública n. 0001039-86.2013.4.01.3500. Goiânia, GO: Justiça Federal, [2007a]. Disponível em: http://processual.trf1.jus.br/consultaProcessual/processo.php?trf1_captcha_id=c15a36d043d11f05e27321dd3fbf227d&trf1_captcha=gjqt&enviar=Pesquisar&secao=GO&proc=10398620134013500. Acesso em: 10 set. 2021.

a) A resolução não regulamenta apenas as diretivas antecipadas de vontade de pacientes terminais ou que optem pela ortotanásia. Afirma o MM. Juiz que as Diretivas Antecipadas de Vontade valem para qualquer paciente que venha a ficar impossibilitado de manifestar sua vontade;
b) Aponta a necessidade de legislação sobre o tema;
c) Afirma que a família e o Poder Público podem buscar o Poder Judiciário caso se oponham às Diretivas Antecipadas do paciente, bem como caso queiram responsabilizar os profissionais de saúde por eventual ilícito.

A decisão é muito boa no que diz respeito ao reconhecimento da vontade do paciente, mas evidencia a falta de conhecimento no Brasil sobre o instituto. Principalmente o que tange à falta de diferenciação entre Diretivas Antecipadas de Vontade, Testamento Vital e Procuração para Cuidados de Saúde. É uma pena que o Poder Judiciário tenha, mais uma vez, perdido a oportunidade de diferenciar esses institutos e se manifestar, pontualmente, sobre cada um deles. Precisamos, neste momento, de conscientização do Poder Judiciário e dos demais entes do Poder Público sobre o tema.

Por fim, é importante ressaltar que Resolução CFM 1.995/2012 representa um grande avanço nas discussões acerca das diretivas antecipadas no Brasil. Contudo, o avanço ocorre em uma perspectiva localizada, pois cinge-se ao âmbito médico e dos demais profissionais de saúde estudiosos do tema.

É preciso, entretanto, ter em mente que a resolução não esgota o tema, pelo contrário, demonstra a necessidade de legislação específica sobre as diretivas antecipadas de vontade, a fim de regulamentar questões afetas ao discernimento do outorgante, a uma exemplificação de cuidados e tratamentos que podem ou não ser recusados – bem como sobre quais os critérios para sua aceitação e recusa –, ao registro das diretivas antecipadas e à extensão da participação do médico da feitura das diretivas.

5.2 TESTAMENTO VITAL NA JURISPRUDÊNCIA BRASILEIRA

5.2.1 Apelação Cível 70054988266 TJRS

No dia 20.11.2013, o Tribunal de Justiça do Rio Grande do Sul (TJRS) julgou a Apelação Cível 70054988266, derivada ação de Alvará Judicial para Suprimento de Vontade do Idoso, proposta pelo Ministério Público, na cidade de Viamão/RS, em que se discute o direito de um idoso a recusar a amputação de um membro necrosado. A decisão dos desembargadores foi pelo reconhecimento desse direito – tido por eles como constitucional, supostamente por constituir ortotanásia – através do desejo manifestado pelo paciente por um testamento vital, em conformidade com a Resolução 1.995/2012.

Trata-se do primeiro acórdão que, diante de um caso concreto, analisou o testamento vital. Todavia, infelizmente, o que se percebe diante da leitura apurada da decisão é que o paciente fez manifestação de recusa de tratamento, e não um testamento vital, uma vez que ele não estava em situação de fim de vida.

Isso porque o paciente estava em um processo de necrose do pé esquerdo, necessitando de amputação, procedimento que recusava de forma veemente. Como o idoso não tinha parentes, estava em um Hospital Colônia e tendo em vista que a não realização desse procedimento o levaria a óbito, o Ministério Público solicitou que o Poder Judiciário determinasse a realização da amputação, fundamentando o pedido na incapacidade do idoso, haja vista seu quadro depressivo, bem como na indisponibilidade do direito à vida.

O juiz, em primeira instância, indeferiu o pleito por ausência de prova nos autos de risco de vida. Afirmou ainda que o paciente, apesar de ter um quadro depressivo, possuía capacidade para recusar tratamento.

O Ministério Público apelou da decisão e novamente perdeu, tendo o TJRS decidido pelo respeito à vontade do idoso de não realizar a amputação.

O curioso é que tal decisão baseou-se na manifestação de vontade do paciente, entendida pelos Desembargadores como testamento vital, que, segundo eles, "figura na Resolução 1.995/2012 do CFM", que "prevê a possibilidade de a pessoa se manifestar a respeito, mediante três requisitos: (1) a decisão do paciente deve ser feita antecipadamente, isto é, antes da fase crítica; (2) o paciente deve estar plenamente consciente; (3) deve constar que a sua manifestação de vontade deve prevalecer sobre a vontade dos parentes e dos médicos que o assistem".[26]

Não obstante a importância dessa decisão, vez que, de forma corajosa, reconheceu a primazia da vontade do paciente sobre a indisponibilidade do direito à vida, é preciso tomar cuidado com a equiparação da vontade desse paciente com o testamento vital.

Isso porque os autos não deixam claro sobre a real condição de saúde do paciente, ou seja, não há a informação se ele estava com uma doença ameaçadora da vida, fora de possibilidades terapêuticas. Antes pelo contrário, parece-nos que se trata de um caso puro de recusa de tratamento, sem qualquer ligação com o fim da vida.

Ainda que o fosse, a decisão padece de grave contradição, uma vez que dois dos três requisitos citados para afirmar que se está diante de um testamento vital estão ausentes.

Primeiro, porque o paciente manifestou vontade na fase crítica, afinal, a recusa em amputar a perna se deu no momento em que houve o diagnóstico da necessidade de amputação, ou seja, na fase crítica. Para que esse requisito fosse cumprido, seria necessário que o paciente, antes de estar com o quadro infeccioso, tivesse se mani-

---

26. BRASIL. Poder Judiciário do Estado do Rio Grande do Sul. Apelação Cível 70054988266. Porto Alegre, RS: Tribunal De Justiça – 1. Câmara Cível, [2007e]. Disponível em: http://processual.trf1.jus.br/consultaProcessual/processo.php?trf1_captcha_id=c15a36d043d11f05e27321dd3fbf227d&trf1_captcha=gjqt&enviar=Pesquisar&secao=GO&proc=10398620134013500. Acesso em: 15 set. 2021.

festado acerca da sua vontade de não amputar um membro diante de uma infecção, ainda que essa decisão lhe causasse a morte.

Segundo, porque o paciente estava com um diagnóstico de depressão, doença que pode sim, retirar a capacidade para consentir do indivíduo, também chamada de discernimento, e requisito essencial para manifestação de vontade.[27] Sendo assim, parece-nos que o processo conta com uma grave falha, pois não obstante os magistrados – de primeira e segunda instância – terem reconhecido o quadro depressivo, essa doença não foi levada em consideração nas decisões judiciais e, caso houvesse sido feito um detalhado laudo psiquiátrico, haveria a possibilidade de demonstrar que o paciente tinha discernimento para tomar a decisão e, inclusive, a depressão poderia ser apontada como fator desencadeante da falta de vontade de viver do paciente, que o levou a desistir de sua perna.

Portanto, a referida decisão nos parece verdadeiro retrocesso no que diz respeito à implementação das DAV no Brasil, pois utiliza de forma inadequada o instituto e abre um precedente perigoso para que outras decisões judiciais justifiquem toda e qualquer recusa de tratamento com base no testamento vital.

5.2.2 Processo 1084405-21.2015.8.26.0100/TJSP[28]

O caso em exame trata-se de um procedimento de jurisdição voluntária, no qual a autora, então com 68 anos, pleiteia o reconhecimento judicial de validade para sua manifestação de vontade acerca de recusa de tratamentos fúteis quando estiver em fim de vida, alegando tratar-se de uma espécie de *living will*.

No momento do ajuizamento da ação, a autora não estava acometida com doença grave, incurável e/ou terminal. Mesmo diante de seu perfeito estado de saúde, tinha medo de que, no futuro, caso estivesse em uma condição clínica grave, fosse submetida a tratamentos fúteis, definidos na manifestação como "a prorrogação da vida a qualquer preço, mesmo que com perda volitiva irreversível constatada e havendo na medicina somente tratamento paliativo". Por essa razão, a autora desejava que o Poder Judiciário reconhecesse esse direito e a indicação de quatro médicos de sua confiança para atestar seu estado clínico.

Ab initio, a magistrada indeferiu a solicitação e julgou extinto o feito sem resolução do mérito, por entender que o procedimento requerido é desnecessário, tendo em vista a possibilidade de manifestação de vontade da autora em prontuário médico (em conformidade com a resolução do Conselho Federal de Medicina 1.995/2012), a existência de diversos entendimentos acerca da validade do testamento vital e a

---

27. Sobre o assunto, recomenda-se TEIXEIRA, Ana Carolina Brochado. **Saúde, corpo e autonomia privada**. Rio de Janeiro: Renovar, 2010.
28. A análise completa desse caso foi publicada em DADALTO, Luciana. A judicialização do testamento vital: análise dos autos n. 1084405-21.2015.8.26.0100/TJSP. **Civilistica.com**. Rio de Janeiro, 2018. n. 2, p. 1-16, 2018. Disponível em: http://civilistica.com/a-judicializacao-do-testamento-vital/. Acesso em: 12 ago. 2021

possibilidade de lavratura de escritura pública desse documento em Cartório de Notas.

A autora interpôs apelação da sentença proferida e o Tribunal de Justiça de São Paulo julgou procedente, anulando a sentença e determinando a remessa dos autos para a primeira instância a fim de ter seu processamento regular, conforme ementa:

> Jurisdição voluntária – Pedido de reconhecimento judicial do direito à ortotanásia – Extinção sem julgamento do mérito – Remessa à via extrajudicial ou administrativa – Não cabimento – Garantia constitucional de acesso à justiça – Sentença anulada – Recurso provido.

Assim, foi dado processamento aos autos e, diante da manifestação de ausência de interesse do Ministério Público, realizou-se audiência a fim de colher o depoimento pessoal da autora. Nessa ocasião, ela assim se manifestou:

Reitera seu desejo já manifestado na inicial, onde diz que os médicos indicados às fls. 14 são seus conhecidos e com eles faz acompanhamentos de rotina. Tem 3 (três) filhos e 4 (quatro) netos. Tem ciência de que poderia ter feito o procedimento via cartório extrajudicial e tem receio de que tal declaração pudesse ser contestada. Na ausência dos médicos indicados, a declaração poderá ser efetuada por dois médicos responsáveis pelo tratamento.

Em sentença, a magistrada reconhece a validade do testamento vital no ordenamento jurídico brasileiro e afirma que "a função jurisdicional vai além de apenas conceder o provimento pleiteado, devendo ser analisada a real necessidade, e mais, a possibilidade de efetivação do direito". Nesse contexto, entende não ser possível acatar o pedido de nomeação dos médicos listados na exordial, uma vez que inexiste manifestação de aceite desse *múnus* pelos mesmos. Afirma, ainda, que mesmo que esses profissionais tivessem concordado com a nomeação, o procedimento judicial não poderia impor essa obrigação, vez que os mesmos não integram o polo passivo da lide.

A julgadora aponta que o pedido formulado tem "natureza absolutamente hipotética", pois a autora goza de boa saúde física e mental, conforme relatórios médicos juntados aos autos, razão pela qual é impossível acolher o pedido tal qual formulado. Conclui a magistrada pela homologação da vontade da autora "quanto ao desejo de não se submeter a tratamentos médicos fúteis ou cruéis, a partir do fim da vida funcional cognitiva, desde que atestado por dois médicos, ainda que não especificados na inicial", deixando claro que a referida homologação se trata apenas de um ato formal.

5.3 CONSTITUCIONALIDADE E LEGALIDADE DO TESTAMENTO VITAL

Não obstante a inexistência de norma jurídica específica acerca do testamento vital no Brasil, uma interpretação integrativa das normas constitucionais e infraconstitucionais concede aparato para a defesa da validade do testamento vital no ordenamento jurídico brasileiro, posição já aceita nos tribunais brasileiros.

Os princípios constitucionais da dignidade da pessoa humana (art. 1º, III) e da autonomia (princípio implícito no art. 5º), bem como a proibição de tratamento desumano (art. 5º, III), são arcabouços suficientes para a defesa do testamento vital, vez que o objetivo desse instrumento é possibilitar ao indivíduo dispor sobre a aceitação ou recusa de tratamentos em caso fim de vida.

Isso porque o testamento vital é expressão de autonomia do sujeito,[29] garantidor da sua dignidade. Ao garantir ao indivíduo o direito de decidir sobre os cuidados, tratamentos e procedimentos a que deseja ou não ser submetido quando estiver com uma doença grave, incurável e terminal, o testamento vital preserva sua vontade e evita que ele seja submetido ao esforço terapêutico – prática médica que visa manter a vida mesmo que não haja condição de reversibilidade da doença –, considerado por esta pesquisa um tratamento desumano, devido à comprovação de que não causará nenhuma vantagem objetiva ao paciente, vez que não impedirá sua morte.

O artigo 15 do Código Civil preceitua que ninguém pode ser constrangido a submeter-se, com risco de vida, a tratamento médico ou intervenção cirúrgica, e esse artigo deve ser lido à luz da Constituição, leitura esta que, segundo Ribeiro (2005) é:

> [...] ninguém, nem com risco de vida, será constrangido a tratamento ou a intervenção cirúrgica, em respeito à sua autonomia, um destacado direito desta Era dos Direitos que não concebeu, contudo, um direito fundamental à imortalidade.[30]

Assim, o testamento vital é um instrumento garantidor desse dispositivo legal, nas situações de fim de vida, vez que evita o constrangimento de o paciente ser submetido a tratamentos médicos fúteis – que apenas potencializam o risco de vida – e os procedimentos médico-hospitalares sempre representam risco.

No Estado de São Paulo, há a Lei 10.241/1999, popularmente conhecida como "Lei Mário Covas", por ter sido promulgada pelo então governador Mário Covas, que dispõe sobre os direitos dos usuários de serviços e das ações de saúde. O inciso XXIII do artigo 2º desta lei assegura aos usuários do serviço de saúde do Estado de São Paulo o direito a recusar tratamentos dolorosos ou extraordinários para tentar

---

29. Sobre este assunto, ver: PENALVA, Luciana Dadalto; TEIXEIRA, Ana Carolina Brochado. Terminalidade e Autonomia: uma abordagem do testamento vital no Direito brasileiro. In: BARBOZA, Heloisa Helena et al. Vida, **Morte e Dignidade Humana**. São Paulo: GZ Editora, 2010. p. 57-82.
30. RIBEIRO, Diaulas Costa. A eterna busca da imortalidade humana: a terminalidade da vida e a autonomia. In: CONSTANTINO, Clóvis Francisco. Secções – Ética Médica. **Revista Bioética**, Brasília, 2005. v. 13, n. 2, p. 112-120, 2005. Disponível em: https://revistabioetica.cfm.org.br/index.php/revista_bioetica/article/view/112. Acesso em: 27 ago. 2021.

prolongar a vida, direito este também assegurado pelas Leis 16.279 do Estado de Minas Gerais,[31] e 14.254 do Estado do Paraná.[32]

Apesar de serem legislações estaduais, representam grande avanço no respeito aos direitos dos pacientes terminais, vez que conferem a eles o poder de decisão sobre seus tratamentos. Todavia, essa disposição não terá efeito quando o paciente estiver inconsciente, pois, nessa situação, estará impossibilitado de manifestar sua vontade. Por essa razão, é necessária a feitura de um testamento vital, a fim de que a vontade do indivíduo seja respeitada mesmo quando este estiver impossibilitado de manifestá-la em determinado momento.

Posto isso, percebe-se que a essas normas somam-se as resoluções do CFM já mencionadas, bem como as decisões judiciais que reconheceram a constitucionalidade das DAV, e até mesmo o Enunciado 37 da I Jornada de Direito da Saúde do CNJ, pois apesar de algumas atecnias, parece claro que há um movimento dos operadores do direito para aceitar a validade do testamento vital no Brasil, mesmo ante a inexistência de norma específica.

Como visto, o testamento vital é um instrumento lícito de manifestação de vontade para cuidados, tratamentos e procedimentos em fim de vida. Igual certeza não há quanto às inúmeras questões adjacentes a esse instrumento, notadamente quanto à efetividade prática dessa vontade manifestada.

Daí advém a necessidade de uma lei específica sobre o tema, com o único propósito de dar segurança jurídica sobre aspectos formais, amparada na experiência estrangeira, como será visto na sessão seguinte. Todavia, a inexistência desta não pode ser usada como justificativa para pedidos judiciais de validação do testamento vital, uma vez que, conforme visto, trata-se de negócio jurídico unilateral de caráter existencial e, desde que cumpra os requisitos de validade dos negócios jurídicos, será válido.

Aceitar a judicialização do testamento vital a fim de que o Poder Judiciário declare o direito é realizar uma interpretação *contra legem* do Código Civil, o que acarreta num enorme abalo na segurança jurídica existente e abre margem para que inúmeras ações declaratórias de negócios jurídicos existenciais sejam ajuizadas,

---

31. "Art. 2º São direitos do usuário dos serviços de saúde no Estado: [...] XX – recusar tratamento doloroso ou extraordinário". MINAS GERAIS. **Lei 16.279/2006, de 20/07/2006**. Dispõe sobre os direitos dos usuários das ações e dos serviços públicos de saúde no estado. Belo Horizonte, MG: Governo do Estado de Minas Gerais, [2006]. Disponível em: https://leisestaduais.com.br/mg/lei-ordinaria-n-16279-2006-minas-gerais--dispoe-sobre-os-direitos-dos-usuarios-das-acoes-e-dos-servicos-publicos-de-saude-no-estado. Acesso em: 10 set. 2021.

32. "Art. 2º São direitos dos usuários dos serviços de saúde no Estado do Paraná: [...] XXIX – recusar tratamento doloroso ou extraordinário para tentar prolongar a vida; [...]". PARANÁ. Lei 14.254 – 04.12.2003. Prestação de serviço e ações de saúde de qualquer natureza aos usuários do Sistema Único de Saúde – SUS e dá outras providências. Curitiba, PR: Assembleia Legislativa do Estado do Paraná, [2003]. Disponível em: https://leisestaduais.com.br/pr/lei-ordinaria-n-14254-2003-parana-prestacao-de-servico-e-acoes-de-saude-de--qualquer-natureza-aos-usuarios-do-sistema-unico-de-saude-sus-e-da-outras-providencias. Acesso em: 10 set. 2021.

aumentando a judicialização das relações sociais e sedimentando o Poder Judiciário como superego da sociedade.[33]

Não se pode olvidar que a noção de negócio jurídico se modernizou. No Código Civil de 1916, o conceito objetivava abranger as situações de criação, modificação ou extinção de direitos, pretensões, ações ou exceções e pautava-se na autonomia da vontade, ou seja, no reconhecimento de que o agente define a relação jurídica e os limites das situações jurídicas de que fará parte.[34]

Francisco Amaral[35] adverte que esse não é o conceito de negócio jurídico adotado pelo Código Civil de 2002. Sob a égide da constitucionalização do direito civil, o negócio jurídico é uma vontade particular reconhecida pelo ordenamento, que se presta a produzir determinados efeitos desejados pelo agente. Assim, não basta a vontade do indivíduo, é necessário que o sistema normativo vigente reconheça poder de autorregulação, o que se chama atualmente de autonomia privada.

É preciso ter em mente que a dignidade da pessoa humana foi alçada a princípio constitucional, sendo verdadeira cláusula geral de tutela da personalidade humana, e deve, portanto, permear todas as relações públicas e privadas. Rose Melo Venceslau Meirelles afirma que a concretização dessa cláusula se dá com a tutela dos direitos existenciais, independentemente de violação de quaisquer destes direitos, de modo que a pessoa terá "garantida pelo ordenamento a promoção da sua própria personalidade através da prática de atos de autodeterminação que podem assumir a forma de qualquer situação subjetiva".[36]

Nesse contexto, as situações subjetivas existenciais adquirem especial relevo por estarem dentro do espaço *indecidibile per il legislatore*.[37] Elisa Cruz[38] defende que a autonomia privada rege as situações existenciais e, portanto, os negócios jurídicos existenciais são realidade em nosso ordenamento.

Resta claro, assim, que as escolhas afetas ao testamento vital fazem parte de uma situação subjetiva e, portanto, encontram-se no espaço de escolha individual. Contudo, é preciso deixar claro que, para produzir efeitos, o conteúdo dessas disposições precisa se subsumir ao ordenamento jurídico vigente no Brasil.

---

33. MAUS, Ingeborg. **Judiciário como superego da sociedade**: o papel da atividade jurisprudencial na "sociedade órfã". Trad. Martonio Lima e Paulo Albuquerque. Disponível em: http://www.direitocivilcontemporaneo.com/. Acesso em: 10 set. 2021.
34. PONTES DE MIRANDA, Francisco Cavalcanti. **Tratado de direito privado**: parte especial. Atual. por Vilson Rodrigues Alves. Revista dos Tribunais, São Paulo, v. 3, p. 16, 1986.
35. AMARAL, Francisco. **Direito civil**: introdução. 5. ed. rev. atual. Rio de Janeiro: Renovar, 2003, p. 37.
36. MEIRELLES, Rose Melo de Venceslau. **Autonomia privada e dignidade humana**. Rio de Janeiro: Renovar, 2009, p. 58.
37. RODOTÁ, Stefano. **Politici, liberateci dalla vostra coscienza**. Disponível em: http://daleggere.wordpress.com/2008/01/13/stefano-rodota-%C2%ABpolitici-liberateci-dalla-vostra-coscienza%C2%BB/. Acesso em: 12 ago. 2021.
38. CRUZ, Elisa Costa. **Dignidade na vida, na doença e para a morte**: as diretivas antecipadas como instrumento de valorização da pessoa. 2012. Dissertação (Mestrado) – Faculdade de Direito, Universidade do Estado do Rio de Janeiro, Rio de Janeiro, 2012. Disponível em: https://www.bdtd.uerj.br:8443/handle/1/9587. Acesso em: 10 set. 2021. 125 f.

Nessa perspectiva pode-se, a priori, enquadrar o testamento vital como um negócio jurídico unilateral sob condição suspensiva, entendendo que é necessária apenas a manifestação de vontade do declarante e que a eficácia da manifestação de vontade ficará suspensa até que ocorram os seguintes fatos, somados: (I) estado clínico fora de possibilidades terapêuticas de cura e (II) perda de discernimento do paciente.

5.3.1 Testamento Vital no Anteprojeto de Reforma do Código Civil

O anteprojeto de reforma do Código Civil não usa o termo testamento vital em nenhum dos seus artigos e parece seguir a confusão de nomenclatura feita pelo Conselho Federal de Medicina na resolução 1995/2012, tratando "testamento vital" como sinônimo de "diretivas antecipadas de vontade."

Há, no anteprojeto, dois artigos que tratam das diretivas antecipadas, dispostos em livros diferentes, a saber:

> Livro I – Parte Geral
>
> Art. 15. Ninguém pode ser constrangido a submeter-se a tratamento médico ou a intervenção cirúrgica.
>
> § 1º É assegurada à pessoa natural a elaboração de diretivas antecipadas de vontade, indicando o tratamento que deseje ou não realizar, em momento futuro de incapacidade.
>
> § 2º Também é assegurada a indicação de representante para a tomada de decisões a respeito de sua saúde, desde que formalizada em prontuário médico, instrumento público ou particular, datados e assinados, com eficácia de cinco anos.
>
> § 3º A recusa válida a tratamento específico não exime o profissional de saúde da responsabilidade de continuar a prestar a melhor assistência possível ao paciente, nas condições em que ele se encontre ao exercer o direito de recusa".
>
> Livro IV – Direito de Família
>
> Art. 1.778-A. A vontade antecipada de curatela deverá ser formalizada por escritura pública ou por instrumento particular autêntico."
>
> "Art. 1.778-B. O juiz deverá conferir prioridade à diretiva antecipada de curatela relativamente:
>
> I – a quem deva ser nomeado como curador;
>
> II – ao modo como deva ocorrer a gestão patrimonial e pessoal pelo curador;
>
> III – a cláusulas de remuneração, de disposição gratuita de bens ou de outra natureza.
>
> Parágrafo único. Não será observada a vontade antecipada do curatelado quando houver elementos concretos que, de modo inequívoco, indiquem a desatualização da vontade antecipada, inclusive considerando fatos supervenientes que demonstrem a quebra da relação de confiança do curatelado com a pessoa por ele indicada.

O simples fato de os documentos de diretivas antecipadas serem tratadas de modos diferentes em dois títulos diferentes já demonstra a falta de compreensão sobre o tema. E tal demonstração é preocupante, notadamente, porque estamos em 2024 e já há uma vastíssima construção normativa estrangeira sobre os documentos de DAV, que se originaram nos anos 1960.

Apesar de o artigo 15 conter inúmeras impropriedades terminológicas – como será visto a seguir – ele se refere, realmente, aos documentos de diretivas antecipadas de vontade, ou seja, documentos de manifestação prévia do paciente, que produzirão eficácia quando e se o outorgante ficar gravemente doente e impossibilitado de manifestar vontade. Os documentos de DAV, portanto, são manifestação de autonomia prospectiva para cuidados, tratamentos e procedimentos de saúde.

Em contrapartida, os artigos 1778-A e 1778-B inovaram ao nomear a "autocuratela[39]" de "diretiva antecipada de curatela", instituto que não existe em ordenamentos jurídicos que positivaram os documentos de DAV. O uso do termo "diretiva antecipada de curatela" tem o potencial de confundir a aplicação da autocuratela e impedir o avanço de outros (verdadeiros) documentos de DAV. Inclusive, a própria justificativa do anteprojeto - "Inovação que também merece destaque é a diretiva antecipada de curatela, uma espécie de 'testamento para a vida', em que o interessado delineia a forma como deseja ser tratado, no caso de perda da sua autonomia cognitiva"- já demonstra essa confusão.

Sim, é verdade que o termo "testamento vital" é uma má-tradução do termo "living will" e que isso influencia sobremaneira as tentativas de substituí-lo pelo termo "diretivas antecipadas de vontade". Contudo, os efeitos deletérios desta substituição continuam a reverberar e a redação dos artigos 15, 1778-A e 1778-B do anteprojeto de reforma do Código Civil é apenas mais um exemplo disso.

Por todo o exposto, entende-se que a manutenção da redação dos referidos artigos não significará a esperada (necessária) inovação, mas sim a positivação do desconhecimento acerca dos documentos de diretivas antecipadas.

Diante disso, propõe-se que:

➢ O artigo 15, § 1º seja alterado para evidenciar as diversas espécies de diretivas antecipadas;

➢ O artigo 15, § 2º seja alterado para:
- nomear o documento ali disposto como "procuração para cuidados de saúde";
- dispor que a procuração para cuidados de saúde é um documento de representação voluntária e prevalece sobre eventual representante legal;
- esclarecer que se trata de uma espécie de documento de diretivas antecipadas;
- evidenciar que o procurador para cuidados de saúde não precisa ter vínculo de parentesco ou de casamento com o outorgante;
- retirar o prazo de eficácia de 5 anos, pois os documentos de DAV devem ser entendidos como documentos de manifestação de vontade e, portanto, eficazes até que sejam alterados ou revogados pelo outorgante, independentemente de tem mínimo ou máximo. Ademais, o prazo de eficácia de 5 anos é usado pela lei 25/2012 de Portugal e os dados portugueses demonstram que a inclusão deste prazo burocratizou o registro destes documentos e contribuiu para a baixa adesão dos cidadãos.

➢ O termo "vontade antecipada de curatela", previsto no artigo 1778-A seja substituído pelo termo "autocuratela";

---

39. COELHO, Thaís Câmara Maia Fernandes. **Autocuratela**. Rio de Janeiro: Lumen Juris, 2016.

➢ O termo "diretiva antecipada de curatela", previsto no artigo Art. 1.778-B seja substituído por "autocuratela".

➢ Alternativamente, caso o termo "autocuratela" seja rechaçado, haja a substituição do termo "vontade antecipada de curatela/diretiva antecipada de curatela" por outro que diferencie o instituto dos documentos de diretivas antecipadas de vontade.

5.4 TESTAMENTO VITAL NA POLÍTICA NACIONAL DE CUIDADOS PALIATIVOS

Em 07 de maio de 2024, foi publicada pelo Ministério da Saúde a Política Nacional de Cuidados Paliativos[40] (PNCP), que apresenta como um de seus princípios a observância à diretiva antecipada de vontade da pessoa cuidada, esclarecendo textualmente que a DAV "compreende o testamento vital ou outro documento em que haja registro expresso das preferências da pessoa com relação a tratamentos ou outras medidas de cuidado quando em condições de saúde irreversíveis e potencialmente terminais."

A referida portaria afirma a implementação da PNCP competirá aos gestores do SUS de acordo com a competência municipal, estadual/distrital e federal. Como, no momento em que esta edição é concluída ainda não houve implementação em nenhuma das esferas, optou-se, aqui, por evidenciar pontos que devem ser observados quando desta concretização:

➢ Os profissionais de saúde que atuarão nas equipes de cuidados paliativos devem receber treinamento específico acerca dos direitos dos pacientes e dos documentos de DAV;

➢ Pacientes e familiares devem ser devidamente informados sobre estes documentos;

➢ Os gestores precisam criar fluxos para que os documentos feitos nas instituições não se percam.

5.5 O CONTEÚDO DO TESTAMENTO VITAL VÁLIDO NO BRASIL

Em linhas gerais, o testamento vital nos ordenamentos jurídicos estrangeiros tem como conteúdo disposições de recusa e/ou aceitação de cuidados e tratamentos que prolonguem a vida artificialmente e disposições sobre doação de órgãos e nomeação de um representante.

---

40. MINISTÉRIO DA SAÚDE. **Portaria Gm/Ms nº 3.681, de 7 de Maio de 2024**. Institui a Política Nacional de Cuidados Paliativos. Disponível em: https://www.in.gov.br/en/web/dou/-/portaria-gm/ms-n-3.681-de-7-de-maio-de-2024-561223717. Acesso em: 11 jun. 2024.

Quanto às disposições de recusa e/ou aceitação de cuidados, tratamentos e procedimentos, sabe-se que como a prática da obstinação terapêutica é naturalizada nos países ocidentais, o conteúdo mais comum do testamento vital é de recusa de tratamentos fúteis ou pedido de suspensão de suporte artificial de vida, como por exemplo, extubação paliativa, traqueostomia, hemodiálise, ordem de não reanimação, entre outros; e a definição da futilidade deve ter em conta a inexistência de benefícios que esse tratamento trará ao paciente, sendo aferida no caso concreto.

Quanto a disposições sobre doação de órgãos, apesar de não serem o foco do documento, entende-se ser razoável que o paciente manifeste desejo sobre esse assunto no testamento vital. Contudo, a doação de órgãos no Brasil já está regulada pela Lei 9.434/1997, alterada pela Lei 10.211/2001, bastando que, para a efetivação da doação, sigam-se seus ditames.[41] Entre eles, está a necessidade de autorização do cônjuge ou de parente maior de idade, obedecida a linha sucessória, o que não seria admissível no testamento vital, vez que ele expressa a vontade autônoma do paciente. Portanto, entende-se atualmente ser contrária ao ordenamento jurídico brasileiro a disposição acerca de doação de órgãos no testamento vital,[42] sendo necessária uma alteração legislativa para validar essa disposição.

A análise da validade da nomeação de um representante é, na verdade, a análise da validade da junção do testamento vital e da procuração para cuidados de saúde, ou seja, a disposição que nomeia um representante não é, em verdade, uma disposição de conteúdo do testamento vital e, sim, a inclusão da procuração para cuidados de saúde neste instituto. Situação que, *a priori*,[43] é válida no ordenamento jurídico brasileiro e foi respaldada pela Resolução 1.995/2012 do CFM. Ressalte-se, contudo, que se tratam de institutos díspares, conforme observado no segundo capítulo desta pesquisa, e, como a procuração para cuidados de saúde é mais abrangente do que o testamento vital, melhor seria que a pessoa que optasse por redigir as duas modalidades de diretivas antecipadas, a fizesse separadamente, ainda que seja desejável a existência do mandado duradouro no testamento vital.

Três pontos específicos sobre o conteúdo merecem atenção especial. São eles: (I) pedido de eutanásia e suicídio assistido, (II) recusa de Cuidados Paliativos e (III) pedido de obstinação terapêutica.

1) Pedido de eutanásia e suicídio assistido: nas edições anteriores, defendemos que enquanto essas práticas forem ilícitas no Brasil não seria possível ao outorgante

---

41. Acerca do tema, recomenda-se a leitura de SÁ, Maria de Fátima Freire de. **Biodireito e direito ao próprio corpo**: doação de órgãos incluindo o estudo da Lei n. 9.434/97 com as alterações introduzidas pela Lei 10.211/01. Belo Horizonte: Del Rey, 2003.
42. Poder-se-ia destrinchar mais esse assunto, pois sabe-se que alguns intérpretes da lei 10.211/01 entendem que quando o paciente manifestar expressamente a vontade de doar órgãos, essa vontade prevalece. Contudo, a prática nos serviços de transplante demonstra que nenhum profissional de saúde retira órgãos de um paciente quando a família não autoriza. Dessa forma, é preciso rever a legislação para aclará-la, de modo que fique explícito a supremacia da vontade do paciente sobre a família.
43. *A priori*, pois não é objetivo deste trabalho estudar com profundidade a validade da procuração para cuidados de saúde no ordenamento jurídico brasileiro, tema que, *per se*, daria uma dissertação de mestrado.

se autodeterminar nesse sentido. Todavia, percebemos que, caso isso não seja permitido, a autonomia prospectiva do indivíduo estará sendo limitada, o que contradiz a lógica desse documento.

Para ilustrar a questão, cite-se o caso da espanhola Eskarne,[44] primeira pessoa a utilizar-se da Ley Orgânica da Eutanásia, no dia 23.07.2021. Ela tinha 86 anos e há cerca de dez havia escrito seu testamento vital, expressando vontade de se submeter à eutanásia. Além de documentar sua vontade, Eskarne conversou com o filho sobre o tema, explicando o quanto seria importante para ela que ele cumprisse com o disposto em seu testamento vital. Em 2021, Eskarne estava em fase terminal de uma doença cardíaca crônica, sem cognição preservada e totalmente dependente das atividades diárias. No primeiro dia de vigor da lei, seu filho deu entrada no pedido, apresentando o testamento vital e conseguiu cumprir a vontade da mãe, em menos de um mês.[45]

Caso Eskarne não tivesse manifestado o desejo de ser submetida à eutanásia quando essa prática ainda era ilícita na Espanha, seu filho não conseguiria cumprir sua vontade.

Esse caso trouxe reflexões importantes e demonstrou que estávamos errados em firmar posição contra o pedido de eutanásia no Brasil. Todavia, é preciso ressaltar que eventual pedido diante do ordenamento jurídico atual não produzirá efeitos. O objetivo de documentar essa vontade mesmo diante da ilicitude atual da disposição é exatamente exercer a autonomia prospectiva.

2) Recusa de cuidados paliativos: a recusa de cuidados paliativos deve ser vista como uma consequência nefasta do estigma que essa abordagem tem na sociedade ocidental,[46] e não como uma demonstração de autonomia. Megan Johnson Shen e Joseph D. Wellman[47] afirmam que o estigma dos CP exerce um "efeito indireto significativo por meio de estereótipos negativos" nos pacientes e também nos familiares. Portanto, antes de assumirmos que a recusa de CP é exercício do direito à autodeterminação do indivíduo, é preciso lembrar que não existe autonomia sem informação.

---

44. Segundo informações do jornal El País, o sobrenome não foi divulgado a pedido da família.
45. ORMAZABAL, Mikel. No es fácil morir así, pero ella ya no estaba en esta vida y no quería estar. **El País**, Madrid, 04 jun. 2021. Sociedad. Disponível em: https://elpais.com/sociedad/2021-08-01/no-es-facil-morir-asi-pero-ella-ya-no-estaba-en-esta-vida-y-no-queria-estar.html. Acesso em: 16 set. 2021.
46. BONIOLOCO, G. et al. Supporting Supportive Care in Cancer: The ethical importance of promoting a holistic conception of quality of life. **Critical Reviews in Oncology/Hematology**, Milão, 2018. v. 131, p. 90-95, 2008. Disponível em: https://ore.exeter.ac.uk/repository/bitstream/handle/10871/34223/SUPPORTING%20SCC.pdf;jsessionid=1A93CAD86A6ED13119884F3EC36565A5?sequence=3. Acesso em: 16 set. 2021.
47. SHEN, Megan Johnson; WELLMAN, Joseph D. Evidence of Palliative Care Stigma: The Role of Negative Stereotypes in Preventing Willingness to Utilize Palliative Care. **Palliative & supportive care**. Cambridge, 2019. v. 17, n. 4, p. 374–380, 2019. Disponível em: https://www.cochranelibrary.com/es/central/doi/10.1002/central/CN-02236148/full. Acesso em: 16 set. 2021.

Dessa forma, não é crível presumir que um paciente devidamente informado sobre o que são os CP e sobre o objetivo dessa abordagem venha a recusá-la. Afinal, CP não são para quem está morrendo, são para quem está sofrendo.

Essa é uma das principais razões pelas quais é importante que a feitura de um testamento vital seja acompanhada por um profissional de saúde com conhecimento em Cuidados Paliativos.

Ao longo das cinco edições que precederam esta, o tema da recusa de Cuidados Paliativos pelo próprio paciente foi tratado de diferentes formas. Desde a sexta edição, sustentamos que essa recusa seria direito do paciente, posto que o conceito de morte digna é pessoal. Todavia, ainda que assumamos que a recusa de CP foi precedida por um processo de informação adequada, é inconteste que a abordagem paliativa é, na perspectiva internacional, um Direito Humano e, na perspectiva nacional, um direito fundamental, posto que reconhecida pelas evidências científicas como garantidora de dignidade ao paciente.

Desta feita, a possibilidade de que um paciente recuse os Cuidados Paliativos em um testamento vital parece-nos contrária aos princípios bioéticos da não maleficência e da beneficência, bem como ao fundamento constitucional da dignidade da pessoa humana.

Ressalte-se, contudo, que existe diferença entre recusa da abordagem paliativa e recusa de um procedimento ou tratamento que é tido pela literatura como próprio dos Cuidados Paliativos, por exemplo, sedação paliativa. Como visto, a recusa terapêutica é um direito de qualquer pessoa capaz, mas trata-se sempre de algo pontual, pois recusa-se um procedimento, e não uma abordagem.

Diante do exposto, entende-se atualmente que pode o paciente, no seu testamento vital, aceitar ou recusar determinadas ações paliativas, mas não a abordagem paliativa.

3) Pedido de obstinação terapêutica: segundo a pesquisa Ethicus-2 – um estudo inédito feito com 12.850 pacientes adultos, em 199 UTI de 36 países:

> o sul da Europa e a América Latina tiveram o maior tempo de permanência do paciente na UTI, bem como o maior tempo entre o D1 de internação e a primeira limitação de tratamento. Tiveram ainda menores taxas de retirada de tratamentos e relutância em aplicar limitações, evidenciada por atrasos do profissional e redução da frequência com que o profissional ia à unidade.

Os pesquisadores afirmam não ter se surpreendido com esse achado, uma vez que "essas regiões compartilham idioma, cultura e laços religiosos". Nota-se que, em 2017, uma pesquisa realizada pela Kaiser Family Foundation[48] já havia apresentado resultados semelhantes.

---

48. KAISER FAMILY FOUNDATION. **Views and Experiences with End-of-Life Medical Care in Japan, Italy, the United States, and Brazil**: a Cross-Country Survey. Disponível em: https://files.kff.org/attachment/Report-Views-and-Experiences-with-End-of-Life%20Medical-Care-in-Japan-Italy-the-United-States-and-Brazil. Acesso em: 03 set. 2021.

Como visto ao longo desse livro, a autonomia privada é um direito individual, contudo, como qualquer outro direito, encontra limites no ordenamento jurídico brasileiro. A literatura científica especializada é unânime ao afirmar que a obstinação terapêutica – prática mais conhecida no Brasil como distanásia – é contra os melhores interesses do paciente e retiram dignidade dos cuidados.

Como a dignidade humana é fundamento da Constituição Federal brasileira, que proíbe em seu art. 5º, III, a tortura e o tratamento desumano ou degradante, a distanásia deve ser compreendida como um "não direito", termo usado por Cynthia Pereira de Araújo e Sandra Magalhães.[49] As autoras afirmam ainda que:

> O que confere dignidade é olhar para o ser humano que existe apesar do doente, independente do doente; o ser humano que é quem vive e é quem morre. E olhar para essa pessoa é ajudá-la a identificar o momento de 'parar de lutar pela preservação da vida e aceitar a proximidade da morte'. O momento em que, mais do que nunca, é preciso lutar sim, mas pela melhor vida que se puder ter – até o seu fim. Pelo presente, e não pela ilusão de um futuro.[50]

Pelo exposto, compreende-se que caso um testamento vital contenha disposições distanásicas, essas deverão ser tidas por não escritas.

5.6 PROPOSIÇÕES FORMAIS ACERCA DO TESTAMENTO VITAL VÁLIDO NO BRASIL

5.6.1 Quem pode fazer?

Como já mencionado anteriormente, o discernimento – e não a capacidade de fato – é requisito essencial para que a pessoa possa fazer um testamento vital. Assim, entende-se que os limites objetivos de fixação de idade utilizados pelo Código Civil devem ser flexibilizados, de modo que

> A declaração de incapacidade não pode, de maneira apriorística, comprometer integralmente a autonomia privada conferida pelo ordenamento jurídico ao ser humano, ainda que acometido de enfermidade ou deficiência física ou mental que afete seu discernimento. [...]
>
> Flexibilizar os institutos da incapacidade e da curatela consiste em um novo mecanismo hermenêutico hábil a viabilizar a vontade do incapaz, sempre que for possível compatibilizar sua vontade psicológica com a vontade jurídica, revestindo-a, portanto, de juridicidade.[51]

---

49. ARAÚJO, Cynthia Pereira de; MAGALHÃES, Sandra. Obstinação terapêutica: um não direito. In: DADALTO, Luciana. **Cuidados Paliativos: aspectos jurídicos**. Indaiatuba: Editora Foco, 2021, p. 295-307.
50. *Ibidem*, p. 306.
51. RODRIGUES, Renata de Lima. **Incapacidade, curatela e autonomia privada**: estudos no marco do Estado Democrático de Direito. 2005. Dissertação (Mestrado) – Faculdade Mineira de Direito, Pontifícia Universidade Católica de Minas Gerais, Belo Horizonte, 2005. p. 169-170.

Isso porque, segundo Rodrigues e Teixeira,[52] os critérios predefinidos pela lei muitas vezes impossibilitam o incapaz de exercer seus direitos de personalidade e de desenvolver sua dignidade. Por isso, essas autoras defendem que apenas diante do caso concreto será possível averiguar para quais atos de vontade o indivíduo – categorizado pela lei como incapaz – possui discernimento, que deve ser reconhecido pelo Poder Judiciário.

Significa dizer que, caso um menor de idade queira redigir um testamento vital, deverá primeiramente requerer autorização judicial, que somente poderá ser negada se restar provado a falta de discernimento deste para praticar tal ato. Entretanto, caso não haja esse requerimento, entende-se que, após adquirida a maioridade civil, o documento deve ser ratificado pelo próprio outorgante.

> O menor com capacidade suficiente intelectual e volitiva poderá redigir um documento com estas características, vez que ninguém melhor que ele sabe quais são seus desejos, até porque, uma vez escritos não se convertem em irrevogáveis, sendo passíveis de modificação e de revisão periódica.[53]

Ressalte-se que a defesa que aqui se faz não é para um elasticmento do critério quantitativo de definição de capacidade de fato no Código Civil brasileiro, ou seja, não se pretende reduzir a idade para 16 anos, como por exemplo, sugere Sánchez,[54] vez que tal diminuição não resolve o problema, pois continua trabalhando com critérios quantitativos. O que se quer aqui é defender que o discernimento não está diretamente atrelado à idade, que a liberdade de autodeterminação do indivíduo não pode ser averiguada aprioristicamente. Razão pela qual cabe ao juiz analisar se, por exemplo, um adolescente de 15 anos tem discernimento suficiente para manifestar sua vontade acerca de tratamentos ou não tratamentos a que deseja ser submetido caso se torne um paciente fora de possibilidades terapêuticas.

Nessa perspectiva, é preciso perquirir acerca da possibilidade de um paciente demenciado fazer um testamento vital. A geriatra Cláudia Burlá defende que "nas demências, não há possibilidade, durante o curso evolutivo da doença, de se obterem, de forma confiável, as informações das vontades da pessoa, uma vez que a sua capacidade cognitiva já se encontra comprometida".[55] Em contrapartida, a Sociedade Americana de Alzheimer reconhece que uma paciente na fase inicial da doença de Alzheimer é "capaz de entender o significado e a importância de um determinado

---

52. RODRIGUES, Renata de Lima; TEIXEIRA, Ana Carolina Brochado. O Direito das Famílias entre a Norma e a Realidade. São Paulo: Atlas, 2010.
53. "Defendemos que el menor de edad con suficiente capacidad intelectiva y volitiva podría redactar un documento de estas características, puesto que nadie mejor que él sabrá cuáles son sus deseos que, además, una vez plasmados por escrito no se convierten en irrevocables, sino que no sólo podrán ser modificados sino que, además, resulta sumamente conveniente su revisión periódica". SÁNCHEZ, Cristina López. **Testamento vital y voluntad del paciente**: conforme a la Ley 41/2002, de 14 de noviembre. Madrid: Dykinson, 2003. p. 168, tradução nossa.
54. *Ibidem*.
55. BURLÁ, Cláudia. **A aplicação das Diretivas Antecipadas de Vontade na pessoa com demência**. 2015. Tese (Doutorado) – Faculdade de Medicina, Universidade do Porto, Porto, 2015. p. 114. Disponível em: https://repositorio-aberto.up.pt/bitstream/10216/82654/2/114101.pdf. Acesso em: 16 set. 2021.

documento legal, o que significa que ele ou ela provavelmente tem a capacidade legal (o capacidade de compreender as consequências de seu ou suas ações) para executar (para realizar assinando-o)".[56]

Diante do avanço da ciência e da possibilidade cada vez maior de diagnóstico precoce das demências, compreendemos que a posição da Sociedade Americana de Alzheimer é a que melhor equilibra os direitos dos pacientes com demência com a obrigação social de proteger as pessoas vulneráveis.

Percebe-se, enfim, que o critério mais adequado para feitura do testamento vital, independentemente da idade ou do diagnóstico de doença neurodegenerativa, é a capacidade para consentir, afinal, se o testamento vital é instrumento máximo de manifestação de vontade, o sujeito que o faz deve ter condições de expressar livre e autonomamente sua própria vontade.

5.6.2 Qual é a forma?

Em países com tradição jurídica semelhante ao Brasil, como a Espanha e Portugal, por exemplo, o testamento vital pode ser feito por documento público ou privado. Na primeira modalidade, o documento é registrado em um cartório, por meio de escritura pública, sem a presença de testemunhas. Na segunda, o documento deve ser assinado por testemunhas – contudo, não há previsão legal do número necessário de testemunhas.

Na Espanha, a lei que instituiu o testamento vital criou um Registro Nacional de Instruções Prévias, subordinado ao Ministério da *Sanidad y Consumo* totalmente informatizado.[57] Em Portugal, um decreto criou o Registro Nacional de Testamento Vital.

Entende-se que o legislador brasileiro deve dar ao outorgante, a possibilidade de escolha entre o instrumento público (escritura pública lavrada perante um notário[58]) ou privado. A criação de um banco nacional de testamentos vitais também é recomendada, para que possibilite uma maior efetividade no cumprimento da vontade do paciente, de modo a não haver risco de que sua declaração se torne inócua. Assim, existindo tais disposições formais, o cartório ou o particular deverá encaminhar o testamento vital ao Registro Nacional, em um prazo exíguo, a fim de garantir a efetividade desta.

Esse procedimento poderá seguir as recomendações do Registro Central de Testamentos, do Colégio Notarial do Brasil, seção de São Paulo, dispostas no provimento

---

56. ALZHEIMER'S ASSOCIATION. **Legal plans**: considerations for helping a person living with dementia plan for the future. Disponível em: https://www.alz.org/media/Documents/alzheimers-dementia-legal-plans-b.pdf. Acesso em: 03 set. 2021.
57. Acerca deste tema, ler SÁNCHEZ, Cristina López. **Testamento vital y voluntad del paciente**: conforme a la Ley 41/2002, de 14 de noviembre. Madrid: Dykinson, 2003.
58. Os tabeliães de notas, segundo a Lei n. 8.935/94, possuem competência exclusiva para lavrar escritura pública.

CG 06/94, que objetiva implantar um registro único de testamentos em São Paulo. Modelo que tem se estendido para outros estados do Brasil, como Minas Gerais, no qual o registro único ainda está em fase de implantação.

Do ponto de vista médico, na Espanha e nos EUA o testamento vital é anexado à história clínica do paciente. No Brasil, essa história clínica é denominada anamnese[59] e está contida no prontuário médico que, segundo o artigo 1º da Resolução 1.638/2002 do CFM,[60] é

> [...] o documento único constituído de um conjunto de informações, sinais e imagens registradas, geradas a partir de fatos, acontecimentos e situações sobre a saúde do paciente e a assistência a ele prestada, de caráter legal, sigiloso e científico, que possibilita a comunicação entre membros da equipe multiprofissional e a continuidade da assistência prestada ao indivíduo.[61]

O prontuário médico é constituído por:

> Identificação do paciente – nome completo, data de nascimento (dia, mês e ano com quatro dígitos), sexo, nome da mãe, naturalidade (indicando o município e o estado de nascimento), endereço completo (nome da via pública, número, complemento, bairro/distrito, município, estado e CEP);
>
> Anamnese, exame físico, exames complementares solicitados e seus respectivos resultados, hipóteses diagnósticas, diagnóstico definitivo e tratamento efetuado;
>
> Evolução diária do paciente, com data e hora, discriminação de todos os procedimentos aos quais o mesmo foi submetido e identificação dos profissionais que os realizaram, assinados eletronicamente quando elaborados e/ou armazenados em meio eletrônico.[62]

Assim, é recomendável que, no Brasil, o testamento vital seja anexado ao prontuário, com o escopo de informar à equipe médica que o paciente possui esse documento. Como o preenchimento do prontuário é de competência exclusiva do médico, ao ser informado pelo paciente da existência e do conteúdo dessa declaração, ele deverá proceder à anotação da existência desse instrumento no prontuário do paciente, anexando-a a este.

---

59. Barros afirma, em linhas gerais, que anamnese é uma entrevista feita pelo médico cujo objetivo é coletar o máximo de dados sobre o paciente, focando-se na obtenção de dados sobre os sintomas atuais, pretéritos, tensões familiares, financeiras, profissionais, medos, anseios e expectativas quanto à doença e aos tratamentos. O objetivo primevo da anamnese é ajudar o médico a tomar uma decisão sobre a patologia e sobre o tratamento balizado pela história de vida do paciente. Cf. BARROS, Ivan da Costa. **Examinando pacientes**: a anmnese. Disponível em: https://www.saudedireta.com.br/docsupload/1332097453Anamnese.pdf. Acesso em: 16 set. 2021.
60. Esta resolução torna obrigatória a criação de uma Comissão de Revisão de Prontuários nas instituições de saúde e determina que o médico e a hierarquia médica da instituição são responsáveis pelo prontuário médico.
61. BRASIL. Conselho Federal de Medicina. **Resolução CFM 1.638/2002**. Define prontuário médico e torna obrigatória a criação da Comissão de Revisão de Prontuários nas instituições de saúde. Brasília, DF: Presidência da República, [2002]. Disponível em: https://sistemas.cfm.org.br/normas/visualizar/resolucoes/BR/2012/1995. Acesso em: 05 ago. 2021.
62. *Ibidem*.

5.6.3 Quanto tempo vale?

Doutrinadores como Sánchez[63] defendem que o testamento vital deve ter prazo de validade, sob o argumento de que são documentos dinâmicos, que não podem ser esquecidos depois de elaborados, e que a Medicina avança constantemente, portanto, seria possível que determinada enfermidade considerada incurável na data da elaboração do documento tenha se tornado curável na data de sua aplicação. Este argumento foi adotado pelo legislador português, que prevê, na Lei 25/2012, um prazo de validade de cinco anos para as DAV.

Conforme já mencionado, o testamento vital é, por essência, revogável. Por essa razão, discorda-se da fixação de prazo de validade nestes documentos, pela total desnecessidade, vez que a qualquer tempo o outorgante pode revogar a manifestação anterior. Aqui, vale uma comparação com o instituto do testamento, que, como instrumento de manifestação de vontade do indivíduo, pode ser revogado a qualquer tempo pelo testador.

Quanto ao argumento do avanço da Medicina, esse cai por terra com a simples verificação dos limites do testamento vital, quais sejam, a inaplicabilidade de disposições contrárias ao ordenamento jurídico brasileiro, de disposições contraindicadas para a patologia do paciente e recusa de tratamentos que já tenham sido modificados pela ciência médica. Dessa feita, a simples verificação de que a Medicina avançou e que determinado tratamento ou não tratamento disposto no testamento vital não é mais utilizado/recomendado, revoga tacitamente a disposição, não havendo, portanto, razão em se prever prazo de validade para o instituto.

5.6.4 Quando começa a produzir efeitos?

A questão mais importante sobre a eficácia diz respeito especificamente ao momento em que produz efeitos. É comum que profissionais de saúde questionem: *O que eu faço se o paciente lavrou uma escritura pública de testamento vital, mas chegou consciente no hospital e verbaliza desejos contrários ao que está escrito?*

Essa pergunta demonstra a falta de compreensão sobre o tema, pois o testamento vital só produzirá efeitos quando o paciente perder a capacidade decisória. Logo, se o paciente tem um testamento vital – feito por instrumento público ou particular –, mas ainda possui condições de se autodeterminar, o testamento vital ainda não produziu efeitos e, portanto, não deve ser usado. Diante dessa situação, o profissional de saúde precisa ouvir o paciente, e não ler o documento.

Metaforicamente, o testamento vital deve ser entendido como um documento que substitui a voz do paciente e, portanto, só deve ser usado quando não for possível

---

63. SÁNCHEZ, Cristina López. **Testamento vital y voluntad del paciente**: conforme a la Ley 41/2002, de 14 de noviembre. Madrid: Dykinson, 2003.

escutar sua voz. Enquanto o paciente conseguir se manifestar, o documento não deve ser levado em consideração.

Ultrapassada essa questão e pressupondo que o documento está produzindo efeitos, ou seja, o paciente não tem condições de se autodeterminar no momento, defende-se a necessidade de que o testamento vital – feito por instrumento público ou particular – seja anexado ao prontuário do paciente. E aqui é importante uma ressalva: o documento deve ser anexado – na íntegra, e não resumido – e transcrito pelo profissional de saúde. Para isso, é preciso que uma terceira pessoa esteja de posse do documento e o entregue ao profissional de saúde.

Anexar o testamento vital no prontuário é importante para facilitar o acesso de todos os profissionais de saúde que cuidarão do paciente. Idealmente, pensando no funcionamento do Registro Nacional de Testamento Vital, caberia ao RENTEV prestar essa informação para a instituição de saúde.

Insta salientar, neste tópico, que o cônjuge, companheiro e demais parentes do paciente, bem como o eventual procurador nomeado, estão atrelados ao testamento vital, ou seja, devem respeitar a vontade do paciente. Vincula ainda as instituições de saúde e os médicos, que, contudo, podem se valer da objeção de consciência, com fulcro no artigo 5º, VI, da Constituição da República, caso tenham fundado motivo para não realizarem a vontade do paciente. Ressalte-se que, neste caso, o paciente deve ser encaminhado para outro profissional, a fim de que sua vontade seja respeitada.

5.6.5 Análise do substitutivo do Projeto de Lei do Senado 2986, de 2022

Nas edições passadas desta obra, foi apresentada uma proposta de projeto de lei sobre o tema. Contudo, tendo em vista a tramitação atual no Senado Federal do Projeto de Lei 2.986, de 2022[64] (que replica o texto do projeto de Lei 149/2018[65-66]) optou-se nesta edição por comentá-lo, artigo por artigo:

> Art. 1º Toda pessoa civilmente capaz tem o direito de, livre e conscientemente, manifestar sua vontade documentada acerca dos cuidados, tratamentos e procedimentos de saúde aos quais deseja ou não se submeter, e que terão validade apenas nas seguintes situações, atestadas por dois médicos diferentes:
>
> I – doença terminal;
>
> II – doenças crônicas e/ou neurodegenerativas em fase avançada;
>
> III – estado vegetativo persistente.

---

64. BRASIL. Senado Federal. Projeto de Lei do Senado Federal 2986/2022. Dispõe sobre as diretivas antecipadas de vontade sobre tratamentos de saúde. Brasília, DF: Senado Federal, 2022. Disponível em: https://www.congressonacional.leg.br/materias/materias-bicamerais/-/ver/pl-2986-2022. Acesso em: 13 mar 2025.
65. BRASIL. Senado Federal. Projeto de Lei do Senado Federal 149/2018. Dispõe sobre as diretivas antecipadas de vontade sobre tratamentos de saúde. Brasília, DF: Senado Federal, [2018a]. Disponível em: https://www25.senado.leg.br/web/atividade/materias/-/materia/132773#:~:text=Projeto%20de%20Lei%20do%20Senado%20n%C2%B0%20149%2C%20de%202018&text=Ementa%3A%20Disp%C3%B5e%20sobre%20as%20diretivas,vontade%20sobre%20tratamentos%20de%20sa%C3%BAde. Acesso em: 13 mar 2025.
66. Obs.: A tramitação deste projeto foi encerrada ao final da legislatura.

§ 1º O maior de 16 (dezesseis) anos e menor de 18 (dezoito) anos poderá manifestar sua vontade acerca do disposto no *caput* deste artigo por uma das formas explicitadas no art. 2º, mediante autorização judicial, pautada no devido processo legal, em que seja possível verificar o seu discernimento por meio de assistência psicossocial.

§ 2º Não será válida a manifestação de vontade, para efeito do disposto no *caput* deste artigo, realizada pelo portador de doenças psíquicas ou demência, ainda que em estado inicial.

§ 3º A manifestação de vontade acerca do disposto no *caput* deste artigo prevalecerá frente à vontade das demais pessoas envolvidas nos cuidados, inclusive familiares e equipe de saúde.

Percebe-se, aqui, que a opção legislativa brasileira se assemelha à opção francesa de entender as DAV como um gênero de documentos com aplicação apenas para situações de fim de vida.

Tendo em vista a amplitude de documentos que compõem o gênero das DAV, seria interessante que esse projeto tratasse também das ordens de não reanimação e das diretivas antecipadas para demência e que tramitasse em paralelo uma lei sobre o plano de parto e as DAV psiquiátricas.

De toda forma, o substitutivo avançou nas discussões ao reconhecer a possibilidade de o menor entre 16 e 18 anos manifestar vontade sobre fim de vida e, também, ao reconhecer explicitamente que a vontade manifestada nestes documentos é oponível *erga omnes*.

O § 2º é bastante controverso, pois, em que pese parecer proteger pacientes vulneráveis, pode acabar por engessar a manifestação de vontade de pacientes com doenças psíquicas e/ou com demência, mas ainda com a capacidade cognitiva preservada. Assim, é importante que organizações como o Conselho Federal de Medicina, a Academia Nacional de Cuidados Paliativos, a Sociedade Brasileira de Geriatria e Gerontologia e a Sociedade Brasileira de Psiquiatria participem desses debates.

Art. 2º As diretivas antecipadas de vontade se constituem em um gênero de documentos de manifestação de vontade acerca de cuidados, tratamentos e procedimentos de saúde aos quais a pessoa deseja ou não se submeter quando estiver com uma doença grave ou incurável, seja ela terminal, crônica em fase avançada ou degenerativa em fase avançada.

§ 1º São espécies de diretivas antecipadas de vontade:

I – testamento vital, assim considerado o documento no qual uma pessoa manifesta sua vontade, explicitando os cuidados, tratamentos e procedimentos aos quais deseja ou não ser submetida nas situações previstas no *caput* deste artigo.

II – a procuração para cuidados de saúde, assim considerado o documento no qual uma pessoa designa uma ou mais pessoas, em ordem de preferência, para decidir por ele sobre os cuidados à sua saúde, caso venha a se encontrar impossibilitado de expressar livre e autonomamente a sua vontade nas situações previstas no *caput* deste artigo.

§ 2º O procurador para cuidados de saúde terá poderes para esclarecer a vontade do paciente e decidir diante de eventual lacuna quanto aos cuidados à saúde do paciente, devendo a sua vontade prevalecer sobre a vontade de familiares e equipe de saúde, caso haja dissenso entre eles.

§ 3º O procurador para cuidados de saúde não poderá ser o médico assistente ou que tenha prestado assistência técnica na elaboração das diretivas antecipadas de vontade, tampouco qualquer pessoa que tenha interesse econômico na preservação ou na abreviação da vida do outorgante, notadamente os herdeiros, legatários e beneficiários de seguros ou de assistência social.

O art. 2º evidencia a utilização das espécies clássicas de DAV, conforme a lei americana de 1990. Todavia, tendo em vista que quase 30 anos se passaram da elaboração dessa lei e que os EUA já criaram outras espécies de DAV, seria interessante que uma lei brasileira abarcasse essas novas espécies.

É preocupante, no § 3º, a limitação de nomeação do procurador para cuidados de saúde para herdeiros, legatórios e beneficiários de seguros ou de assistência social, porque parece que sobrarão poucas pessoas de confiança do outorgante que não se enquadram nesses critérios. Assim, na prática, essa questão pode dificultar a consolidação da procuração para cuidados de saúde no Brasil, o que, deveras, não é desejado.

Contudo, esse artigo torna-se relevante, pois ao não dispor sobre remuneração para o procurador reconhece, ainda que implicitamente, o caráter altruísta da procuração para cuidados de saúde, em consonância com a legislação e a literatura internacionais.

> Art. 3º A manifestação de vontade do declarante, ao elaborar as suas diretivas antecipadas de vontade, deverá explicitar os cuidados, tratamentos e procedimentos que aceita, sendo-lhe, porém, vedado:
>
> I – recusar cuidados paliativos, notadamente quanto ao controle de sintomas;
>
> II – realizar pedido de morte assistida;
>
> III – realizar disposições de caráter patrimonial;
>
> IV – manifestar-se acerca da autocuratela e da tomada de decisão apoiada.
>
> § 1º No âmbito das diretivas antecipadas de vontade, o declarante poderá recusar cuidados, tratamentos e procedimentos de saúde que tenham o objetivo de prolongar sua vida biológica, dentre outros, os seguintes:
>
> I – reanimação cardiopulmonar;
>
> II – respiração artificial;
>
> III – nutrição e hidratação artificiais;
>
> IV – internação em Unidade de Terapia Intensiva;
>
> V – cirurgias que não tenham potencial curativo;
>
> VI – diálise;
>
> VII – quimioterapia e radioterapia;
>
> VIII – antibióticos;
>
> IX – demais cuidados, procedimentos e tratamentos sem potencial curativo.
>
> § 2º O declarante, em suas diretivas antecipadas de vontade, poderá:
>
> I – manifestar-se acerca da doação de órgãos *post mortem*, com caráter vinculante.
>
> II – solicitar alta hospitalar e assistência domiciliar para que possa chegar ao fim da sua vida no lugar que julgar mais adequado, podendo inclusive, escolher ir para sua casa.
>
> III – dispor acerca de ritos fúnebres, cremação e enterro.
>
> § 3º No caso de gravidez, ficarão suspensos até o momento do parto os efeitos das diretivas antecipadas de vontade que conflitarem com o interesse de preservação da vida do nascituro.

O artigo 3º é tecnicamente bem feito e resolve muitas dúvidas atuais ao deixar clara a proibição de disposição sobre questões patrimoniais, ao reconhecer a supremacia da vontade do paciente frente aos familiares na doação de órgãos e ao facultar a tomada de decisão sobre ritos fúnebres no testamento vital. Contudo, quanto a esse último ponto, inexiste norma coercitiva, o que na prática significará, *a priori*, que essa disposição não poderá ser exigida da família.

Tendo em vista que esse artigo trata de procedimentos médicos, é importante que organizações como o Conselho Federal de Medicina, a Academia Nacional de Cuidados Paliativos, a Sociedade Brasileira de Geriatria e Gerontologia e a Sociedade Brasileira de Psiquiatria se manifestem sobre ele e proponham eventuais ajustes.

> Art. 4º Os documentos previstos no art. 1º podem ser feitos por escritura pública ou por instrumento particular, caso em que deverá ter duas testemunhas.
>
> § 1º Em nenhuma das formas previstas no *caput* deste artigo será necessário laudo médico ou psicológico acerca do discernimento do declarante, bastando que seja plenamente capaz, segundo os termos da lei civil, ressalvada a exigência de autorização judicial prevista no art. 1º, § 1º desta Lei.
>
> § 2º O declarante deve informar a seu médico de confiança, e a seu procurador, quando houver, acerca da elaboração desses documentos e solicitar que os anexe junto ao seu prontuário, por ocasião de eventual internação ou atendimento médico.

O artigo 4º trata da forma das diretivas e reconhece a autonomia da pessoa em decidir por fazer uma escritura pública ou instrumento particular. Avança de forma importante ao reconhecer que existe no ordenamento jurídico brasileiro presunção de capacidade e discernimento de todos os maiores, evidenciando a desnecessidade de laudo médico para atestar as condições psíquicas do paciente.

> Art. 5º Ficará a cargo do Ministério da Saúde criar e regular o Registro Nacional de Diretivas Antecipadas de Vontade (RENTEV), no prazo de 2 anos após a entrada em vigor desta Lei.
>
> § 1º O RENTEV deve ser interligado aos arquivos do Colégio Notarial do Brasil.
>
> § 2º As instituições e profissionais de saúde terão acesso ao RENTEV mediante *login* e senha específicos e responderão nos termos da lei brasileira pelo uso indevido desses dados.
>
> § 3º O acesso ao RENTEV deve ser gratuito.
>
> § 4º As diretivas antecipadas de vontade realizadas antes desta Lei deverão, caso ainda não usadas, ser adaptadas às regras aqui previstas.

O 5º quinto se atém à eficácia desses documentos, criando um registro nacional nos moldes das leis espanhola e portuguesa. Oxalá que consigamos implementá-lo no Brasil.

> Art. 6º São deveres dos profissionais de saúde:
>
> I – obedecer a vontade do paciente manifestada em suas diretivas antecipadas de vontade, quando as conhecer;
>
> II – prestar informações técnicas aos declarantes, afim de muni-los de conhecimento acerca dos cuidados, procedimentos e tratamentos de saúde para que a decisão sobre as suas diretivas antecipadas de vontade seja livre e esclarecida;

III – utilizar a abordagem dos cuidados paliativos em todos os pacientes em fim de vida;

IV – prestar assistência emocional à família, auxiliando os familiares no reconhecimento do respeito à vontade do paciente;

V – reportar ao Ministério Público qualquer violação à vontade do paciente, seja ela resultante da família, do procurador, de seus colegas ou da instituição hospitalar;

VI – não realizar a obstinação terapêutica, entendida aqui como qualquer procedimento não curativo que viole a manifestação de vontade do paciente.

O artigo 6º trata dos deveres dos profissionais de saúde, evidenciando a vinculação destes à manifestação de vontade e seu papel informativo para que o paciente possa fazer os referidos documentos. Em consonância com os princípios dos Cuidados Paliativos, reconhece a necessidade de assistência à família e a vedação à obstinação terapêutica.

É preciso, contudo, entender que se trata de mais um artigo que necessita de posicionamento de organizações como os conselhos de classe das profissões de saúde e a Academia Nacional de Cuidados Paliativos.

Art. 7º São direitos dos profissionais de saúde:

I – utilizar-se da objeção de consciência quando não concordar com os pedidos do paciente, devendo, nesse caso, encaminhá-lo para outro profissional;

II – fazer constar seu nome nas diretivas antecipadas de vontade quando prestar esclarecimentos prévios ao paciente para a elaboração desses documentos.

Parágrafo único. É lícito aos profissionais de saúde a não observância das diretivas antecipadas de vontade nas seguintes situações, com o devido registro no prontuário do paciente:

I – quando justificadamente não houver conhecimento de sua existência;

II – em situações de urgência ou de perigo imediato para a vida do paciente, quando o acesso a elas implicar demora no atendimento e, consequentemente, risco para a saúde ou a vida do declarante;

III – quando estiverem em evidente desatualização em relação ao progresso dos meios terapêuticos.

O artigo 7º trata dos direitos dos profissionais de saúde, evidenciando a objeção de consciência médica e trazendo taxativamente as exceções da vinculação do profissional à vontade do paciente. Aqui também há a necessidade de posicionamento de organizações como os conselhos de classe das profissões de saúde e a Academia Nacional de Cuidados Paliativos.

Art. 8º As diretivas antecipadas de vontade não deverão ser cumpridas quando:

I – o paciente as tiver revogado, de forma escrita ou verbal, desde que tenha discernimento para fazê-lo;

II – as disposições estiverem em desacordo com as normas éticas das diversas profissões de saúde que fazem parte da assistência ao paciente em fim de vida;

III – as disposições forem contrárias ao ordenamento jurídico vigente.

Parágrafo único. Caso as hipóteses descritas nos incisos deste artigo apliquem-se apenas a determinadas cláusulas das diretivas, as demais permanecerão válidas.

O artigo 8º apresenta um rol taxativo de hipóteses em que a vontade do paciente pode ser descumprida, em plena concordância com a literatura internacional.

Art. 9º Esta Lei entra em vigor na data de sua publicação oficial.

Nos resta, no artigo nono, que a entrada em vigor se dê no tempo necessário para que sejam feitas as adequações necessárias a esse projeto.

5.7 TESTAMENTO VITAL NA PRÁTICA CLÍNICA

É comum que os profissionais de saúde queiram informar seus pacientes acerca das do direito à fazer um testamento vital mas não saibam por onde começar. Por isso, apresenta-se aqui um passo a passo a ser seguido pela pessoa que deseja documentar sua vontade por meio deste documento:

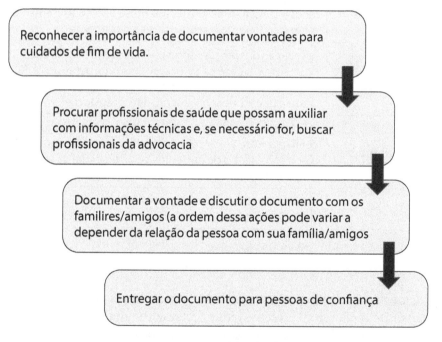

Arte elaborada pela autora

Todavia, este passo a passo é apenas um guia e precisa ser complementado pelas respostas do outorgante às seguintes perguntas:

> 1. Para quem você está escrevendo?
> 2. O que você está escrevendo?
> 3. Qual a sua finalidade?
> 4. O que você pretende alcançar?
> 5. O que significa sucesso e fracasso nos resultados?

Precisa, ainda, da compreensão de que o testamento vital deve conter quatro tipos de informação:

Valores e desejos	deixar claro quais são os valores que fundam a vida do outorgante e quais são os desejos destes, a fim de nortear as decisões da equipe médica e do procurador nomeado.
Decisões sobre o fim de vida	quais são os estados clínicos nos quais o paciente deseja recusar tratamentos/procedimentos e quais os tratamentos/procedimentos recusados pelo outorgante.
Outras disposições*	nomeação dos procuradores para cuidados de saúde, disposições gerais acerca do local onde o outorgante gostaria de passar seus últimos momentos de vida, do enterro ou cremação, e do reconhecimento da função do documento.
Diretrizes para a equipe médica	informar a equipe se o paciente possui um médico de confiança e esclarecer sobre o objetivo do documento e da plena consciência do paciente acerca do papel da equipe e das limitações.
Revogação	manifestação de ciência da possibilidade de revogação do documento a qualquer tempo.

Arte elaborada pela autora

* Há, neste item, diversas disposições e aqui os outorgantes têm liberdade em escolher quais destas disposições fazem sentido para ele.

Ademais, é preciso que as instituições de saúde criem fluxos para receberem, publicizarem (institucionalmente) e efetivarem o testamento vital. Por isso, apresenta-se aqui a sugestão de dois fluxogramas a serem usados nos casos em que o paciente já chega com o documento pronto e nos casos em que o paciente verbaliza seus desejos e eles serão registrados em prontuário.

5.7.1 Paciente que já chega com o documento

Antes da apresentação do fluxograma, é importante esclarecer que inexiste uma forma obrigatória para o testamento vital. Significa dizer que a instituição deve aceitar documentos apresentados sob a forma de escritura pública (lavradas em Tabelionatos de Notas) ou sob a forma particular, não sendo possível preterir uma destas formas.

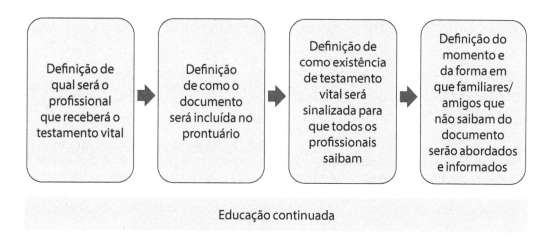

Educação continuada

5.7.2 Paciente que não chega com o documento, mas verbaliza seus desejos

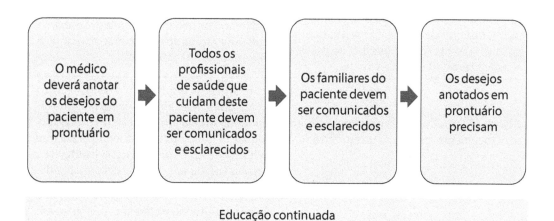

Educação continuada

Obs.1: Todos os profissionais de saúde que cuidam do paciente podem anotar os desejos verbalmente manifestados pelo paciente em prontuário, contudo, o único profissional que tem o dever ético de fazer a anotação e de sobrepô-la aos desejos dos familiares é o profissional da Medicina.

Obs.2: Há um crescimento exponencial no mundo de documentos de DAV complementadas por vídeo. Assim, sugere-se aos profissionais de saúde que complementem as diretivas anotadas em prontuário com um vídeo gravado pelo paciente.

5.8 DESVENDANDO MITOS SOBRE O TESTAMENTO VITAL

MITO	VERDADE
Testamento Vital é sinônimo de Diretivas Antecipadas de Vontade	O testamento vital é uma das espécies de documentos de Diretivas Antecipadas de Vontade.
Testamento Vital é o documento que o paciente faz no cartório e a Diretiva Antecipada de Vontade é o documento que ele faz na instituição de saúde	O testamento vital é uma das espécies de documentos de Diretivas Antecipadas de Vontade. O mito de que estes documentos se diferenciam pela forma de registro é apenas mais um sintoma do equívoco terminológico da Resolução CFM 1995/2012.
Testamento Vital é o documento que tem como conteúdo os desejos sobre saúde e a Diretiva Antecipada de Vontade é o documento que tem como conteúdo outras manifestações de vontade sobre o fim de vida, como por exemplo, ritos fúnebres e lista de pessoas autorizadas a visitarem o paciente.	O testamento vital é uma das espécies de documentos de Diretivas Antecipadas de Vontade. O mito de que estes documentos se diferenciam pela forma de registro é apenas mais um sintoma do equívoco terminológico da Resolução CFM 1995/2012.
O hospital só pode aceitar o testamento vital se o documento for registrado em cartório.	O registro em cartório tem o nome técnico de *lavratura de escritura pública* e é uma faculdade, ou seja, uma opção do indivíduo. Enquanto não houver uma lei no Brasil que determine a forma de registro, as instituições hospitalares não podem impor formalidade.
Para ser válido, o testamento vital precisa ser registrado em cartório	Enquanto não houver uma lei no Brasil que determine a forma de registro, o registro em cartório (que tem o nome técnico de *lavratura de escritura pública*) é uma faculdade, ou seja, uma opção do indivíduo. Todavia, considerando o cenário de insegurança jurídica no país e a fé-pública do tabelião, a lavratura é fortemente recomendada.
Para fazer um testamento vital, o indivíduo precisa consultar um profissional de Saúde e um profissional do Direito.	Como inexiste lei no país sobre o tema, inexiste, também, qualquer obrigatoriedade. Contudo, por se tratar de um documento que tem conteúdo relativo a cuidados de saúde, é altamente recomendável que o indivíduo receba orientações de um profissional de saúde. A orientação de um advogado também é facultativa, mas é relevante para dar maior segurança ao documento.

Quando o indivíduo que fez o testamento vital entra em coma e a família não concorda com o documento, é possível seguir a vontade da família.	O objetivo do testamento vital é, exatamente, falar em nome do paciente quando este não puder fazê-lo. Descumprir um testamento vital porque o paciente perdeu a capacidade decisória e a família não concorda com o documento é um ato antiético, ilícito e imoral.
Se o paciente chegou ao hospital sem capacidade para se autodeterminar e sem um testamento vital, é possível construir o documento com a família	Todos os documentos de diretivas antecipadas de vontade são feitos exclusivamente pelo paciente, logo, o testamento vital não pode ser feito por terceiros.
Existe um modelo de testamento vital a ser seguido.	Há inúmeros modelos disponíveis em sites, muitos deles produzidos por estados/países que têm lei específica. Mas o objetivo deles é apenas guiar a feitura e não servir como um molde a ser copiado na íntegra.
O paciente pode pedir distanásia no testamento vital.	Ainda que a pedido do paciente, a distanásia é prática antiética e ilícita e, portanto, não pode ser feita.

Tabela elaborada pela autora

Capítulo 6
NOVAS TECNOLOGIAS E TOMADA DE DECISÃO COMPARTILHADA

6.1 TESTAMENTO VITAL ELETRÔNICO

A pandemia da Covid-19 colocou o termo *morte* em evidência, mas não o *tema* morte. De repente, a morte passou a fazer parte de todas as conversas e de todos os noticiários. Ademais, como a Covid-19 é uma doença infectocontagiosa, as pessoas passaram a perceber que podiam ser contaminadas e, eventualmente, desenvolver uma forma grave da doença. Assim, o fim de vida, que sempre pareceu distante, começou a ficar próximo. Mas a verdade é que, já tendo vivenciado mais de dezoito meses de pandemia, e sem perspectivas concretas de término, a sociedade brasileira ainda encara a morte como uma questão que afeta o outro, e não a si mesmo. A pandemia aproximou a sociedade da morte, mas afastou os indivíduos do tema. A morte se transformou em números.

Há aqui algo paradoxal: as medidas de distanciamento social e de diminuição de propagação do vírus encontram resistência na sociedade brasileira, mas, ao mesmo tempo, houve um aumento da feitura de testamentos patrimoniais e de testamentos vitais. Deve-se assim questionar: a sociedade não está preparada para abrir mão de um pouco liberdade para preservar sua vida, mas está exercendo a liberdade de poder tomar decisões para o fim da vida – e também *post mortem*?

O sim é uma resposta bastante simplória para essa complexa pergunta, e as evidências científicas nos mostram que a sociedade tem, verdadeiramente, sido paradoxal no enfrentamento da pandemia. Fato é que pesquisadores ao redor do mundo aproveitaram a oportunidade para conscientizar a população acerca da importância de planejar seus cuidados de fim de vida.

O médico de família norte-americano Jeffrey Miltstein[1] publicou uma emocionante carta direcionada à população americana:

> Além da urgência, a covid-19 transformou os cuidados no final da vida. Pacientes gravemente enfermos em hospitais sobrecarregados com menos pessoal ideal e políticas de não-visitantes podem ser excluídos do advogado que pode ter certeza de que seus desejos são realizados. Especialmente agora, o seu advogado mais seguro é o seu documento de planejamento avançado, que deve fazer parte do seu prontuário eletrônico. Você pode ter a sorte de pedir a um médico,

---

1. MILSTEIN, Jeffrey. Coronavirus has doctors reviewing their living wills. You should, too. l Opinion. You should, too. **Philadelphia Inquirer**, Filadélfia, 01 abr. 2021. Opinion. Disponível em: https://www.inquirer.com/health/coronavirus/coronavirus-covid19-end-of-life-planning-living-will-20200401.html. Acesso em: 02 set. 2021.

parceiro, filho, parente ou amigo que lhe pergunte sobre seus desejos de cuidados caso você fique gravemente doente e não possa falar em seu próprio nome. Eu imploro, porém, que você aja agora, induzido ou não. As discussões sobre o fim da vida podem parecer mórbidas, quase como se você estivesse convidando um infortúnio. Na verdade, elas são uma maneira de reconhecer o modo como você vive, para que seus valores e prioridades possam ser comemorados e respeitados, mesmo que você não consiga se comunicar. Essas conversas têm maior urgência agora, enquanto a covid-19 coloca todos nós em um risco mais imprevisível de doenças graves. Iremos sair dessa pandemia de feridos, mas com maior sabedoria. Mover as conversas e diretivas de fim de vida para o mainstream seria um presente duradouro nascido da adversidade.

Nos EUA, pesquisas evidenciam um aumento maior do que 400%[2] na feitura dos documentos de diretivas antecipadas relacionadas a fim de vida. Curiosamente, a Covid-19 provocou, ainda, uma mudança nas preferências das pessoas: aumentou o número de pedidos para ser cuidado em casa e estar alerta para falar com familiares. Diminuiu o número de pedidos de suporte artificial de hidratação, de internação em UTI, de presença física dos familiares e de líder espiritual. Além disso, houve um aumento da relação entre suporte artificial de vida – inclusive respirador artificial – e a impressão dos pacientes sobre a qualidade do morrer. Essas alterações demonstram o receio do uso de meios artificiais de suporte de vida, notadamente o respirador artificial, e a necessidade dos pacientes em manter contato, ainda que virtual, com sua família.

No Brasil, dados divulgados pelo Colégio Notarial brasileiro apontam para um crescimento, apenas no primeiro semestre de 2021, de 65% de lavraturas de escritura pública de testamento vital[3] – como dito anteriormente, o Colégio Notarial do Brasil utiliza – erroneamente – o termo diretivas antecipadas de vontade.

Esse dado mostra o papel fundamental ao qual a autonomia do paciente foi alçada na pandemia. Mas também suscita um importante questionamento: será que, no Brasil, o aumento da lavratura de escrituras públicas de testamento vital foi motivado por um aumento de conscientização e informação da população ou foi motivado pelo medo da escassez de recursos?

É fato notório que inexiste no cenário pandêmico brasileiro qualquer política pública ou mesmo iniciativa particular de incentivo ao planejamento de cuidados. Ademais, diferentemente da população estadunidense, essa cultura não está incrustrada na sociedade brasileira, portanto, é preocupante que o aumento da feitura do testamento vital se dê nesse cenário, em que o medo parece motivar mais do que o desejo de se autodeterminar.

Todavia, há um outro fator que pode ter contribuído para esse aumento: o Provimento 100/2020 do Conselho Nacional de Justiça, que instituiu a possibilidade

---

2. AURIEMMA, Catherine L. *et al*. Completion of Advance Directives and Documented Care Preferences During the Coronavirus Disease 2019 (COVID-19) Pandemic. **JAMA**, Chicago, 2020. v. 3, n. 7, p. 1-4, 2020. Disponível em: https://dx.doi.org/10.1001/jamanetworkopen.2020.15762. Acesso em: 02 set. 2021.
3. LAUDARES, Raquel. Por causa da pandemia, procura por testamentos aumenta 41,7% em um ano no país; SP lidera ranking nacional. **g1**, São Paulo, 04 jul. 2021. Disponível em: https://g1.globo.com/sp/sao-paulo/noticia/2021/07/04/apos-pandemia-procura-por-testamentos-aumenta-417percent-em-um-ano-no-pais--sp-lidera-ranking-nacional.ghtml. Acesso em: 02 set. 2021.

de realização de ato notarial eletrônico e criou o E-notariado, um sistema de atos notariais eletrônicos.

Se, antes da pandemia, uma pessoa que reside no Brasil tinha três formas de documentar seu testamento vital (fazendo um documento particular, pedindo que um médico anotasse no prontuário ou indo pessoalmente a um Tabelionato de Notas), a partir do provimento 100/2020 do CNJ, é possível fazer um testamento vital da forma juridicamente mais segura – lavrando uma escritura pública – e sem sair de casa. Fato que é impossível de ser menosprezado na análise do aumento das escrituras públicas.

O referido provimento facilitou a feitura do que Dadalto e Faleiros Júnior[4] chamam de testamento vital eletrônico: "emanação de um documento de manifestação de vontade de cuidados de saúde para fim de vida formulada a partir de métodos que trabalhem com assinaturas eletrônicas". Os autores, contudo, não limitam o testamento vital eletrônico ao documento lavrado em Tabelionato de Notas pelo sistema do E-notariado. Em verdade, o referido trabalho foi publicado antes da pandemia da Covid-19 (e, consequentemente, antes da criação do E-notariado), defendendo a possibilidade do uso de *blockchain* para a feitura do documento, usando de chaves conjugadas (pública e particulares) que permitem a interação entre uma autoridade e as pessoas indicadas, "somente sendo possível o acesso aos dados com a junção das assinaturas eletrônicas de todos eles – ou não, bastando a presença da chave pública, caso seja essa a vontade do indivíduo".[5]

Percebe-se assim que, mesmo diante da inexistência de legislação específica sobre o testamento vital, o testamento vital eletrônico é uma possibilidade real que precisa ser conhecida e considerada pelo outorgante, mas também pelos operadores do Direito e pelos profissionais de saúde.

6.2 TESTAMENTO VITAL EM VÍDEO

Historicamente, o testamento vital e as demais espécies de DAV são tidos como documentos escritos, que servirão de prova da real vontade do paciente quando este tiver perdido a capacidade decisória. Contudo, a ideia de que o documento seja complementado por um vídeo, gravado pelo outorgante, tem crescido ao redor do mundo.

Em 2017, um grupo de pesquisadores estadunidenses, orientado por Ferdinando Mirachi, realizou uma pesquisa multicêntrica nos EUA – intitulada TRIAD VIII – com o objetivo de analisar se a adição de um vídeo aumenta o consenso dos profissionais de saúde na compreensão dos desejos escritos pelo paciente.[6] Os pes-

---

4. DADALTO, Luciana; FALEIROS JÚNIOR, José Luiz de Moura. "Testamento vital eletrônico": considerações quanto ao uso da tecnologia para o implemento desta espécie de Diretivas Antecipadas de Vontade na sociedade da informação. Civilistica.com, Rio de Janeiro, 2019. n. 3, p. 17, 2019. Disponível em: http://civilistica.com/testamento-vital-eletronico/. Acesso em: 02 set. 2021.
5. *Ibidem*.
6. MIRARCHI, Ferdinando L. *et al*. TRIAD VIII: Nationwide Multicenter Evaluation to Determine Whether Patient Video Testimonials Can Safely Help Ensure Appropriate Critical Versus End-of-Life Care. Journal

quisadores entrevistaram 1.366 médicos preceptores e residentes de medicina de emergência, medicina interna e medicina de família, em treze hospitais-escola nos diversos estados dos EUA. Os sujeitos da pesquisa foram divididos em dois grupos: um grupo analisou o testamento vital, as ordens de não reanimação e o POLST[7] de nove pacientes; o outro recebeu, além dos documentos, os vídeos para análise. A conclusão do estudo foi: "a adição de depoimentos em vídeo de pacientes com roteiro melhorou significativamente as interpretações dos médicos sobre os desejos do paciente quanto aos cuidados de fim de vida".

Em julho de 2017, Ferdinando Mirachi publicou um artigo no site da American Society for Health Care Manegement, no qual comenta o TRIAD VIII. Mirachi afirma que "com o esclarecimento do vídeo do paciente, agora podemos ouvir os pacientes, em suas vozes e expressões, quando eles estão gravemente enfermos e receber suas orientações, em vez de os provedores adivinharem após revisar um formulário que pode ou não ter sido preenchido corretamente",[8] levantando assim a possibilidade do uso dos vídeos como mecanismo de prevenção de erros médicos, o que realmente parece eficaz.

Segundo Thaddeus Pope,[9] os vídeos são úteis para sanar dúvidas sobre a real capacidade decisória do paciente no momento da feitura do documento e elucidar sua real vontade, pois a linguagem falada possibilita explicações mais detalhadas do que a linguagem escrita.

Apenas dois estados nos EUA regularam as diretivas em vídeo. Em Maryland, o vídeo pode ser feito sem que seja acompanhado de um documento;[10] já em New Jersey[11] é permitido um vídeo ou um áudio como complemento ao documento.

Em pesquisa realizada no Google, encontram-se inúmeros *sites* estadunidenses[12] que oferecem a possibilidade de uma pessoa gravar seu testamento vital em vídeo e fazer o *upload* para um sistema virtual em nuvem. A maior parte desses sites é de

---

of Patient Safety, Philadelphia, 2017. v. 0, n. 0, p. 1-11, 2017. Disponível em: https://institutehcd.com/wp-content/uploads/2018/06/TRIAD-VIII.pdf. Acesso em: 09 set. 2021.

7. Ordens Médicas para Manutenção do Tratamento de Suporte à Vida (Physician Orders for Life-Sustaining Treatment).
8. MIRARCHI, Ferdinando L. **Video Living Wills and POLST to Mitigate Malpractice Risk**. Disponível em: https://forum.ashrm.org/2017/07/28/video-living-wills-and-polst-to-mitigate-malpractice-risk/. Acesso em: 09 set. 2021.
9. POPE, Thaddeus. Video Advance Directives: Growth and Benefits of Audiovisual Recording. **SMU Law Review**, Dallas, 2020. v. 73, n. 1, p. 163-178, 2020. Disponível em: https://scholar.smu.edu/cgi/viewcontent.cgi?article=4839&context=smulr. Acesso em: 09 set. 2021.
10. MARYLAND. **MD Health-Gen Code § 5-602 (2017)**. Disponível em: https://law.justia.com/codes/maryland/2017/health-general/title-5/subtitle-6/part-i/section-5-602/. Acesso em: 09 set. 2021.
11. NEW JERSEY. State of New Jersey: Department of Health. **New Jersey Launches Electronic Access to End-of-Life Care Records**. Disponível em: https://www.nj.gov/health/news/2017/approved/20170331a.shtml. Acesso em: 09 set. 2021.
12. Cf. **In My Own Words**: http://inmyownwords.com/; My Directives: https://mydirectives.com/; Honor My Decisions: https://honormydecisions.com/; Caring Advocates: https://caringadvocates.org/.

empresas classificadas como *deathtechs*, *startups* que oferecem serviços de planejamento de fim de vida e/ou planejamento sucessório.

Chan[13] preocupa-se com questões sobre "armazenamento, segurança e acessibilidade" desses vídeos. Por isso, faz as seguintes sugestões: (I) os vídeos devem ter caráter suplementar aos documentos; (II) devem ser feitos com tecnologia segura, que não permita – ou, ao menos, dificulte – a violação do conteúdo; (III) podem ser gravados na presença de profissionais de saúde, cuidadores, procuradores e advogados; (IV) assim como os documentos, devem ser anexados ao prontuário do paciente; (V) assim como os documentos, devem ser revistos periodicamente, mas pequenas alterações poderiam ser apenas transcritas para notas complementares; (VI) as instituições de saúde devem implementar um registro único, que armazene todos os vídeos.

Entende-se, aqui, serem inegáveis os benefícios que o vídeo pode trazer para a efetivação da autodeterminação do paciente. Contudo, os pontos levantados por Chan são muito importantes e devem ser levados em consideração quando da feitura e armazenamento de um testamento vital em vídeo.

Concorda-se com o autor quanto ao caráter supletivo do vídeo e, diante da falta de regulamentação sobre o tema no Brasil, sugere-se que o outorgante que deseje gravar um vídeo, armazene-o em um sistema *on-line* de nuvem e gere um *QR Code* a ser colocado junto com o documento. Assim, é possível que o testamento vital em vídeo se torne uma realidade, enquanto se avança em uma discussão sobre a incorporação do vídeo no prontuário ou mesmo sobre a criação de um registro único. Não é demais lembrar: o testamento vital em vídeo, no Brasil, deve ser visto como um acessório ao documento – feito por instrumento público ou particular – e nunca como um substituto.

6.3 SOBRE MODELOS E TENDÊNCIAS

A primeira edição dessa obra foi publicada em 2009. A partir da segunda, houve a incorporação dos modelos dos documentos tradicionais de DAV, fruto da minha tese de doutorado, com adaptações feitas em cada publicação. Em algumas edições, foram ainda apresentados modelos usados em Portugal e na Espanha.

Todavia, passados mais de dezesseis anos da publicação da primeira edição e quase treze da defesa da minha tese, preciso confessar que estou cada vez mais convencida de que a divulgação de modelos desses documentos, em uma sociedade que evoluiu muito pouco no assunto na última década, possibilita o uso indevido desses modelos e restringe as discussões, ao invés de alargá-las.

Isso porque ao longo desses anos, os modelos apresentados – e já publicados em revista científica – foram impressos por inúmeras pessoas e instituições

---

13. CHAN, Hui Yun. Video Advance Directives: A Turning Point for Advance Decision-Making? A Consideration of Their Roles and Implications for Law and Practice. **Liverpool Law Review**, Liverpool, 2020. n. 41, p. 1-26, 2020. Disponível em: https://link.springer.com/article/10.1007/s10991-019-09230-2. Acesso em: 09 set. 2021.

e transformados em formulários próprios de redes de *fast food*, o que nunca foi minha intenção.

Nesse contexto, modelos que têm o condão de despertar uma discussão acadêmica foram interpretados como fórmulas prontas à espera de uma pessoa que marcasse um "x" ou escolhesse seus tratamentos conforme a meteorologia do dia. Por isso, nessa nova edição, vocês não encontrarão modelos, mas sim as bases teóricas que devem alicerçar o testamento vital, bem como as partes mais comuns que esse documento deve conter. E, como o Direito e o mundo são dinâmicos, vocês encontrarão, pela primeira vez, o meu testamento vital – feito com ferramentas de legal design.

A conjugação dos modelos norte-americano, espanhol, português e francês, e da revisão de literatura, possibilitou concluir pela necessidade de trabalhar cinco pontos na formulação de um documento de Testamento Vital. São estes:

1) Valores e desejos: cujo objetivo é deixar claro quais são os valores que fundam a vida do paciente e quais são seus desejos, a fim de nortear as decisões da equipe médica e do procurador nomeado;

2) Decisões sobre o fim de vida: quais são os estados clínicos nos quais o paciente deseja recusar tratamentos/procedimentos e quais os tratamentos/procedimentos recusados pelo outorgante;

3) Outras disposições: disposições gerais acerca do local onde o outorgante gostaria de passar seus últimos momentos de vida, do enterro ou cremação e do reconhecimento da função do documento;

4) Diretrizes para a equipe médica: informar a equipe se o paciente possui um médico de confiança, esclarecer sobre o objetivo do documento e sobre a plena consciência do paciente acerca do papel da equipe e das limitações;

5) Revogação: manifestação de ciência da possibilidade de revogação do documento a qualquer tempo.

Significa dizer que, não importa se o documento será formalizado por escritura pública, por escrito particular, por vídeo ou mesmo com ferramentas de legal design – como se verá a seguir, o importante é que esses cinco pilares estejam presentes.

6.3.1 Legal design e testamento vital

Segundo Erik Fontenele Nybo, o legal design "surgiu como uma resposta à necessidade de criação de produtos jurídicos mais claros e que realmente atendam às necessidades de seus usuários".[14]

---

14. NYBO, Erik Fontenele. Legal design: a aplicação de recursos de design na elaboração de documentos jurídicos. *In:* CALAZA, Tales; FALEIROS JÚNIOR, José Luiz de Moura. **Legal Design**. Indaiatuba: Editora Foco, 2021. p. 3.

Forjado pela inglesa Margaret Hagan, o termo legal design objetiva construir um documento jurídico a partir da perspectiva do usuário/destinatário, e não do operador do Direito. Assim, a simplificação da linguagem e o uso de elementos visuais que possibilitem a ampliação da cognição devem ser perseguidos por quem deseja fazer um documento jurídico sob essa perspectiva.

O documento aqui proposto usa a linguagem do legal design – diferentes fontes, cores, quadros informativos, ícones e *QRCode* – e baseia-se nos pontos-chave que devem orientar a feitura do testamento vital e nas minhas respostas às perguntas apresentadas por Bruno e Tales Calaza,[15] que devem orientar a feitura de documentos jurídicos por esse viés:

1) Para quem você está escrevendo? O testamento vital, assim como toda espécie de diretivas antecipadas, destina-se aos profissionais de saúde que cuidarão do outorgante quando este estiver gravemente doente e sem condições de se autodeterminar. Todavia, a literatura internacional demonstra que o testamento vital tem grande relevância para os familiares do paciente, auxiliando-os a compreender as vontades do moribundo e a lidar com o luto antecipatório.

2) O que você está escrevendo? Em um testamento vital escreve-se, principalmente, os valores pessoais e quais cuidados, tratamentos e procedimentos a pessoa deseja ou não receber quando estiver gravemente doente e impossibilitada de manifestar vontade. Por isso, os pesquisadores que mais se dedicam a estudar a eficácia do testamento vital são unânimes em afirmar que quanto mais específico for o documento, maiores as chances de as vontades do paciente serem cumpridas.

3) Qual a sua finalidade? Informar os profissionais de saúde como o paciente deseja ser cuidado. É imprescindível compreender que o testamento vital tem o condão de ser a voz do paciente quando ele a perder.

4) O que você pretende alcançar? O objetivo de um testamento vital é que os cuidados de saúde sejam prestados em conformidade com os valores e desejos do paciente.

5) O que significa sucesso e fracasso nos resultados? Sucesso significa ter o paciente recebido os cuidados em estrita conformidade com seus valores e desejos. Fracasso significa que os cuidados com o paciente foram decididos em desacordo com seus valores e desejos.

A junção desses elementos dá origem ao testamento vital abaixo:

---

15. CALAZA, Bruno; CALAZA, Tales. Jobs to be done e o legal design. *In*: CALAZA, Tales; FALEIROS JÚNIOR, José Luiz de Moura. **Legal Design**. Indaiatuba: Editora Foco, 2021. p. 251.

Eu, Luciana Dadalto, brasileira, casada, advogada, portadora do CPF XXX.XXX.XXX-XX, residente e domiciliada na Rua X, venho, no pleno gozo das minhas faculdades mentais, respaldada pelo ordenamento jurídico brasileiro, apresentar meu testamento vital.

Você pode me ver e ouvir te contando meus valores e desejos acessando esse QRCode:

(meramente ilustrativo)

Obs: na versão original desse documento cada um dos quadros tem uma cor diferente.

QUEM EU SOU?

Sou uma mulher independente, amante dos livros, da fotografia e da arte de cozinhar. Eu nasci morrendo, por isso, sempre tive urgência de viver uma vida livre, na qual eu pudesse fazer as minhas atividades diárias sozinha, especialmente ler, fotografar e cozinhar. Sou também mãe, e isso define boa parte da alegria que eu tenho de viver. Gosto do mar e de sentir o vento no rosto. Meu lugar preferido no mundo é dentro de uma livraria de rua.

POR QUE ESTOU FAZENDO UM TESTAMENTO VITAL?

Primeiro, porque estudo isso, haha. Brincadeira. Faço um testamento vital porque, assim como Brittany Maynard, quero morrer segundo os meus próprios termos.

PARA OS PROFISSIONAIS DE SAÚDE:

» Se os meus desejos ferirem sua moral, sua religião ou seus costumes, por favor saia do caso.

QUANDO VOCÊS, PROFISSIONAIS DE SAÚDE, PRECISARÃO DESSE DOCUMENTO?

» Quando eu não puder manifestar meus desejos de forma livre e autônoma e estiver em uma das situações abaixo descritas:
- estado de confusão mental irreversível, como nas demências;
- estado clínico considerado irreversível pelas evidências científicas da época, como, por exemplo, estado vegetativo persistente;
- estado terminal de uma doença;
- fase avançada de doenças crônicas.

PARA OS QUE ME AMAM:

» Fiquem ao meu lado.
» Leiam para mim.
» Coloquem Kid Abelha para eu escutar.

COMO OS PROFISSIONAIS DE SAÚDE DEVEM CUIDAR DE MIM?

» Primeiramente, quero que a equipe assistente responsável pela doença de base trabalhe em conjunto com uma equipe interdisciplinar de Cuidados Paliativos.
» Minha meta de cuidado é qualidade de vida.
» Recuso qualquer suporte de vida que tenha por objetivo prolongar meu tempo devida, sem uma consequente melhora na qualidade. Por exemplo: ventilaçãomecânica, nutrição e hidratação artificial e reanimação cardiopulmonar.
» Não quero o uso de qualquer tipo de técnica invasiva para tratamentos ediagnósticos, como cirurgias, biópsias e similares.
» Não quero que me deem nenhum medicamento apenas para curar um pedaço domeu corpo. Mas se o objetivo for o conforto e o alívio do meu sofrimento, receberei feliz.
» Não quero ser submetida a procedimento de hemodiálise, nem à realização dequimioterapia e radioterapia quando os mesmos tiverem o objetivo apenas deprolongar minha vida biológica, sem reverter o curso natural da doença.
» Não quero que realizem nenhuma cirurgia para curar um pedaço do meu corpo, sevocês já sabem que não é possível devolver minha vida biográfica.
» Aceito todo e qualquer método de alívio de sofrimento, inclusive, sedação paliativa.
» Eu não gostaria de morrer em uma UTI, mas aceito se este for o local que me darámais conforto – desde que meus valores e todas as outras disposições elencadasneste item sejam cumpridas.

EM CASO DE DÚVIDAS:

» Consultem a médica paliativista Dra. Cristiana Savoi, se a dúvida for técnica.
» Consultem meu marido, Marcelo Garcia, se a dúvida for sobre aminha biografia.
» Se ele não puder ou não forlocalizado, consultem Mariana Varnier, minha melhor amiga.
» Caso ela não possa, consultem Ana Carolina Brochado Teixeira, amiga querida que acompanha meu amadurecimento diário.
» Não quero que meus pais, meu filho e meus irmãos sejam chamados para dirimirem qualquer dúvida. A eles, quero que seja dado apenas o papel de viver meu fim, sem nenhum encargo.

DEPOIS QUE MEU CORPO MORRER:

» Se for possível, doem todos os meus órgãos.
» Se for possível, doem meu corpo para uma instituição de ensino e pesquisa.
» Se a doação do meu corpo não for possível, quero ser cremada.
» Não quero que minhas cinzas sejam guardadas. Joguem-nas no mar ou em uma biblioteca. Se meus familiares tiverem dinheiro, prefiro o Mar Egeu e a antiga Biblioteca de Alexandria.

E NÃO SE ESQUEÇAM

» Minha biografia, minha vida, meu corpo, minhas regras.
» Não sou uma pessoa pública, então, não quero boletins médicos divulgados na imprensa ou nas redes sociais.
» Caso pessoas que gostem de mim queiram me visitar, deixem. Mas proíbam fotos e publicização das visitas.
» Não quero que sejam divulgadas fotos minhas (e de partes do meu corpo), nem autorizo que os profissionais de saúde usem meus momentos finais para fazerem poesias e textos que comovem.
» Quero que minha morte seja protegida da curiosidade de todos, assim como eu busquei proteger minha vida pessoal e meus amores.
» Sei que posso revogar ou alterar esse documento a qualquer momento. Se ele chegou às suas mãos é porque essa é a última versão.

6.4 PLANEJAMENTO ANTECIPADO DE CUIDADOS

A compreensão de que o modelo paternalista e o modelo autonomista fracassaram na tentativa de tomar uma decisão clínica adequada fez surgir o modelo da tomada de decisão compartilhada (DC). Neste modelo, pacientes e médicos são vistos como parceiros de um processo no qual ambos têm a mesma meta: atingir o melhor interesse do paciente. Assim, os pacientes são encorajados a considerarem as variáveis existentes (diagnóstico, prognósticos, riscos, benefícios, custos e tratamentos disponíveis), comunicarem suas preferências e, junto com seus médicos, selecionar as opções que melhor se adaptam a seus valores e interesses.[16]

Segundo revisão feita pela Cochrane Database of Systematic Reviews Review,[17] a tomada de decisão compartilhada (DC) "é considerada desejável porque o envolvimento do paciente é aceito como um direito e os pacientes em geral desejam mais informações sobre sua condição de saúde e preferem ter um papel ativo nas decisões sobre sua saúde", mas "ainda não foi amplamente adotada na prática".

Légaré e Thompson-Leduca[18] listam doze mitos da DC: (I) é uma moda passageira – vai passar; (II) os profissionais de saúde transferem o ônus da tomada de decisão para o paciente; (III) nem todo mundo deseja uma tomada de decisão compartilhada; (IV) em todo mundo é bom em tomar decisões compartilhadas; (V) não é possível compartilhar decisões porque os pacientes sempre perguntam para o médico o que ele faria se estivesse nessa situação; (VI) leva muito tempo; (VII) já fazemos; (VIII) é simples, basta uma ferramenta eletrônica; (IX) não é compatível com a prática clínica; (X) é apenas sobre médicos e seus pacientes; (XI) custa dinheiro; (XII) não leva as emoções em conta.

Os mitos acima demonstram a dificuldade de mudança de cultura, especialmente quando essa mudança vem alicerçada na ideia do diálogo, afinal, pressupomos que somos seres dialógicos. Mas a necessidade de, em pleno século XXI, discutirmos humanização da saúde, um conceito-sintoma,[19] demonstra que há muitos mitos ainda a serem derrubados e, talvez, o maior deles seja a negação de uma relação paciente-médico horizontalizada.

---

16. STIGGELBOUT, AM, et al. Shared decision making: really putting patients at the centre of healthcare. **British Medical Journal**, Londres, 2012. v. 344, n. 256, p. 2-6, 2012. Disponível em: https://www.bmj.com/content/344/bmj.e256. Acesso em: 13 set. 2021
17. LÉGARÉ, France et al. Intervenções para aumentar o uso de tomada de decisão compartilhada por profissionais de saúde. **Cochrane Database of Systematic Reviews**, Houston, 2018. v. 7, p. 1-380, 2018. Disponível em: https://www.cochranelibrary.com/cdsr/doi/10.1002/14651858.CD006732.pub4/epdf/full. Acesso em: 13 set. 2021.
18. LÉGARÉ, France; THOMPSON-LEDUCA, Philippe. Twelve myths about shared decision making. **Patient Education and Counseling**, 2014. v. 96, n. 3, p. 281-286, 2014. Disponível em: https://www.sciencedirect.com/science/article/pii/S0738399114002699. Acesso em: 13 set. 2021.
19. BENEVIDES, Regina; PASSOS, Eduardo. Humanização na saúde: um novo modismo? **Interface – Comunicação, Saúde, Educação**, Botucatu, 2005. v. 9, n. 17, p. 389-406, 2005. Disponível em: https://www.scielosp.org/pdf/icse/2005.v9n17/389-394/pt/. Acesso em: 13 set. 2021.

Deve-se ter em mente que DC encontra-se em consonância com o modelo deliberativo de Diego Gracia, no qual os profissionais não categorizam as questões, não confrontam argumentos na base do *tudo ou nada*, mas realizam um esforço dialógico para compartilharem suas percepções e discutirem os diferentes sentidos morais para o caso, com o objetivo de chegar em uma decisão comum. Para Gracia, o modelo deliberativo trata-se de um método sistematizado que busca encontrar soluções concretas, razoáveis para todos os atores.

Assim, a autonomia deixa de ser um exercício solitário e passa a ser uma prática solidária entre todos os atores. Portanto, nesse contexto, os documentos de DAV são o resultado de um processo dialógico entre profissionais de saúde e paciente, e não o meio para que sua vontade fosse respeitada. Olhando retrospectivamente, essa conclusão parece óbvia, mas foram necessárias algumas décadas para que ela fosse alcançada.

Hoje, o futuro aponta para o planejamento o antecipado de cuidados (advanced care planning) – cuja base é a DC – entendido como "um processo que auxilia adultos de todas as idades e de diferentes estágios de saúde a compartilharem seus valores pessoais, seus objetivos de vida e suas preferências sobre futuros cuidados de saúde. O objetivo é ajudar as pessoas a receberem cuidados médicos que sejam consistentes com seus valores, metas e preferências quando tiver uma doença ameaçadora da vida."[20]

Assim, os documentos de DAV passam a ser parte do planejamento, e não o planejamento em si, pois este envolve cinco etapas: a) pensar sobre seu futuro e sobre o que é importante para você; b) falar com seus familiares e amigos e escolher uma pessoa de confiança para falar em seu nome; c) documentar suas vontades; d) discutir sobre seus planos com seus médicos, enfermeiras e cuidadores; e) compartilhar essas informações com as pessoas que fazem parte do seu convívio, revendo os documentos com regularidade.[21]

Sabe-se que o testamento vital – primeira espécie de DAV a surgir – existe desde o final da década de 1960, são quase sessenta anos. Negar todo o aprendizado que já tivemos nesse tempo é negar nossa capacidade de evoluir. Os documentos de DAV foram, são e continuarão sendo importantes, contudo, o protagonismo é do planejamento, das práticas colaborativas e cooperativas, de modo que o documento passa a ser apenas um passo do processo de tomada de decisão compartilhada, e não todo ele.

---

20. SUDORE, Rebecca *et al.* Defining Advance Care Planning for Adults: A Consensus Definition From a Multidisciplinary Delphi Panel. **Journal of Pain and Symptom Management**. Chicago, 2017. v. 53, n. 5, p. 821-832, 2017. Disponível em: https://www.jpsmjournal.com/action/showPdf?pii=S0885-3924%2816%2931089-2. Acesso em: 22 set. 2021.
21. THE GOLD STANDARDS FRAMEWORK. **Advance Care Planning**. Disponível em: https://www.goldstandardsframework.org.uk/advance-care-planning. Acesso em: 06 jul. 2020.

Todavia, Liz O'Riordan et al.[22] advertem que o planejamento antecipado de cuidados tem sido feito de forma discriminatória, pois os profissionais acabam fazendo suposições sobre o "tratamento e os cuidados de uma pessoa". Os autores afirmam que é necessário mudar essa forma e propõem um "novo futuro para o planejamento antecipado dos cuidados. Um futuro em que o médico não centralize as decisões, mas que encoraje, informe e seja favorável ao planejamento, comemorando o desejo das pessoas de entender suas opções e tomar decisões sobre o que é melhor para elas". Eles argumentam que essa mudança é plenamente possível no Reino Unido, uma vez que apenas 4% da população britânica já planejou seus cuidados, havendo, assim, uma enorme possibilidade "de reformular o planejamento de cuidados, tratando-o como rotina e com normalidade".

Hopkins *et al.*[23] estudaram o planejamento antecipado de cuidados na pandemia e criticaram o modelo atual que foca na documentação. Segundo eles, "os benefícios do planejamento de cuidados derivam mais de seu processo do que dos documentos que produz, e que reconhecer isso é essencial para a prestação de cuidados ótimos para pacientes e suas famílias. Além disso, uma ênfase excessiva em alcançar a escolha individual, o objetivo declarado de cuidados avançados paradoxalmente, pode prejudicar os bons cuidados."

Esses autores defendem que o foco do planejamento de cuidados na pandemia deve ser o auxílio à expressão das preocupações e prioridades do paciente e a facilitação de conversas difíceis com seus familiares e amigos, afinal, o planejamento existe para aliviar os pacientes, e não para pressioná-los.

Por isso, sugerem que um "gatilho" para iniciar conversas sobre planejamento antecipado de cuidados é muito bom e que, sem dúvidas, estamos diante de um grande gatilho, mas devemos aproveitar essa oportunidade para "estabelecer uma abordagem relacional mais sutil escolha, baseada na cocriação de narrativas compartilhadas",[24] entendendo que o planejamento é um caminho para conversas significativas, e não a chegada em um documento. Portanto, sugerem que devemos, durante e após a pandemia, concentrarmo-nos menos no produto documental e mais no processo.

Percebe-se, assim, que nenhum modelo de tomada de decisão é capaz de solucionar todos os conflitos que possam surgir na prática clínica. Não há fórmula mágica. Mas a literatura tem cada vez mais demonstrado que o profissional de saúde (e, por que não, do Direito) que compreende os modelos de tomada de decisão – os aqui

---

22. O'RIORDAN, Liz et al. The BMJ Opinion. Advance care plans – an opportunity for change. Disponível em https://blogs.bmj.com/bmj/2020/07/30/advance-care-plans-an-opportunity-for-change/?utm_source=feedburner&utm_medium=feed&utm_campaign=Feed:+bmj+blogs+(Latest+BMJ+blogs)&g=w_bmj-com. Acesso em: 07 ago. 2021.
23. HOPKINS, Sarah A. et al. Reassessing advance care planning in the light of covid-19. British Medical Journal, Londres, 2020. v. 369, p. 1-2, 2020. Disponível em: https://www.bmj.com/content/bmj/369/bmj.m1927.full.pdf. Acesso em: 07 ago. 2021.
24. *Ibidem.*

apresentados e os demais que existem – possuem mais aptidão para acompanharem seus pacientes na difícil tarefa de tomar decisões de saúde.

É preciso ainda compreender que a tomada de decisão envolve, também, questões legais, portanto, nenhum modelo pode suplantar as normas jurídicas existentes. Assim, é imprescindível que os profissionais de saúde tenham conhecimento do ordenamento jurídico quando forem usar métodos bioéticos de tomada de decisão, afinal, uma decisão pode ser ética ou moralmente aceita, mas ser ilícita – e o contrário também.

O maior desafio que o futuro nos apresenta foi delineado por Rubem Alves, no belíssimo texto "Sobre a morte e o morrer".[25] Neste, Rubem Alves descreve uma distanásia e questiona "qual foi o ganho humano", ao que ele mesmo responde: "Que eu saiba, apenas a consciência apaziguada do médico, que dormiu em paz por haver feito aquilo que o costume mandava; costume a que frequentemente se dá o nome de ética."

Devemos zelar para que, no futuro, deixemos de perpetuar essa nefasta prática de chamar de ética aquilo que é só costume. Esse é o maior desafio do planejamento antecipado de cuidados.

---

25. ALVES, Rubem. Sobre a morte e o morrer. **Folha de São Paulo**, São Paulo, 12 out. 2003. Opinião. Disponível em: https://www1.folha.uol.com.br/fsp/opiniao/fz1210200309.htm. Acesso em: 13 set. 2021.

REFERÊNCIAS

ALBUQUERQUE, Aline. **Direitos do Paciente**. Belo Horizonte: CEI, 2020.

ALEMANHA. **BVerfG, Judgment of the Second Senate of 26 February 2020**. Disponível em: http://www.bverfg.de/e/rs20200226_2bvr234715en.html. Acesso em: 05 ago. 2023.

ALLISON, S. P. Basics in clinical nutrition: ethical and legal aspects. **e-SPEN**, the European e-Journal of Clinical Nutrition and Metabolism, 2008. n. 3, p. 299, 2008. Disponível em: https://clinicalnutritionespen.com/action/showPdf?pii=S1751-4991%2808%2900061-9. Acesso em: 12 ago. 2021.

ALMADA, Hugo Rodrigues. La legislación uruguaya sobre las directivas de voluntad anticipada. *In*: DADALTO, Luciana (Coord.). **Bioética e diretivas antecipadas de vontade**. Curitiba: Prismas, 2014. p. 199-211.

ALMEIDA, José Luiz Telles de. **Respeito à autonomia do paciente e consentimento livre e esclarecido**: uma abordagem principialista da relação médico-paciente. 1999. Tese (Doutorado em Ciências da Saúde) – Escola Nacional de Saúde Pública, Fundação Oswaldo Cruz, Rio de Janeiro, 1999. 129 f.

ALVES, Rubem. Sobre a morte e o morrer. **Folha de São Paulo**, São Paulo, 12 out. 2003. Opinião. Disponível em: https://www1.folha.uol.com.br/fsp/opiniao/fz1210200309.htm. Acesso em: 13 set. 2021.

ALZHEIMER'S ASSOCIATION. **Legal plans**: considerations for helping a person living with dementia plan for the future. Disponível em: https://www.alz.org/media/Documents/alzheimers-dementia-legal-plans-b.pdf. Acesso em: 03 set. 2021.

AMARAL, Francisco. **Direito civil**: introdução. 5. ed. rev. atual. Rio de Janeiro: Renovar, 2003.

AMARAL, Francisco. **Direito Civil**: Introdução. 6 ed. Rio de Janeiro: Renovar, 2006.

AMERICAN ACADEMY OF NEUROLOGY. Position of the American Academy of Neurology on certain aspects of the care and management of the persistent vegetative state patient. **Neurology**, Minneapolis, 1989. v. 29, p. 125, 1989. Disponível em: https://n.neurology.org/content/39/1/125. Acesso em: 12 ago. 2021.

AMERICAN MEDICAL ASSOCIATION. Standards for cardiopulmonary resuscitation (CPR) and emergency cardiac care (ECC). **Jama**, Chicago, 1974, v. 227, n. 7, p. 833-868, 1974. Disponível em: https://jamanetwork.com/journals/jama/article-abstract/2652580. Acesso em: 12 ago. 2021.

ANDERSON, Emily; KRYZANSKI, James. Prognosis and futility in neurosurgical emergencies: a review. **Clinical Neurology and Neurosurgery**, Antuérpia, 2020. v. 195, n. 1-7, 2020. Disponível em: https://www.sciencedirect.com/science/article/abs/pii/S0303846720301943. Acesso em: 12 ago. 2021.

ANDRUET, Armando S. Breve exégesis del llamado "testamento vital". **Derecho y Salud**, Santiago de Compostela, 2002. v. 10, n. 2, p. 183-196, 2002. Disponível em: https://dialnet.unirioja.es/descarga/articulo/279730.pdf. Acesso em: 06 set. 2021.

ANJOS, Márcio Fabri dos. Eutanásia em chave de libertação. **Boletim ICAPS** ano 7, n. 57, 1989, p. 6.

ANZILIERO, Dinéia Largo; LOPES NETO, Antônio dos Reis. Considerações acerca da (i)legalidade da ortotanásia no Brasil. **Revista Jurídica**, Porto Alegre, n. 359, p. 108, set. 2007.

ARAÚJO, Cynthia Pereira de; MAGALHÃES, Sandra. Obstinação terapêutica: um não direito. *In*: DADALTO, Luciana. **Cuidados Paliativos**: aspectos jurídicos. Indaiatuba: Editora Foco, 2021, p. 295-307.

ARAÚJO, Cynthia Pereira de; MAGALHÃES, Sandra Marques. Obstinação terapêutica: um não direito. In: DADALTO, Luciana (Coord.). **Cuidados Paliativos**: aspectos jurídicos. 2. ed. Indaiatuba: Foco, 2023.

ARGENTINA. Suprema Corte de Justicia. **Fallo c85627**. Buenos Aires, Presidencia de la Nación, [2002]. Disponível em: http://www.scba.gov.ar/busqueda/oop/fallos.htw?CiWebHitsFile=%2Ffalloscompl%2FSCBA%2F2005%2F02%2D09%2Fc85627%2Edoc&CiRestriction=85627&CiUserParam3=-c85627&CiHiliteType=Full&CiLocale=ES-AR#CiTag0. Acesso em: 06 set. 2021.

ARGENTINA. **Ley 4263 de 19 dezembro de 2007.** Se reconoce el derecho de las personas a decidir y declarar fehacientemente su voluntad de ser o no sometidas a asistencia sanitaria y cuidados medicos. Se crea el Registro de Voluntades Anticipadas -RVA- en el ambito del Ministerio de Salud de la provincia. Viedma, [2007]. Disponível em: https://web.legisrn.gov.ar/legislativa/legislacion/ver?id=7808. Acesso em: 06 set. 2021.

ARGENTINA. Ministerio de Justicia y Derechos Humanos. Ley 26.529. Derechos del Paciente en su Relación con los Profesionales e Instituciones de la Salud. Buenos Aires, Presidencia de la Nación, [2009]. Disponível em: http://servicios.infoleg.gob.ar/infolegInternet/anexos/160000-164999/160432/norma.htm. Acesso em: 06 set. 2021.

ARGENTINA. Senado y Cámara de Diputados de la Nación Argentina. Ley 26.742. Muerte Digna. Buenos Aires, Presidencia de la Nación, [2012]. Disponível em: http://www.ms.gba.gov.ar/sitios/tocoginecologia/files/2014/01/Ley-26.742-Muerte-Digna.pdf. Acesso em: 06 set. 2021.

ARGENTINA. Ministerio de Justícia y Derechos Humanos. **Código Civil y Comercial de la Nación**. Aprobado por ley 26.994 Promulgado según decreto 1795/2014. Buenos Aires, Presidencia de la Nación, [2014]. Tradução Nossa. Disponível em: www.saij.gob.ar/docs-f/codigo/Codigo_Civil_y_Comercial_de_la_Nacion.pdf. Acesso em: 06 set. 2021.

ARIÈS, Philippe. **O homem diante da morte**. São Paulo: Unesp, 2014.

ASCENSÃO, José de Oliveira. A terminalidade da vida. *In*: FACHIN, Luiz Edson; TEPEDINO, Gustavo (Coord.). **O direito e o tempo**: embates jurídicos e utopias contemporâneas: estudos em homenagem ao Professor Ricardo Pereira Lira. Rio de Janeiro: Renovar, 2008.

ASSOCIAÇÃO PORTUGUESA DE BIOÉTICA. **Projecto no. P/06/APB/06**. Regula o exercício do direito a formular diretivas antecipadas de vontade no âmbito da prestação de cuidados de saúde e cria o correspondente registro nacional. Relatores: Helena MELO, Rui Nunes. 2007. Disponível em: https://silo.tips/download/associaao-portuguesa-de-bioetica. Acesso em: 03 set. 2021.

ASSOCIAÇÃO PORTUGUESA DE BIOÉTICA. **Parecer P/35/APB/19 sobre a proposta de alteração da lei n. 25/221 de 16 de julho**. Regula as diretivas antecipadas de vontade, designadamente sob a forma de testamento vital, e a nomeação de procurador de cuidados de saúde e cria o registo nacional do testamento vital – RENTEV). Relator: Rui Nunes. Disponível em: https://apbioetica.org/wp-content/uploads/2021/01/Parecer-No.-P_35_APB_19_Proposta-de-alterac%CC%A7a%CC%83o-da-Lei--que-Regula-as-Diretivas-Antecipadas-de-Vontade.pdf. Acesso em: 03 set. 2021.

AURIEMMA, Catherine L. *et al*. Completion of Advance Directives and Documented Care Preferences During the Coronavirus Disease 2019 (COVID-19) Pandemic. **JAMA**, Chicago, 2020. v. 3, n. 7, p. 1-4, 2020. Disponível em: https://dx.doi.org/10.1001/jamanetworkopen.2020.15762. Acesso em: 02 set. 2021.

AUSTRÁLIA DO SUL. **Consent to Medical Treatment and Palliative Care Act 1995**. An Act to deal with consent to medical treatment; to regulate medical practice so far as it affects the care of people who are dying; and for other purposes. Adelaide, Parlamento da Austrália do Sul, [1995]. Disponível em: https://www.legislation.sa.gov.au/LZ/C/A/CONSENT%20TO%20MEDICAL%20TREATMENT%20AND%20PALLIATIVE%20CARE%20ACT%201995/CURRENT/1995.26.AUTH.PDF. Acesso em: 27 ago. 2021.

AZEVEDO, Antônio Junqueira. **Negócio jurídico:** existência, validade e eficácia. 4. ed. São Paulo: Saraiva, 2008.

AZEVEDO, Marco Antônio Oliveira de. **Bioética fundamental.** Porto Alegre: Tomo Editorial, 2002.

BACON, Francis. **History of life and death.** [S.l: s.n, 199-]. Disponível em: https://sirbacon.org/historylifedeath.htm. Acesso em: 1º ago. 2023.

BALANÇA, Miguel. Mais de 30 mil portugueses com testamento vital ativo. **Correio da Manhã**, Lisboa, 15 mar. 2021. Sociedade. Disponível em https://www.cmjornal.pt/sociedade/detalhe/mais-de-30-mil-portugueses-com-testamento-vital-ativo. Acesso em: 03 set. 2021.

BALLARINO, Tito. Eutanásia e testamentobiológico nel conflitto di leggi. **Rivista di Diritto Civile**, Milano, 2008. n.1, p. 69-85, 2008. Disponível em: https://dialnet.unirioja.es/servlet/articulo?codigo=3569950. Acesso em: 06 set. 2021.

BARBOSA, Rogério Monteiro. **O poder familiar e a legitimidade da educação domiciliar:** uma necessária releitura da autonomia privada no marco do estado democrático de direito. 2008. Projeto Tese (Doutorado) – Faculdade Mineira de Direito, Pontifícia Universidade Católica de Minas Gerais, Belo Horizonte, 2008.

BARBOZA, Heloisa Helena. Princípios da bioética e do biodireito. **Revista Bioética**, Brasília, 2000. v. 8, n. 2, p.209-216, 2000. Disponível em: https://revistabioetica.cfm.org.br/index.php/revista_bioetica/article/view/276. Acesso em: 22 set. 2021.

BARRETO, Vicente de Paulo; BRAGA, Renata. Consentimento informado. *In*: BARRETO, Vicente de Paulo (Coord.). **Dicionário de filosofia do direito.** Rio de Janeiro: Renovar, 2006. p. 139-144.

BARROCAS, Albert *et al*. Ethical and Legal issues in nutrition support of the geriatric patient: the can, should, and must of Nutrition Suport. **Nutrition in Clinical Practice**, 2003. v. 18, p. 27-47, 2003. Disponível em: https://aspenjournals.onlinelibrary.wiley.com/doi/abs/10.1177/011542650301800137. Acesso em: 12 ago. 2021.

BARROS, Ivan da Costa. **Examinando pacientes:** a anmnese. Disponível em: https://www.saudedireta.com.br/docsupload/1332097453Anamnese.pdf. Acesso em: 16 set. 2021.

BATISTA, Kátia Tôrres; TORRES, Rafael Villela Silva Derré. A ordem de não ressuscitar no Brasil, considerações éticas. **Comunicação em Ciências da Saúde**, Brasília. 2008. V. 19, n. 4, p. 343-351, 2008. Disponível em: http://bases.bireme.br/cgi-bin/wxislind.exe/iah/online/?IsisScript=iah/iah.xis&src=google&base=LILACS&lang=p&nextAction=lnk&exprSearch=523421&indexSearch=ID. Acesso em: 12 ago. 2021.

BEAUCHAMP, Tom L.; CHILDRESS, James F. **Princípios de ética biomédica.** Trad. Luciana Pudenzi. São Paulo: Loyola, 2002.

BENEVIDES, Regina; PASSOS, Eduardo. Humanização na saúde: um novo modismo?. **Interface - Comunicação, Saúde, Educação**, Botucatu, 2005. v. 9, n. 17, p. 389-406, 2005. Disponível em: https://www.scielosp.org/pdf/icse/2005.v9n17/389-394/pt/. Acesso em: 13 set. 2021.

BETANCOR, Juana Tereza. Testamento vital. **Eguzkilore:** Cuaderno del Instituto Vasco de Criminología, 1995. n. 9, p. 104, 1995, tradução nossa. Disponível em: https://dialnet.unirioja.es/servlet/articulo?codigo=2277208. Acesso em: 12 ago. 2021.

BONAMIGO, Elcio Luiz. PAZINI, Andréia Martini; PUTZEL, Elzio Luiz. **O papel dos profissionais de saúde nas Diretivas Antecipadas de Vontade.** *In*: DADALTO, Luciana. Bioética e Diretivas Antecipadas de Vontade. Curitiba: Editora Prismas, 2014. p. 249-272.

BONIOLOCO, G. *et al*. Supporting Supportive Care in Cancer: The ethical importance of promoting a holistic conception of quality of life. **Critical Reviews in Oncology/Hematology**, Milão, 2018. v. 131, p. 90-95, 2008. Disponível em: https://ore.exeter.ac.uk/repository/bitstream/handle/10871/34223/

SUPPORTING%20SCC.pdf;jsessionid=1A93CAD86A6ED13119884F3EC36565A5?sequence=3. Acesso em: 16 set. 2021.

BOSSLET, Gabriel T. *et al*. An official ATS/AACN/ACCP/ESICM/SCCM policy statement: responding to requests for potentially inappropriate treatments in intensive care units. **American Journal of Respiratory and Critical Care Medicine**, New York, 2015. v. 191, n. 11, p. 1318-1330, 2015. Disponível em: https://www.atsjournals.org/doi/pdf/10.1164/rccm.201505-0924ST. Acesso em: 12 ago. 2021.

BOSTIANCIC, Maria Carla. *Las directivas anticipadas del paciente para tratamentos biomédicos: validez ético-jurídica y responsabilidade civil de los profissionales de salud*. Mar del Plata: Secretaria de Ciencia y Tecnica, Universidad Nacional de Mar del Plata, 2008.

BOSTIANCIC, Maria Carla; DADALTO, Luciana. **Diretivas Antecipadas para tratamentos médicos**: um estudo comparado entre o direito brasileiro e o argentino. Mar del Plata: Universidad Nacional de Mal del Plata, 2010.

BRANDI, Nelly A. Taiana de; LLORENS, Luis Rogelio. La creación del registro de actos de autoprotección. **Revista Notarial de La Plata**, La Plata, 2004. v. 948, p. 419-428, 2004. Disponível em: https://www.colescba.org.ar/ics-wpd/revista/Textos/RN948-2004-dr-brandi_llorens.pdf. Acesso em: 06 set. 2021.

BRASIL. Casa Civil. Subchefia para Assuntos Jurídicos. **Decreto-Lei 2.848, de 7 de dezembro de 1940** [Código Penal]. Brasília, DF: Presidência da República, [1940]. Disponível em: http://www.planalto.gov.br/ccivil_03/decreto-lei/del2848compilado.htm. Acesso em: 10 set. 2021.

BRASIL. Conselho Federal de Medicina. **Resolução CFM 671, de 18 de julho de 1975.** Brasília, DF: Presidência da República, [1975]. Disponível em: https://sistemas.cfm.org.br/normas/arquivos/resolucoes/BR/1975/671_1975.pdf. Acesso em: 05 ago. 2021.

BRASIL. **Lei 10.406, de 10 de Janeiro de 2002.** Institui o Código Civil. Brasília, DF: Presidência da República, [2002]. Disponível em: https://legislacao.presidencia.gov.br/atos/?tipo=LEI&numero=10406&ano=2002&ato=ac5gXVE5ENNpWT07a. Acesso em: 05 ago. 2021.

BRASIL. **Lei 8.078, de 11 de setembro de 1990.** Dispõe sobre a proteção do consumidor e dá outras providências. Brasília, DF: Presidência da República, [1990]. Disponível em: http://www.planalto.gov.br/ccivil_03/leis/l8078compilado.htm. Acesso em: 05 ago. 2021.

BRASIL. Conselho Federal de Medicina. **Resolução CFM 1.638/2002.** Define prontuário médico e torna obrigatória a criação da Comissão de Revisão de Prontuários nas instituições de saúde. Brasília, DF: Presidência da República, [2002a]. Disponível em: https://sistemas.cfm.org.br/normas/visualizar/resolucoes/BR/2012/1995. Acesso em: 05 ago. 2021.

BRASIL. Conselho Federal de Medicina. **Resolução CFM 1.640, de 10 de julho de 2002.** Dispõe sobre a eletroconvulsoterapia e dá outras providências. Brasília, DF: Presidência da República, [2002b]. Disponível em: https://sistemas.cfm.org.br/normas/visualizar/resolucoes/BR/2002/1640. Acesso em: 05 ago. 2021.

BRASIL. Conselho Federal de Medicina. **Resolução CFM 1.643, de 07 de agosto de 2002.** Define e disciplina a prestação de serviços através da Telemedicina. Brasília, DF: Presidência da República, [2002c]. Disponível em: https://sistemas.cfm.org.br/normas/visualizar/resolucoes/BR/2002/1643. Acesso em: 13 mar. 2013.

BRASIL. Conselho Federal de Medicina. **Resolução CFM 1.653, de 06 de novembro de 2002.** Demonstrações Cirúrgicas ao Vivo. Brasília, DF: Presidência da República, [2002d]. Disponível em: https://sistemas.cfm.org.br/normas/visualizar/resolucoes/BR/2002/1653. Acesso em: 05 ago. 2021.

BRASIL. Conselho Federal De Medicina. **Resolução 1.805/2006.** Brasília, DF: Presidência da República, [2006]. Seção I, p. 169. Disponível em: https://sistemas.cfm.org.br/normas/visualizar/resolucoes/BR/2006/1805. Acesso em: 10 set. 2021.

BRASIL. Conselho Nacional de Justiça. **Enunciados Da I, II e III Jornadas De Direito Da Saúde Do Conselho Nacional De Justiça**. Brasília, DF: Poder Judiciário, [2007]. Disponível em: https://www.cnj.jus.br/wp-content/uploads/2019/03/e8661c101b2d80ec95593d03dc1f1d3e.pdf. Acesso em: 10 set. 2021.

BRASIL. Justiça Federal do Estado de Goiás. **Decisão Liminar em Ação civil pública n. 0001039-86.2013.4.01.3500**. Goiânia, GO: Justiça Federal, [2007a]. Disponível em: http://processual.trf1.jus.br/consultaProcessual/processo.php?trf1_captcha_id=c15a36d043d11f05e27321dd3fbf227d&trf1_captcha=gjqt&enviar=Pesquisar&secao=GO&proc=10398620134013500. Acesso em: 10 set. 2021.

BRASIL. Ministério Público Federal. **Ação Civil Pública n. 0001039-86.2013.4.01.3500**. Brasília, DF: Presidência da República, [2007b]. Disponível em: https://www.conjur.com.br/dl/liminar-resolucao-cfm-19952012.pdf. Acesso em: 10 set. 2021.

BRASIL. Ministério Público Federal. **Processo n. 2007.34.00.014809-3**. Brasília, DF: Presidência da República, [2007c]. Disponível em: https://www.conjur.com.br/dl/sentenca-resolucao-cfm-180596.pdf. Acesso em: 10 set. 2021.

BRASIL. Ministério Público Federal. **Processo n. 2007.34.00.014809-3**. Brasília, DF: Presidência da República, [2007d]. Disponível em: http://www.df.trf1.gov.br/inteiro_teor/doc_inteiro_teor/14vara/2007.34.00.014809-3_decisao_23-10-2007.doc. Acesso em: 10 set. 2021.

BRASIL. Poder Judiciário do Estado do Rio Grande do Sul. **Apelação Cível 70054988266**. Porto Alegre, RS: Tribunal De Justiça – 1. Câmara Cível, [2007e]. Disponível em: http://processual.trf1.jus.br/consultaProcessual/processo.php?trf1_captcha_id=c15a36d043d11f05e27321dd3fbf227d&trf1_captcha=gjqt&enviar=Pesquisar&secao=GO&proc=10398620134013500. Acesso em: 10 set. 2021.

BRASIL. Projeto de Lei do Senado n. 236, de 2012. Disponível em: https://www25.senado.leg.br/web/atividade/materias/-/materia/106404, acesso em 05 ago. 2023.

BRASIL. Ministério Público Federal. **Processo n. 2007.34.00.014809-3**. Brasília, DF: Presidência da República, [2010]. Disponível em: https://www.conjur.com.br/dl/sentenca-resolucao-cfm-180596.pdf. Acesso em: 10 set. 2021.

BRASIL. Conselho Federal de Medicina. **Resolução CFM 1.995, de 31 de agosto de 2012**. Dispõe sobre as diretivas antecipadas de vontade dos pacientes. Brasília, DF: Presidência da República, [2012]. Disponível em: https://sistemas.cfm.org.br/normas/visualizar/resolucoes/BR/2012/1995. Acesso em: 10 set. 2021.

BRASIL. Conselho Federal de Medicina. **Resolução CFM 2.056, de 12 de novembro de 2013**. Disciplina os departamentos de Fiscalização nos Conselhos Regionais de Medicina [...]. Brasília, DF: Presidência da República, [2013]. Disponível em: https://sistemas.cfm.org.br/normas/visualizar/resolucoes/BR/2013/2056. Acesso em: 05 ago. 2021.

BRASIL. Conselho Federal de Medicina. **Resolução CFM 2.057, de 12 de novembro de 2013**. Consolida as diversas resoluções da área da Psiquiatria [...]. Brasília, DF: Presidência da República, [2013a]. Disponível em: https://sistemas.cfm.org.br/normas/visualizar/resolucoes/BR/2013/2057. Acesso em: 05 ago. 2021.

BRASIL. Conselho Federal de Medicina. **Resolução CFM 2.136, de 11 de dezembro de 2015**. Disciplina o procedimento de monitorização neurofisiológica intraoperatória [...]. Brasília, DF: Presidência da República, [2015]. Disponível em: https://sistemas.cfm.org.br/normas/visualizar/resolucoes/BR/2015/2136. Acesso em: 05 ago. 2021.

BRASIL. Conselho Federal de Medicina. **Resolução CFM 2.217, de 27 de setembro de 2018, modificada pelas Resoluções CFM 2.222/2018 e 2.226/2019**. Aprova o Código de Ética Médica. Brasília, DF: Presidência da República, [2018]. Disponível em: https://www.in.gov.br/materia/-/asset_publisher/

Kujrw0TZC2Mb/content/id/48226289/do1-2018-11-01-resolucao-n-2-217-de-27-de-setembro-de-2018-48226042. Acesso em: 05 ago. 2021.

BRASIL. Conselho Federal de Medicina. **Resolução CFM 2.232, de 16 de setembro de 2021**. Estabelece normas éticas para a recusa terapêutica por pacientes e objeção de consciência na relação médico--paciente. Brasília, DF: Presidência da República, [2019]. Disponível em: https://sistemas.cfm.org.br/normas/visualizar/resolucoes/BR/2019/2232. Acesso em 05 ago. 2021.

BRASIL. Senado Federal. **Projeto de Lei do Senado Federal 149/2018**. Dispõe sobre as diretivas antecipadas de vontade sobre tratamentos de saúde. Brasília, DF: Senado Federal, [2018a]. Disponível em: http://processual.trf1.jus.br/consultaProcessual/processo.php?trf1_captcha_id=c15a36d043d11f05e-27321dd3fbf227d&trf1_captcha=gjqt&enviar=Pesquisar&secao=GO&proc=10398620134013500. Acesso em: 16 set. 2021.

BROWN, Barbara. A. The history of advance directives: A literature review. **Journal of Gerontological Nursing**, New York, 2003. v. 29, n. 9, p. 4-14, 2003. Disponível em: https://journals.healio.com/doi/10.3928/0098-9134-20030901-04. Acesso em 12 ago. 2021.

BUENOS AIRES. Câmara de Diputados. Proyecto de ley "Declaración de voluntad vital anticipada". In: TINANT, Eduardo Luis. **Los derechos personalísimos del paciente y las directivas anticipadas para tratamientos médicos**. La Plata: HCD-PBA, 2005.

BURLÁ, Claudia et al. Envelhecimento e Doença de Alzheimer. **Revista Bioética**, Brasília, 2014. v. 22, n. 1, p. 85-93, 2014. Disponível em: https://www.scielo.br/j/bioet/a/kjBjVtHF4qHT7s4VX5FtR8r/?format=html&lang=pt. Acesso em 12 ago. 2021.

BURLÁ, Cláudia. **A aplicação das Diretivas Antecipadas de Vontade na pessoa com demência**. 2015. Tese (Doutorado) – Faculdade de Medicina, Universidade do Porto, Porto, 2015. p. 114. Disponível em: https://repositorio-aberto.up.pt/bitstream/10216/82654/2/114101.pdf. Acesso em: 16 set. 2021.

BURNS, Jeffrey P.; TRUOG, Robert. D. The DNR Order after 40 Years. **New England Journal of Medicine**, Waltham, 2016. V. 375, n. 6, p. 504-506, 2016. Disponível em: https://www.nejm.org/doi/full/10.1056/NEJMp1605597. Acesso em: 12 ago. 2021.

BVA OPINION. **Les directives anticipées en mai 2019: situation générale et dans les EHPAD en particulier**. Disponível em: https://www.parlons-fin-de-vie.fr/je-minteresse-a-la-fin-de-vie/les-directives-anticipees/. Acesso em: 03 set. 2021.

CALAZA, Bruno; CALAZA, Tales. Jobs to be done e o legal design. In: CALAZA, Tales; FALEIROS JÚNIOR, José Luiz de Moura. **Legal Design**. Indaiatuba: Editora Foco, 2021.

CALIFORNIA. **California's durable power of attorney for health care act**. Dispõe sobre a possibilidade da nomeação de um procurador para cuidados de saúde. Sacramento, [2015]. Disponível em: https://oag.ca.gov/sites/all/files/agweb/pdfs/consumers/ProbateCodeAdvancedHealthCareDirectiveForm--fillable.pdf. Acesso em: 27 ago. 2021.

CAMPOS, Diogo Leite de. **Nós**: estudos sobre o direito das pessoas. Coimbra: Almedina, 2004.

CANOTILHO, José Jorge Gomes. **Direito Constitucional**. 6. ed. Coimbra: Almeida, 1995.

CAPUCHO, Joana. Só 6 mil têm testamento vital. Governo queria 20 mil em seis meses. **Diário de Notícias**, Lisboa, 03 jan. 2017. Sociedade. Disponível em: https://www.dn.pt/sociedade/interior/so--6-mil-tem-testamento-vital-e-preciso-dar-mais-informacao-5582702.html. Acesso em: 03 set. 2021.

CARAMELLI, Paulo; BARBOSA, Maira Tonidandel. Como diagnosticar as quatro causas mais frequentes de demência? **Revista Brasileira de Psiquiatria**, Rio de Janeiro, 2002. v. 24, n. 1, p. 7, 2002. Disponível em: https://www.scielo.br/j/rbp/a/wK6prKZXgrZwcyTB9TScPpH/?lang=pt. Acesso em 12 ago. 2021.

CARNEIRO, António Vaz et al. **Relatório sobre o Estado Vegetativo Persistente**. Lisboa: Conselho Nacional de Ética para as Ciências da Vida (CNECV), 2005. p. 3. No Relatório em questão, consta em português a definição de EVP feita pela Multi-Society Task Force, no referido estudo de 1994. Disponível em: https://www.cnecv.pt/pt/pareceres/relatorio4?download_document=3015&token=b66b3d823d270559bff545c799e80996. Acesso em: 12 ago. 2021.

CARVALHO, Carla Vasconcelos; DADALTO, Luciana. A autonomia em face do direito ao próprio corpo do paciente: em busca de harmonização. *In*: CARDOSO, Renato C., et. al. **Livre-arbítrio**: uma abordagem interdisciplinar. Belo Horizonte: Artesã, 2017.

CASABONA, Carlos María Romeo. Libertad de conciencia y actividad biomédica. *In*: SÁ, Maria de Fátima Freire de (Coord.). **Biodireito**. Belo Horizonte: Del Rey, 2002.

CASABONA, Carlos María Romeo. O consentimento informado na relação entre médico e paciente: aspectos jurídicos. *In*: CASABONA, Carlos María Romeo; QUEIROZ, Juliane Fernandes (Coord.). **Biotecnologia e suas implicações ético-jurídicas**. Belo Horizonte: Del Rey, 2005. p. 128-172.

CHAMON JÚNIOR, Lúcio Antônio. **Teoria da argumentação jurídica**: constitucionalismo e democracia em uma reconstrução das fontes no direito moderno. Rio de Janeiro: Lumen Juris, 2008.

CHAN, Hui Yun. Video Advance Directives: A Turning Point for Advance Decision-Making? A Consideration of Their Roles and Implications for Law and Practice. **Liverpool Law Review**, Liverpool, 2020. n. 41, p. 1-26, 2020. Disponível em: https://link.springer.com/article/10.1007/s10991-019-09230-2. Acesso em: 09 set. 2021.

COELHO, Thais Câmara Maia Fernandes. **Autocuratela**. Rio de Janeiro, 2016.

COLÔMBIA. Corte Constitucional. Sentencia C-164/22. Disponível em: https://www.corteconstitucional.gov.co/relatoria/2022/C-164-22.htm. Acesso em: 05 ago. 2023.

COLÔMBIA. Ministerio de Salud y Protección Social. **Resolución 2665/2018**. Por médio de la cual se reglamenta parcialmente la Ley 1733 de 2014 em cuanto al derecho a suscribir el Documento de Voluntad Anticipada. Bogotá, [2018]. Disponível em: https://dmd.org.co/wp-content/uploads/2018/08/Resolucio%CC%81n-2665-de-2018-Voluntades-anticipadas-2018.pdf. Acesso em: 06 set. 2021.

Comitato Nazionale per la Bioetica. **Dichiarazioni anticipate di trattamento**. 2003. Disponível em: https://bioetica.governo.it/it/pareri/pareri-e-risposte/dichiarazioni-anticipate-di-trattamento/. Acesso em: 06 set. 2021.

COMITÉ CONSULTATIF NATIONAL D'ÉTHIQUE. Avis 121 – Fin de vie, autonomie de la personne, volonté de mourir. Disponível em: http://www.ccne-ethique.fr/fr/publications/fin-de-vie-autonomie-de-la-personne-volonte-de-mourir#.UvEQUXnGKQs. Acesso em: 03 set. 2021.

COMPASSION & CHOICES. **Medical Aid In Dying is Not Assisted Suicide, Suicide or Euthanasia**. Disponível em https://compassionandchoices.org/about-us/medical-aid-dying-not-assisted-suicide/. Acesso em: 05 ago. 2023.

COUNCIL OF EUROPE. **Convenio de Oviedo**. 1997. Disponível em: http://www.saludcapital.gov.co/Documentos%20Comit%20de%20tica/Declaraciones%20Internacionales%20%C3%89tica%20de%20Investigaci%C3%B3n/Convenio%20de%20Oviedo%201997%20Biomedicina.pdf. Acesso em: 06 set.2021.

COUNCIL OF EUROPE. **Convention for the protection of Human Rights and dignity of the human being with regard to the application of biology and medicine: Convention on Human Rights and Biomedicine - Explanatory Report - [1997] COETSER 1 (4 April 1997)**. Disponível em: http://www.worldlii.org/int/other/treaties/COETSER/1997/1.html. Acesso em 03 set. 2021.

COUNCIL OF EUROPE. **Resolution 1859/2012**. Disponível em: https://pace.coe.int/en/files/18064. Acesso em: 06 set. 2021.

CRUZ, Elisa Costa. **Dignidade na vida, na doença e para a morte**: as diretivas antecipadas como instrumento de valorização da pessoa. 2012. Dissertação (Mestrado) – Faculdade de Direito, Universidade do Estado do Rio de Janeiro, Rio de Janeiro, 2012. Disponível em: https://www.bdtd.uerj.br:8443/handle/1/9587. Acesso em: 10 set. 2021. 125 f.

DADALTO, Luciana. Capacidade *versus* Discernimento: quem pode fazer Diretivas Antecipadas de Vontade? *In*: DADALTO, Luciana. **Diretivas antecipadas de vontade**: ensaios sobre o direito à autodeterminação. Belo Horizonte: Letramento, 2013. p. 223-230.

DADALTO, Luciana; TEIXEIRA, Ana Carolina Brochado (Coord.). **Dos Hospitais aos Tribunais**. Belo Horizonte, 2013a. p. 367-389.

DADALTO, Luciana. Reflexos jurídicos da Resolução CFM 1995/2012. **Revista Bioética**, Brasília, 2013. v. 21, n. 1, p. 106-112, 2013b. Disponível em: https://www.scielo.br/j/bioet/a/jt5d9PVQgWkffwMLzvvDM7h/?format=pdf&lang=pt. Acesso em: 10 set. 2021.

DADALTO, Luciana. A necessidade de um modelo de Diretivas Antecipadas de Vontade para o Brasil: estudo comparativo dos modelos português e franceses. **Revista M**, Rio de Janeiro, 2016. v. 1, n. 2, p. 446-463, 2016. Disponível em: http://seer.unirio.br/revistam/article/view/8140. Acesso em: 03 set. 2021.

DADALTO, Luciana. A judicialização do testamento vital: análise dos autos n. 1084405-21.2015.8.26.0100/TJSP. **Civilistica.com**, Rio de Janeiro, 2018. n. 2, p. 1-16, 2018. Disponível em: http://civilistica.com/a-judicializacao-do-testamento-vital/. Acesso em: 12 ago. 2021.

DADALTO, Luciana; FALEIROS JÚNIOR, José Luiz de Moura. "Testamento vital eletrônico": considerações quanto ao uso da tecnologia para o implemento desta espécie de Diretivas Antecipadas de Vontade na sociedade da informação. **Civilistica.com**, Rio de Janeiro, 2019. n. 3, p. 17, 2019. Disponível em: http://civilistica.com/testamento-vital-eletronico/. Acesso em: 02 set. 2021.

DADALTO, Luciana; ARANTES, Alexandra Mendes Barreto; BARUFFI, Priscila Demari. Diretivas antecipadas de vontade em pacientes com doença de Alzheimer. **Revista Bioética**, Brasília, 2021. v. 29, n. 3, p. p.474. Disponível em: https://revistabioetica.cfm.org.br/index.php/revista_bioetica/article/view/2791/2680 . Acesso em 12 ago. 2021.

DADALTO, Luciana; KOVÁCS, Maria Júlia. Pedido de morte medicamente assistida. In: DADALTO, Luciana; GUIRRO, Úrsula Bueno do Prado (Coord.). **Bioética e Cuidados Paliativos**. Indaiatuba: Foco, 2024.

DADALTO, Luciana; SAVOI, Cristiana. Distanásia: entre o real e o ideal. In: DADALTO, Luciana; GODINHO, Adriano Marteleto; LEITE, George Salomão (Coord.). **Tratado brasileiro sobre o Direito Fundamental à Morte Digna**. São Paulo: Almedina, 2017.

DANIS, Marion *et al*. A Prospective study of advance directives for life-sustaining care. **The New England Journal of Medicine**, Waltham, 1991. v. 324, n. 13, p. 882-888, 1991. Disponível em: https://www.nejm.org/doi/full/10.1056/NEJM199103283241304. Acesso em 12 ago. 2021.

DIAS, José de Aguiar. **Da responsabilidade civil**. 11. ed. Rio de Janeiro: Renovar, 2006. p. 327-390.

DIAS, Roberto. PIOVESAN, Flávia. Proteção jurídica da pessoa humana e o direito à morte digna. *In*: DADALTO, Luciana; GODINHO, Adriana Marteleto; LEITE, George Salomão (Coord.). **Tratado brasileiro sobre o direito fundamental à morte digna**. São Paulo: Almedina, 2017. p. 63-64.

DRANE, James F. **El cuidado del enfermo terminal**: ética clínica y recomendaciones prácticas para instituciones de salud y servicios de cuidados domiciliarios. Washington: Organización Panamericana de la Salud, 1999. p. 74, tradução nossa.

EAGLEMAN, David. **Incógnito**: as vidas secretas do cérebro. Rio de Janeiro: Rocco, 2012.

EMANUEL, Ezekiel J.; EMANUEL, Linda L. Living wills: past, present, and future. **The Journal of Clinical Ethics**, Hagerstown, 1990. v. 1, n. 1, p. 1-19, 1990. Disponível em: https://repository.library.georgetown.edu/handle/10822/737937. Acesso em: 27 ago. 2021.

ESPANHA. Govierno. **LEY 41/2002, de 14 de noviembre**. Básica reguladora de la autonomía del paciente y de derechos y obligaciones en materia de información y documentación clínica. Boletín Oficial del Estado. Madrid: Jefatura del Estado, [2002]. Disponível em: https://www.boe.es/buscar/pdf/2002/BOE-A-2002-22188-consolidado.pdf. Acesso em: 03 set. 2021.

ESPANHA. Govierno. **Ley Orgánica 3/2021, de 24 de marzo, de regulación de la eutanasia.** Disponível em https://www.boe.es/diario_boe/txt.php?id=BOE-A-2021-4628. Acesso em: 03 set. 2021.

ESTADOS UNIDOS. Congresso. **Patient Self Determination Act of 1990**. Washington, D.C.: Congresso, [1990]. Disponível em: https://www.congress.gov/bill/101st-congress/house-bill/4449/text. Acesso em: 27 ago. 2021.

FAGERLIN, Angela; SCHNEIDER, Carl. E. Enough: The Failure of the Living Will. **Hastings Center Report**, Philipstown, 2004. v. 34, n. 2, p. 30-42, 2004. Disponível em: https://www.thehastingscenter.org/pdf/publications/hcr_mar_apr_2004_enough.pdf. Acesso em: 12 ago. 2021.

FARIA, Roberta Elzy Simiqueli de. Autonomia da Vontade e Autonomia Privada: uma distinção necessária. In: FIUZA, César; NAVES; Bruno Torquato de Oliveira; SÁ, Maria de Fátima Freire. **Direito Civil**: Atualidades II. Belo Horizonte: Del Rey, 2007.

FARIAS, Cristiano Chaves de; ROSENVALD, Nelson. **Curso de Direito Civil**: Famílias. 9. ed. Salvador: Editora Juspovidim, 2017.

FARIAS, Cristiano Chaves; ROSENVALD, Nelson. **Curso de Direito Civil**: parte geral e LINDB. 17 ed. Salvador: Editora JusPodivm, 2019.

FARIAS, Edílson Pereira de. **Colisão de Direitos:** A honra, a intimidade, a vida privada e a imagem, versus a liberdade de expressão e informação. 2. ed. Porto Alegre: Sérgio Antonio Fabris Editor, 2000.

FEDERAZIONE CURE PALLIATIVE ONLUS. **La Legge 219/2017**: Norme in materia di consenso informato e di disposizioni anticipate di trattamento. Il punto di vista di... Milão: Federazione Cure Palliative Onlus, 2018. Disponível em: https://www.comitato-finevita.it/wp-content/uploads/2020/05/Libro-FCP-Legge-219.pdf. Acesso em: 06 set.2021.

FERNANDES, Carolina Fernandéz; PITHAN, Lívia Haygert. O consentimento informado na assistência médica e o contrato de adesão: uma perspectiva jurídica e bioética. **Revista do Hospital das Clínicas de Porto Alegre**, Porto Alegre, 2007, v. 27, n. 2, p. 81, 2007. Disponível em: https://www.lume.ufrgs.br/handle/10183/164546. Acesso em: 05 ago. 2021.

FERRI, Luigi. **La Autonomía Privada**. Granada: Editora Comares, 2001.

FIN DE VIE SOINS PALLIATIFS. La fin de vie en EHPAD. Disponível em: https://www.parlons-fin-de-vie.fr/la-fin-de-vie-en-pratique/la-fin-de-vie-en-ehpad/. Acesso em: 13 mar. 2025.

FOURNIER, Véronique; TRARIEUX, Sophie. Les directives anticipées en France. **Médecine & Droit**, Paris, 2005., n. 74-75, p. 146-148, 2005. Disponível em: https://www.em-consulte.com/article/38411/les-directives-anticipees-enfrance. 03 set. 2021.

FRANÇA. **Tout comprendre sur les directives anticipées.** Disponível em: https://www.info.gouv.fr/actualite/tout-comprendre-sur-les-directives-anticipees. Acesso em: 29 jul. 2024.

FRANÇA. **Lei 2002-303 de 4 de março de 2002**. Relativa aos direitos dos pacientes e à qualidade do sistema de saúde. Paris, [2002]. Disponível em: https://www.legifrance.gouv.fr/loda/id/JORFTEXT000000227015/. Acesso em: 03 set. 2021.

FRANÇA. **Lei 2005-370 de 22 de abril de 2005**. Lei sobre os direitos dos pacientes e o fim da vida. Paris, [2005]. Disponível em: http://www.senat.fr/dossier-legislatif/ppl04-090.html. Acesso em: 03 set. 2021.

FRANÇA. [Modelo de DAV anexo a este decreto] Despacho de 3 de agosto de 2016 relativo ao modelo de diretivas antecipadas previsto no artigo L. 1111-11 do Código de Saúde Pública. Disponível em: https://www.legifrance.gouv.fr/jorf/id/JORFTEXT000032967746. Acesso em: 03 set. 2021.

FRANÇA. **Lei 2016-87 de 2 de fevereiro de 2016.** Cria novos direitos em favor de pacientes e pessoas em final de vida. Paris, Jornal Oficial da República Francesa, [2016]. Disponível em: https://www.legifrance.gouv.fr/eli/loi/2016/2/2/2016-87/jo/texte. Acesso em: 03 set. 2021.

FUHRMAN, M. Patricia; HERMANN, Virginia M. Bridging the continuum: nutrition support in palliative and hospice care. **Nutrition in Clinical Practice**, 2006. v. 21, p. 137, 2006. Disponível em: https://aspenjournals.onlinelibrary.wiley.com/doi/abs/10.1177/0115426506021002134. Acesso em: 12 ago. 2021.

GALUPPO, Marcelo Campos. **Igualdade e diferença:** estado democrático de direito a partir do pensamento de Habermas. Belo Horizonte: Mandamentos, 2002.

GARAY, Oscar E. **Derechos fundamentales de los pacientes**. Buenos Aires: Ad-Hoc, 2003.

GARRARD, Eve; WILKINSON, Stephen. Passive euthanasia. J Med Ethics. 2005 Feb;31(2):64-8.

GASTER, Barak. et al. Advance Directives for Dementia: Meeting a Unique Challenge. **JAMA**, Chicago, 2017. v. 318, n. 22, p. 2175–2176, 2017. Disponível em: https://jamanetwork.com/journals/jama/article-abstract/2662678. Acesso em: 12 ago. 2021.

GASTER, Barak. **Dementia Directive**. Disponível em: https://dementia-directive.org. Acesso em: 12 ago 2021.

GIANNASTÁSIO, Bárbara Nardino; GUIRRO, Úrsula Bueno do Prado; LOPES, Fernanda. Gomes. Ortotanásia e eutanásia passiva: descortinando tabus. In: DADALTO, Luciana; GUIRRO, Úrsula Bueno do Prado (Coord.). Bioética e Cuidados Paliativos. Indaiatuba: Editora Foco, 2024.

GOFFIN, Tom. Advance directives as an instrument in an ageing Europe. **European Journal of Health law**, cidade? 2012. v. 19, n. 2, p. 121-140, 2012. Disponível em: https://europepmc.org/article/med/22558655. Acesso em: 12 ago. 2021.

GOLDSTEIN, Mary Kane et al. Durable Power of Attorney for Health Care: Are We Ready for It? **Western Journal of Medicine**, September 1991, v. 155, n. 3, p. 263. Disponível em: https://www.ncbi.nlm.nih.gov/pmc/articles/PMC1002981/. Acesso em: 12 ago. 2021.

GONÇALVES, José António Saraiva Ferraz. **A boa morte:** Ética no fim da vida. Dissertação (Mestrado) – Faculdade de Medicina, Universidade do Porto, Porto, 2006. Disponível em: https://repositorio-aberto.up.pt/bitstream/10216/22105/3/A%20Boa%20Morte%20%20tica%20no%20Fim%20da%20Vida.pdf. Acesso em: 12 ago. 2021. 251 f.

GONZÁLES, Miguel Angel Sánchez. O novo testamento: testamentos vitais e diretivas antecipadas. *In*: BASTOS, Eliene Ferreira Bastos; SOUSA, Asiel Henrique. **Família e jurisdição**. Belo Horizonte: Del Rey, 2006. p. 91-137.

GUIMARÃES, Julia Cabral da Silva, et. al. Eletroconvulsoterapia: construção histórica do cuidado de Enfermagem (1989-2002). **Rev Bras Enferm** [Internet]. 2018; 71(Suppl 6): 2743-50. Disponível em: https://www.scielo.br/j/reben/a/bknMSshqpGzKXSPbRJybjwM/?format=pdf&lang=pt. Acesso em 05 ago. 2021.

GUSTIN, Miracy B. S. **Das necessidades humanas aos direitos:** ensaio de sociologia e filosofia do direito. Belo Horizonte: Del Rey, 1999.

HABERMAS, Jünger. Teoria Política. Trad. Anderson Fortes Almeida e Acir Pimenta Madeira. **Cadernos da Escola do Legislativo**, Belo Horizonte, 1995. v. 3, n. 3, p. 1, 1995. Disponível em: https://cadernosdolegislativo.almg.gov.br/seer/index.php/cadernos-ele/article/view/292/245. Acesso em: 05 ago. 2021.

HABERMAS, Jünger. **Direito e Democracia:** entre facticidade e validade. v. 1, 2 ed. Trad. Flávio Beno Siebeneichler, Rio de Janeiro: Tempo Brasileiro, 2003. p. 113-168.

HABERMAS, Jünger. **O futuro da natureza humana.** Trad. Karina Jannini. São Paulo: Martins Fontes, 2004.

HICKMAN, Susan E. *et al.* Hope for the future: achieving the original intent of advance directives. **The Hastings Cent Report,** Philipstown, 2005. v. 35, n. 6, p. 26-30, 2005. Disponível em: https://www.researchgate.net/publication/7306680_Hope_for_the_Future_Achieving_the_Original_Intent_of_Advance_Directives. Acesso em: 27 ago. 2021.

HICKMAN, Susan. E. *et al.* Use of the Physician Orders for Life-Sustaining Treatment (POLST) Paradigm Program in the Hospice Setting. **Journal of Palliative Medicine,** Chicago, 2009. v. 12, n. 2, p. 133-141, 2009. Disponível em: https://www.researchgate.net/publication/23997606_Use_of_the_Physician_Orders_for_Life-Sustaining_Treatment_POLST_Paradigm_Program_in_the_Hospice_Setting. Acesso em: 27 ago. 2021.

HOPKINS, Sarah A. *et al.* Reassessing advance care planning in the light of covid-19. **British Medical Journal,** Londres, 2020. v. 369, p. 1-2, 2020. Disponível em: https://www.bmj.com/content/bmj/369/bmj.m1927.full.pdf. Acesso em: 07 ago. 2021.

HOUAISS, Antônio. **Dicionário Houaiss da Língua Portuguesa.** Disponível em: https://houaiss.uol.com.br/corporativo/apps/uol_www/v5-4/html/index.php#1. Acesso em 05 ago. 2021.

HUMANA COMUNITAS. **Piccolo lessico del fine-vita.** Libreria Editrice Vaticana: Città del Vaticano, 2024.

ILLICH, Ivan. **Nêmesis da Medicina.** 3. ed. São Paulo: Editora Nova Fronteira; 1975. p. 149.

ITÁLIA. **Banca dati delle DAT.** Disponível em: https://www.salute.gov.it/portale/dat/dettaglioContenutiDat.jsp?lingua=italiano&id=4956&area=dat&menu=vuoto. Acesso em 29 jul. 2024.

ITÁLIA. Corte constitucional. **Sentenza 242/2019.** Disponível em: https://www.cortecostituzionale.it/actionSchedaPronuncia.do?anno=2019&numero=242, acesso em 05 ago. 2023.

ITÁLIA. Ministero della Salud. **Il códice di deontologia medica.** Roma, 1998.

ITÁLIA. Senato della Repubblica XVII Legislatura. **Lei 219/2017.** Roma, [2017]. Disponível em: www.senato.it/leg/17/BGT/Schede/FascicoloSchedeDDL/ebook/47964.pdf. Acesso em: 03 set. 2021.

JENNETT, Bryan; PLUM, Fred. Persistent vegetative state after brain damage. A syndrome in search of a name. **Lancet,** Londres, 1972. v. 1, p. 734-737, 1972. Disponível em: https://www.sciencedirect.com/science/article/abs/pii/S0140673672902425. Acesso em: 12 ago. 2021.

KÅGI, Emmanuel E. *et al.* Value of the TTM risk score for early prognostication of comatose patients after out-of-hospital cardiac arrest in a Swiss university hospital. **Swiss Medical Weekly,** Muttenz, 2020. v. 150, p. 1-6, 2020. Disponível em: https://smw.ch/article/doi/smw.2020.20344. Acesso em: 12 ago. 2021.

KAISER FAMILY FOUNDATION. **Views and Experiences with End-of-Life Medical Care in Japan, Italy, the United States, and Brazil:** a Cross-Country Survey. Disponível em: https://files.kff.org/attachment/Report-Views-and-Experiences-with-End-of-Life%20Medical-Care-in-Japan-Italy-the--United-States-and-Brazil. Acesso em: 03 set. 2021.

KANT, Immanuel. **Fundamentos da metafísica dos costumes.** Rio de Janeiro: Ediouro, 1997.

KELLY, Ciara. **Premium Assisted dying isn't about doctors, it's about patients.** Disponível em: https://www.independent.ie/opinion/comment/assisted-dying-isnt-about-doctors-its-about-patients-39545209.html. Acesso em: 08 ago. 2023.

KOMRAD, Mark S. **Medical Aid in dying:** a slippery slope. Disponível em: https://www.psychiatrictimes.com/view/medical-aid-in-dying-slippery-slope. Acesso em: 08 ago. 2023.

KOVÁCS, Maria Júlia. Autonomia e o direito de morrer com dignidade. **Revista Bioética**, Brasília, 1998. v. 6, n. 1, p. 65, 1998. Disponível em: https://revistabioetica.cfm.org.br/index.php/revista_bioetica/article/view/326/394. Acesso em: 12 ago. 2021.

KUTNER, L. Due process of Euthanasia: The Living Will, A Proposal. **Indiana Law Journal**, Bloomington, 1969. v. 44, p. 539-554, 1969. Disponível em: https://www.repository.law.indiana.edu/cgi/viewcontent.cgi?referer=&httpsredir=1&article=2525&context=ilj. Acesso em: 27 ago. 2021.

LAMM, Eleonora. Ministerio de Salud - Presidencia de la Nación [Argentina]; Organización Panamericana de la Salud; Organización Mundial de la Salud, **Directivas Médicas Anticipadas**. Disponível em: www.salud.gob.ar/dels/printpdf/40. Acesso em: 06 set. 2021.

LAUDARES, Raquel. Por causa da pandemia, procura por testamentos aumenta 41,7% em um ano no país; SP lidera ranking nacional. **g1**, São Paulo, 04 jul. 2021. Disponível em: https://g1.globo.com/sp/sao-paulo/noticia/2021/07/04/apos-pandemia-procura-por-testamentos-aumenta-417percent--em-um-ano-no-pais-sp-lidera-ranking-nacional.ghtml. Acesso em 02 set. 2021.

LÉGARÉ, France; THOMPSON-LEDUCA, Philippe. Twelve myths about shared decision making. **Patient Education and Counseling**, 2014. v. 96, n. 3, p. 281-286, 2014. Disponível em: https://www.sciencedirect.com/science/article/pii/S0738399114002699. Acesso em: 13 set. 2021.

LÉGARÉ, France *et al*. Intervenções para aumentar o uso de tomada de decisão compartilhada por profissionais de saúde. **Cochrane Database of Systematic Reviews**, Houston, 2018. v. 7, p. 1-380, 2018. Disponível em : https://www.cochranelibrary.com/cdsr/doi/10.1002/14651858.CD006732.pub4/epdf/full. Acesso em: 13 set. 2021.

LIN, Cheng-Pei *et al*. What influences patients' decisions regarding palliative care in advance care planning discussions? Perspectives from a qualitative study conducted with advanced cancer patients, families and healthcare professionals. **Palliative Medicine**, 2019. v. 33, p. 1299-1309, 2019. Disponível em: https://www.semanticscholar.org/paper/What-influences-patients%E2%80%99-decisions-regarding-care-Lin-Evans/35121e5bb38cc6efda8dcc71d2f7f77fdfbc0a8e. Acesso em: 17 ago. 2021.

MACEDO, João M.; SANTOS, Laura Ferreira dos. **Testamento vital:** um modelo confuso?. Disponível em: http://www.publico.pt/sociedade/noticia/testamento-vital-um-modelo-confuso-1661817?page=-1. Acesso em: 03 set. 2021.

MAGNO, Helio Antonio. A responsabilidade civil do médico diante da autonomia do paciente. *In*: GUERRA, Arthur Magno e Silva (Coord.). **Biodireito e bioética:** uma introdução crítica. Rio de Janeiro: América Jurídica, 2005. p. 315-345.

MANALO, Maria Fidelis C. End-of-Life Decisions about Withholding or Withdrawing Therapy: Medical, Ethical, and Religio-Cultural Considerations. **Palliative Care:** research and treatment, 2013., n. 7, p. 1-5, 2013. Disponível em: https://journals.sagepub.com/doi/pdf/10.4137/PCRT.S10796. Acesso em: 12 ago. 2021.

MANZINI, Jorge Luis. Las directivas anticipadas para tratamientos médicos *apud* MARINO, Ignazio R. Testamento biologico: i diritti dei malati e l'operato dei Médici. *In*: BORASCHI, Andrea; MANCONI, Luigi. **Il dolore e la política.** Milão: Bruno Mondadori, 2007. p. 41, tradução nossa.

MARTEL, Letícia de Campos Velho. Limitação de tratamento, cuidado paliativo, eutanásia e suicídio assistido: elementos para um diálogo sobre os reflexos jurídicos da categorização. *In*: BARROSO, Luis Roberto (Org.). **A reconstrução democrática do Direito Público no Brasil**. Rio de Janeiro: Renovar, 2007.

MARTÍNEZ, Josefa Cantero. **La autonomía del paciente:** del consentimiento informado al testamento vital. Albacete: Bomarzo, 2005.

MARYLAND. **MD Health-Gen Code § 5-602 (2017)**. Disponível em: https://law.justia.com/codes/maryland/2017/health-general/title-5/subtitle-6/part-i/section-5-602/. Acesso em: 09 set. 2021.

MATOS, Gilson Ely Chaves de. Aspectos jurídicos e bioéticos do consentimento informado na prática médica. **Revista Bioética**, Brasília, 2007. v. 15, n. 2. p. 196-213, 2007. Disponível em: https://revistabioetica.cfm.org.br/index.php/revista_bioetica/article/view/41/44. Acesso em: 05 ago. 2021.

MAUS, Ingeborg. **Judiciário como superego da sociedade**: o papel da atividade jurisprudencial na "sociedade órfã". Trad. Martonio Lima e Paulo Albuquerque. Disponível em: http://www.direitocivilcontemporaneo.com/. Acesso em: 10 set. 2021.

MEANA, Pablo Requena. **Doctor no haga todo lo possible**: de la limitación a la prudência terapêutica. Granada: Editora Colmares, 2017.

MELO, Helena Pereira de. O direito a morrer com dignidade. **Lex Medicinae**: Revista Portuguesa de Direito da Saúde, Coimbra, n. 6, p. 72, jul-dez. 2004.

MENEZES, Joyceanne Bezerra. O direito protetivo no Brasil após a Convenção sobre a Proteção da Pessoa com Deficiência: impactos do novo CPC e do Estatuto da Pessoa com Deficiência. **Civilistica.com**: Revista Eletrônica de Direito Civil Rio de Janeiro, 2015. v. 4, n. 1, 2015. Disponível em: https://civilistica.com/wp-content/uploads1/2016/01/Menezes-civilistica.com-a.4.n.1.2015-4.pdf. Acesso em: 05 ago. 2021.

MENEZES, Joyceane Bezerra. Tomada de decisão apoiada: instrumento de apoio ao exercício da capacidade civil da pessoa com deficiência instituído pela lei brasileira de inclusão (lei n. 13.146/2015). **Revista Brasileira de Direito Civil**, 2016, v. 9, p. 44, 2016. Disponível em: http://www.repositorio.ufc.br/handle/riufc/53653. Acesso em: 05 ago. 2021.

MENEZES, Rachel Aisengart. **Em busca da boa morte**: antropologia dos cuidados paliativos. Rio de Janeiro: Fiocruz e Garamond, 2004.

MEIRELLES, Rose Melo de Venceslau. **Autonomia privada e dignidade humana**. Renovar: 2009.

MÉXICO. Asamblea Legislativa Del Distrito Federal, Iv Legislatura. **Ley de Voluntad Anticipada para el Distrito Federal**. Decreto por el que se expide la ley de voluntad anticipada para el distrito federal; se adiciona el código penal para el distrito federal y se adiciona la ley de salud para el distrito federal. Cidade do México, [2009]. Disponível em: http://www.aldf.gob.mx/archivo-077346ece61525438e-126242a37d313e.pdf. Acesso em: 05 ago. 2021.

MILSTEIN, Jeffrey. Coronavirus has doctors reviewing their living wills. You should, too. l Opinion. You should, too. **Philadelphia Inquirer**, Filadélfia, 01 abr. 2021. Opinion. Disponível em: https://www.inquirer.com/health/coronavirus/coronavirus-covid19-end-of-life-planning-living-will-20200401.html. Acesso em: 02 set. 2021.

MINAS GERAIS. **Lei 16.279/2006, de 20/07/2006**. Dispõe sobre os direitos dos usuários das ações e dos serviços públicos de saúde no estado. Belo Horizonte, MG: Governo do Estado de Minas Gerais, [2006]. Disponível em: https://leisestaduais.com.br/mg/lei-ordinaria-n-16279-2006-minas-gerais--dispoe-sobre-os-direitos-dos-usuarios-das-acoes-e-dos-servicos-publicos-de-saude-no-estado. Acesso em: 10 set. 2021.

MINISTÉRIO DA SAÚDE. Portaria Gm/Ms 3.681, de 7 de Maio de 2024. Institui a Política Nacional de Cuidados Paliativos. Disponível em: https://www.in.gov.br/en/web/dou/-/portaria-gm/ms-n-3.681-de-7-de-maio-de-2024-561223717. Acesso em: 11 jun. 2024.

MIRARCHI, Ferdinando L. *et al*. TRIAD VIII: Nationwide Multicenter Evaluation to Determine Whether Patient Video Testimonials Can Safely Help Ensure Appropriate Critical Versus End-of-Life Care. **Journal of Patient Safety**, Philadelphia, 2017. v. 0, n. 0, p. 1-11, 2017. Disponível em: https://institutehcd.com/wp-content/uploads/2018/06/TRIAD-VIII.pdf. Acesso em: 09 set. 2021.

MIRARCHI, Ferdinando L. **Video Living Wills and POLST to Mitigate Malpractice Risk**. Disponível em: https://forum.ashrm.org/2017/07/28/video-living-wills-and-polst-to-mitigate-malpractice-risk/. Acesso em: 09 set. 2021.

MORAES, Maria Celina Bodin de. **Danos à pessoa humana:** uma leitura civil-constitucional dos danos morais. Rio de Janeiro: Renovar, 2003.

MORAES, Maria Celina Bodin de. O Conceito de Dignidade Humana: substrato axiológico e conteúdo normativo. In: SARLET, Ingo Wolfgang (Org.). **Constituição, Direitos Fundamentais e Direito Privado**. Porto Alegre: Livraria do Advogado, 2003.

NAVES, Bruno Torquato de Oliveira; SÁ, Maria de Fátima Freire de. Da relação jurídica médico-paciente: dignidade da pessoa humana e autonomia privada. *In*: SÁ, Maria de Fátima Freire de. (Org.). **Biodireito**. Belo Horizonte: Del Rey, 2002.

NAVES, Bruno Torquato de Oliveira. **Relacionalidade e autonomia privada:** o princípio da autonomia privada na Pós-Modernidade. 2003. Dissertação (Mestrado), Faculdade Mineira de Direito, Pontifícia Universidade Católica de Minas Gerais, Belo Horizonte, 2003. 138 f.

NAVES, Bruno Torquato de Oliveira; REZENDE, Danúbia Ferreira Coelho de. A autonomia privada do paciente em estado terminal. *In*: FIÚZA, César; NAVES, Bruno Torquato de Oliveira; SÁ, Maria de Fátima Freire de. **Direito civil:** atualidades II. Belo Horizonte: Del Rey, 2007.

NEW JERSEY. State of New Jersey: Department of Health. **New Jersey Launches Electronic Access to End-of-Life Care Records**. Disponível em: https://www.nj.gov/health/news/2017/approved/20170331a.shtml. Acesso em: 09 set. 2021.

NITSCHKE, Philip. **A design for death:** meeting the bad boy of the euthanasia movement. Disponível em: https://www.economist.com/1843/2019/12/12/a-design-for-death-meeting-the-bad-boy-of-the-euthanasia-movement. Acesso em: 08 ago. 2023.

NOVAIS, Eulália *et al.* O saber da pessoa com doença crônica no autocuidado. **Revista do Hospital de Clínicas de Porto Alegre**. Porto Alegre, 2009. v. 29, n. 1, p. 37, 2009. Disponível em: https://seer.ufrgs.br/hcpa/article/download/7376/4964#:~:text=Alguns%20autores%20salientam%20que%20a,enfermeiro%2Dcliente%20(8). Acesso em 12 ago. 2021.

NYBO, Erik Fontenele. Legal design: a aplicação de recursos de design na elaboração de documentos jurídicos. *In*: CALAZA, Tales; FALEIROS JÚNIOR, José Luiz de Moura. **Legal Design**. Indaiatuba: Editora Foco, 2021.

O'RIORDAN, Liz *et al*. The BMJ Opinion. **Advance care plans – an opportunity for change**. Disponível em https://blogs.bmj.com/bmj/2020/07/30/advance-care-plans-an-opportunity-for-change/?utm_source=feedburner&utm_medium=feed&utm_campaign=Feed:+bmj/blogs+(Latest+BMJ+blogs)&g=w_bmj-com. Acesso em 07 ago. 2021.

OLIVEIRA, José Ricardo de. **Bioética e atenção ao paciente sem perspectiva terapêutica convencional:** estudo sobre o morrer com dignidade. 2007. Dissertação (Mestrado), Faculdade de Medicina, Universidade Federal de Minas Gerais, Belo Horizonte, 2007.

ORMAZABAL, Mikel. **No es fácil morir así, pero ella ya no estaba en esta vida y no quería estar**. El País, Madrid, 04 jun. 2021. Sociedad. Disponível em: https://elpais.com/sociedad/2021-08-01/no-es-facil-morir-asi-pero-ella-ya-no-estaba-en-esta-vida-y-no-queria-estar.html. Acesso em: 16 set. 2021.

OSELKA, Gabriel; TROSTER, Eduardo J. Aspectos éticos da ressuscitação cardiopulmonar. **Revista da Associação Médica Brasileira**, São Paulo, 2021. v. 47, n. 1, p. 17-18, 2021. Disponível em: https://www.scielo.br/j/ramb/a/FrMZWMjngRvGwR38LJvB78d/?lang=pt. Acesso em: 12 ago. 2021.

PARANÁ. **Lei 14.254 - 04/12/2003**. Prestação de serviço e ações de saúde de qualquer natureza aos usuários do Sistema Único de Saúde – SUS e dá outras providências. Curitiba, PR: Assembléia Legislativa do Estado do Paraná, [2003]. Disponível em: https://leisestaduais.com.br/pr/lei-ordinaria-n-14254-2003-parana-prestacao-de-servico-e-acoes-de-saude-de-qualquer-natureza-aos-usuarios-do-sistema-unico-de-saude-sus-e-da-outras-providencias. Acesso em: 10 set. 2021.

PENALVA, Luciana Dadalto; TEIXEIRA, Ana Carolina Brochado. Terminalidade e Autonomia: uma abordagem do testamento vital no Direito brasileiro. In: BARBOZA, Heloisa Helena et al. **Vida, Morte e Dignidade Humana**. São Paulo: GZ Editora, 2010.

PEREIRA, André Gonçalo Dias. **O consentimento informado na relação médico paciente**. Coimbra: Coimbra Editora, 200.

PESSINI, Leo. A medicina atual: entre o dilema de curar e cuidar. In: DADALTO, Luciana; TEIXEIRA, Ana Carolina Brochado (Coord.). **Dos hospitais aos tribunais**. Belo Horizonte: Del Rey, 2013.

PESSINI, Leo. Humanização da dor e do sofrimento humano na área de saúde. In: PESSINI, Leo, BERTANCHINI, Luciana. (Org.). **Humanização e cuidados paliativos**. São Paulo: Loyola/São Camilo, 2004.

PHILIPSEN, Nayna. C. et al. The similarities between birth plans and living wills. **Journal of Perinatal Education**, 2005. v. 14, n. 4, p. 46-48, 2005. Disponível em: https://www.ncbi.nlm.nih.gov/pmc/articles/PMC1595270/. Acesso em: 12 ago. 2021.

PITTELLI, Sergio Domingos; OLIVEIRA, Reinaldo Ayer de; NARAZETH, Janice Caron. Diretivas antecipadas de vontade: proposta de instrumento único. **Revista Bioética**, Brasília, 2020. v. 28, n. 4, p. 606, 2020. Disponível em: https://revistabioetica.cfm.org.br/index.php/revista_bioetica/article/view/2234/2477. Acesso em: 08 set. 2021.

PONTES DE MIRANDA, Francisco Cavalcanti. Tratado de direito privado: parte especial. Atual. por Vilson Rodrigues Alves. **Revista dos Tribunais**, São Paulo, n. 3, 1986.

POPE, Thaddeus. Video Advance Directives: Growth and Benefits of Audiovisual Recording. **SMU Law Review**, Dallas, 2020. v. 73, n. 1, p. 163-178, 2020. Disponível em: https://scholar.smu.edu/cgi/viewcontent.cgi?article=4839&context=smulr. Acesso em: 09 set. 2021.

PORTO RICO. **Ley n. 160 del año de 2001**. Ley de declaración previa de voluntad sobre tratamiento médico en caso de sufrir una condición de salud terminal o de estado vegetativo persistente. San Juan, [2001]. Tradução nossa. Disponível em: http://www.lexjuris.com/LEXLEX/Leyes2001/lex2001160.htm. Acesso em: 06 set. 2021.

PORTUGAL. Assembleia da República. **Lei 25/2012**. Regula as diretivas antecipadas de vontade, designadamente sob a forma de testamento vital, e a nomeação de procurador de cuidados de saúde e cria o Registo Nacional do Testamento Vital (RENTEV). Lisboa, [2012]. Disponível em: http://dre.pt/pdf1sdip/2012/07/13600/0372803730.pdf. Acesso em: 03 set. 2021

PORTUGAL. Ordem dos Médicos. **Regulamento 707/2016**. Regulamento de Deontologia Médica. p. 22578. Lisboa, Presidência da República Portuguesa, [2016]. Disponível em: https://ordemdosmedicos.pt/wp-content/uploads/2017/08/Regulamento_707_2016__Regulamento_Deontol%C3%B3gico.pdf. Acesso em 10 set. 2021.

PORTUGAL. Assembleia da República. **Resolução 33/2019**. Recomenda ao Governo que promova uma campanha informativa de divulgação e incentivo ao registo do Testamento Vital. Lisboa, [2019]. Disponível em: https://dre.pt/web/guest/pesquisa/-/search/120454164/details/maximized?p_p_auth=wrgaKur7. Acesso em 03 set. 2021.

PORTUGAL. Diretiva Antecipada de Vontade (DAV). Disponível em: https://spms.min-saude.pt/wp-content/uploads/2014/06/Rentev_form_v0.4.12.pdf. Acesso em 03 set. 2021.

RABKIN, Mitchell. T. et al. Orders not to resuscitate. **New England Journal of Medicine**, Waltham, 1976. V. 295, p. 364-366. Disponível em: https://www.nejm.org/doi/full/10.1056/NEJM197608122950705. Acesso em: 12 ago. 2021.

REGISTRO NACIONAL DE INSTRUÇÕES PRÉVIAS. **Numero inscripciones em el RENIP desde sicronizacion completa de los registros autonômicos**. Disponível em: https://www.mscbs.gob.es/ciudadanos/rnip/doc/Documentos_2021/2021_Numero_de_Inscripciones_en_el_Registro_Nacional_de_Instrucciones_Previas_desde_la_sincronizacion_completa_de_los_Registros_Autonomicos-Enero_2021.pdf. Acesso em 03 set. 2021.

REGISTRO NACIONAL DE INSTRUÇÕES PRÉVIAS. **Numero inscripciones em el RENIP desde sicronizacion completa de los registros autonômicos**. Disponível em: https://www.sanidad.gob.es/areas/profesionesSanitarias/rnip/docs/Enero-2025/N_inscripciones_en_el_RNIP_desde_sincronizacion_completa_de_los_Registros_Autonomicos_Enero-2025.pdf. Acesso em 13 mar. 2025.

REINO UNIDO. **Mental Capacity Act 2005**. An Act to make new provision relating to persons who lack capacity; to establish a superior court of record called the Court of Protection in place of the office of the Supreme Court called by that name [...]. Londres: Parlamento do Reino Unido, [2005]. Disponível em: https://www.legislation.gov.uk/ukpga/2005/9/contents. Acesso em: 03 set. 2021.

RIBEIRO, Geraldo Rocha. Fim de vida e recusa de tratamento médico no direito Português. **Revista Cadernos Ibero-Americanos de Direito Sanitário**, Rio de Janeiro, 2016. v. 5, n. 3, p. 121, 2016. Disponível em:https://www.researchgate.net/publication/309270900_Fim_de_vida_e_recusa_de_tratamento_medico_no_direito_Portugues. Acesso em: 05 ago. 2021.

RIBEIRO, Diaulas Costa. A eterna busca da imortalidade humana: a terminalidade da vida e a autonomia. **Revista Bioética**, Brasília, 2005. v. 13, n. 2, p. 112-120, 2005. Disponível em: https://revistabioetica.cfm.org.br/index.php/revista_bioetica/article/view/112. Acesso em: 27 ago. 2021.

RIBEIRO, Diaulas Costa. Um novo testamento: testamentos vitais e diretivas antecipadas. Congresso Brasileiro de Direito de Família, 5, 2006, São Paulo. **Anais**. São Paulo: IOB Thomson, 2006.

RODADO, Elena Porcar; SANCHEZ, David Peral; GRIFO, Marina Gisbert. Advance Directives: Comparison of current legislation within the European Union. **Spanish Journal of Legal Medicine**, v. 47, n. 2, 2021, p. Pages 66-73. Disponível em: https://www.sciencedirect.com/science/article/pii/S2445424921000121 . Acesso em: 26 set. 2021.

RODOTÀ, Stefano. **La legge i dilemmi della libertà**. *In*: BORASCHI, Andrea; MANCONI, Luigi. *Il dolore e la politica*. Milão: Bruno Mondadori, 2007.

RODOTÁ, Stefano. **Politici, liberateci dalla vostra coscienza**. Disponível em: http://daleggere.wordpress.com/2008/01/13/stefano-rodota-%C2%ABpolitici-liberateci-dalla-vostra-coscienza%C2%BB/. Acesso em: 12 ago. 2021.

RODOTÀ, Sefano. **Politici, liberateci dalla vostra coscienza**. 2008. Disponível em: https://daleggere.wordpress.com/2008/01/13/stefano-rodota-%C2%ABpolitici-liberateci-dalla-vostra-coscienza%-C2%BB/. Acesso em: 08 ago. 2023.

RODRIGUES, Renata de Lima. **Incapacidade, curatela e autonomia privada**: estudos no marco do Estado Democrático de Direito. 2005. Dissertação (Mestrado) – Faculdade Mineira de Direito, Pontifícia Universidade Católica de Minas Gerais, Belo Horizonte, 2005.

RODRIGUES, Renata de Lima; TEIXEIRA, Ana Carolina Brochado. **O Direito das Famílias entre a Norma e a Realidade**. São Paulo: Atlas, 2010.

RODRÍGUEZ, Sonia Navarro. Testamento vital: la nueva ley estatal enfrentada a las normas autonômicas. **Iuris**: Actualidad y Práctica del Derecho, Madrid, n. 70, p. 21-29, 2003.

ROTHMAN, David J. **Strangers at the bedside**: a history of how Law and Bioethics transformed medical decision making. New York: BasicBooks, 1991.

RUGGIO, Adriana. Dignidade do idoso: construindo uma nova hermenêutica. *In*: DADALTO, Luciana;

SÁ, Maria de Fátima Freire de. **Biodireito e direito ao próprio corpo**: doação de órgãos incluindo o estudo da Lei n. 9.434/97 com as alterações introduzidas pela Lei 10.211/01. Belo Horizonte: Del Rey, 2003.

SÁ, Maria de Fátima Freire de. **Direito de morrer:** eutanásia, suicídio assistido. 2 ed. Belo Horizonte: Del Rey, 2005.

SAGRADA CONGREGAÇÃO PARA A DOUTRINA DA FÉ. **Declaração sobre a Eutanásia.** Roma, 05 de maio de 1980. Disponível em: https://www.vatican.va/roman_curia/congregations/cfaith/documents/rc_con_cfaith_doc_19800505_euthanasia_po.html Acesso em: 10 set. 2021.

SALARIS, M. Giuseppina. **Corpo umano e diritto civile.** Milano: Giuffrè, 2007.

SALES, Ana Amélia Ribeiro et al. Autonomia privada da criança e do adolescente: uma reflexão sobre o regime das incapacidades. **Revista Brasileira de Direito das Famílias**, Belo Horizonte, n. 0, p. 61-65, out./nov. 2007.

SALLORT, José Carlos Abellán. Directrices Anticipadas de Voluntad em España: contextos y perspectivas. *In:* DADALTO, Luciana. **Bioética e Diretivas Antecipadas de Vontade.** Curitiba: Editora Prismas, 2014. p. 137-154.

SAMBRIZZI, Eduardo A. Las directivas previas emitidas con la finalidad de rehusar la pratica futura de ciertos actos médicos. **La Ley**, Buenos Aires, v. 2005-1, p. 451-461, 2005.

SÁNCHEZ, Cristina López. **Testamento vital y voluntad del paciente:** conforme a la Ley 41/2002, de 14 de noviembre. Madrid: Dykinson, 2003.

SANTOS, Laura Ferreira dos. **Ajudas-me a morrer?** A morte assistida na cultura ocidental no século XXI. Lisboa: Sextante, 2009.

SARLET, Ingo Wolfgang. **A eficácia dos direitos fundamentais.** 5. ed. Porto Alegre: Livraria do Advogado, 2005. p. 124.

SAWICKI, Nadia. **Birth Plans as Advance Directives**. Disponível em: http://blog.petrieflom.law.harvard.edu/2017/05/01/birth-plans-as-advance-directives/. Acesso em: 12 ago. 2021.

SCAZUFCA, M. *et al*. Investigações epidemiológicas sobre demência nos países em desenvolvimento. **Rev. Saúde Pública**, São Paulo, 2002. v. 36, n. 6, p. 773-778, 2002. Disponível em: https://www.scielo.br/j/rsp/a/jS8J5fFhD8ckRz9TQ5bhckS/?lang=pt#. Acesso em: 12 ago. 2021.

SCHREIBER, Anderson. **Direitos de Personalidade**. 3. ed. São Paulo: Atlas, 2014.

SERVIÇO NACIONAL DE SAÚDE. RENTEV: 10 anos a registrar testamentos vitais. Disponível em: https://www.spms.min-saude.pt/2024/07/rentev-10-anos-a-registar-testamentos-vitais-2. Acesso em: 29 jul. 2024.

SHEN, Megan Johnson; WELLMAN, Joseph D. Evidence of Palliative Care Stigma: The Role of Negative Stereotypes in Preventing Willingness to Utilize Palliative Care. **Palliative & supportive care**, Cambridge, 2019. v. 17, n. 4, p. 374–380, 2019. Disponível em: https://www.cochranelibrary.com/es/central/doi/10.1002/central/CN-02236148/full. Acesso em: 16 set. 2021.

SILVA, Guilherme Almeida Rosa da. O processo de tomada de decisão na prática clínica: a medicina como estado da arte. **Revista Brasileira de Clínica Médica**, São Paulo, 2013. v. 11, n. 1, p. 75-79, 2013. Disponível em: http://files.bvs.br/upload/S/1679-1010/2013/v11n1/a3393.pdf. Acesso em: 22 set. 2021.

SILVA, Joana de Almeida. Testamento Vital caiu a pique na pandemia. **JN**. Lisboa, 22 jul. 2021. Disponível em: https://www.jn.pt/nacional/testamento-vital-caiu-a-pique-na-pandemia-13962612.html . Acesso em 03 set. 2021.

SIQUEIRA-BATISTA, Rodrigo; SCHRAMM, Fermin Roland. **Conversações sobre a "boa morte":** o debate bioético acerca da eutanásia. Cadernos de Saúde Pública. 2005. Disponível em: https://www.scielo.br/j/csp/a/rpx7NmV6Yt4XTtmjytnfH6g/?format=pdf&lang=pt. Acesso em: 08 ago. 2023.

SOCIEDAD ESPAÑOLA DE CUIDADOS PALIATIVOS. 2. Definición de enfermedad terminal. *In*: SOCIEDAD ESPAÑOLA DE CUIDADOS PALIATIVOS. **Guía de Cuidados Paliativos**. Madrid: SECPAL, 2014. p. 4, tradução nossa. Disponível em: http://www.secpal.com//Documentos/Paginas/guiacp.pdf. Acesso em: 12 ago. 2021.

SOUZA, Iara Antunes de. As Diretivas Antecipadas de Vontade diante da curatela: (Im)possibilidade de exercício da autonomia privada do incapaz. *In*: DADALTO, Luciana. **Diretivas antecipadas de vontade**: ensaios sobre o direito à autodeterminação. Belo Horizonte: Letramento, 2013. p. 231-245.

SREBNIK, Debra *et al*. The content and clinical utility of psychiatric advance directives. *Psychiatric services*. **Psychiatric Services**, Washington, 2005. v. 56, n. 5, p. 592-598, 2005. Disponível em: https://ps.psychiatryonline.org/doi/10.1176/appi.ps.56.5.592. Acesso em: 12 ago. 2021

STIGGELBOUT, AM, *et al*. Shared decision making: really putting patients at the centre of healthcare. **British Medical Journal**, Londres, 2012. v. 344, n. 256, p. 2-6, 2012. Disponível em: https://www.bmj.com/content/344/bmj.e256. Acesso em: 13 set. 2021.

SUDORE, Rebecca *et al*. Defining Advance Care Planning for Adults: A Consensus Definition From a Multidisciplinary Delphi Panel. **Journal of Pain and Symptom Management**, Chicago, 2017. v. 53, n. 5, p. 821-832, 2017. Disponível em: https://www.jpsmjournal.com/action/showPdf?pii=S0885-3924%2816%2931089-2. Acesso em: 22 set. 2021.

SUMMER, L. W. **Physician-Assisted Death**: what everyone needs to know. Oxford Press, 2017.

SUPREMO TRIBUNAL FEDERAL. **Arguição de descumprimento de preceito fundamental n. 618**. Disponível em: Disponível em: https://portal.stf.jus.br/processos/detalhe.asp?incidente=5769402. Acesso em 29 set. 2021.

SUPREMO TRIBUNAL FEDERAL. **Arguição de descumprimento de preceito fundamental n. 618**. Disponível em: https://portal.stf.jus.br/processos/detalhe.asp?incidente=5839268. Acesso em 29 set. 2021.

SUPREMO TRIBUNAL FEDERAL. **Tema 1069**. Disponível em: http://stf.jus.br/portal/jurisprudencia-Repercussao/verAndamentoProcesso.asp?incidente=5703626&numeroProcesso=1212272&classeProcesso=RE&numeroTema=1069. Acesso em 29 set. 2021.

SUPREMO TRIBUNAL FEDERAL. **RE 979742 e 1212272**. Disponível em: https://redir.stf.jus.br/paginadorpub/paginador.jsp?docTP=TP&docID=782473186. Acesso em: 13 mar. 2025.

SWANSON, Jeffrey *et al*. Psiquiatric advance directives and reduction of coercive crises interventions. **Journal of Mental Health**, 2018. v. 17, n. 3, p. 255-267, 2018. Disponível em: https://www.tandfonline.com/doi/full/10.1080/09638230802052195. Acesso em: 12 ago. 2021.

SWISS ACADEMIE OF MEDICAL SCIENCE. **Management of dying and death**. Disponível em: https://www.samw.ch/en/Ethics/Ethics-in-end-of-life-care/ Guidelines-management-dying-death.html. Acesso em: 05 ago. 2023.

SZTAJN, Rachel. **Autonomia privada e direito de morrer**: eutanásia e suicídio assistido. São Paulo: Cultural Paulista: Universidade da Cidade de São Paulo, 2002.

TEIXEIRA, Ana Carolina Brochado (Coord.). Dos Hospitais aos Tribunais. Belo Horizonte, 2013.

TEPEDINO, Gustavo. Premissas metodológicas para a constitucionalização do direito civil. *In*: TEPEDINO, Gustavo. **Temas de direito civil**. 4. ed. Rio de Janeiro: Renovar, 2008.

TEPEDINO, Gustavo; OLIVA, Milena Donato. Notas sobre a representação voluntária e o contrato de mandato. **Revista Brasileira de Direito Civil**, Belo Horizonte, 2017. v. 12, p. 21, 2017. Disponível em: https://rbdcivil.ibdcivil.org.br/rbdc/article/download/31/25. Acesso em: 12 ago. 2021.

THE GOLD STANDARDS FRAMEWORK. **Advance Care Planning**. Disponível em: <https://www.goldstandardsframework.org.uk/advance-care-planning. Acesso em: 06 jul. 2020.

THE MULTI-SOCIETY TASK FORCE ON PVS. Medical aspects of the persistent vegetative state (first of two parts). **The New England Journal of Medicine**, Waltham, 1994. v. 330, n. 21, p. 1499-1508, 1994. Disponível em: https://www.nejm.org/doi/pdf/10.1056/NEJM199405263302107?articleTools=true. Acesso em: 12 ago. 2021.

THE NATIONAL COMMISSION FOR THE PROTECTION OF HUMAN SUBJECTS OF BIOMEDICAL AND BEHAVIORAL RESEARCH. **The Belmont Report: ethical principles and guidelines for the protection of human subjects of research**. April 1979. Disponível em: https://www.hhs.gov/ohrp/regulations-and-policy/belmont-report/index.html. Acesso em: 22 set. 2021.

TOWERS, Bernard. The impact of the California Natural Death Act. **Journal of Medical Ethics**. 1978, n. 4, v. 2, p.96-98. Disponível em: https://www.jstor.org/stable/27715703, acesso em 27 ago. 2021.

URUGUAI. **Ley 18473**. Regulacion de voluntad anticipada en tratamientos y procedimientos medicos que prolonguen la vida en casos terminales. Montevidéu, [2009]. Disponível em: https://www.impo.com.uy/bases/leyes/18473-2009. Acesso em: 06 set. 2021.

VASCONCELOS, Camila. **Direito Médico e Bioética**: história e judicialização da relação médico-paciente. Rio de Janeiro: Lumen Juris, 2021.

VILANI, Maria Cristina Seixas. Cidadania moderna: fundamentos doutrinários e desdobramentos históricos. **Cadernos de Ciências Sociais**, Belo Horizonte, 2002, v. 8, n. 11, p. 58-59, dez. 2002.

VILLAS-BOÂS, Maria Elisa. Eutanásia. In: DADALTO, Luciana; GODINHO, Adriano Marteleto; LEITE, George Salomão (Coord.). **Tratado brasileiro sobre o direito fundamental à morte digna**. Rio de Janeiro: Almedina, 2017.

VÍTOR, Paula Távora. Procurador para cuidados de saúde: importância de um novo decisor. **Lex Medicinae:** Revista Portuguesa de Direito da Saúde, Coimbra, n. 1, p. 121-134, 2004.

VIVAS, Lucas; CARPENTER, Travis. Meaningful futility: requests for resuscitation against medical recommendation. **Journal of Medical Ethics**, Dunedin, 2020. v. 47, p. 654-656, 2020. Disponível em: https://jme.bmj.com/content/medethics/47/10/654.full.pdf. Acesso em: 12 ago. 2021.

WELBY, Piergiorgio. **Lasciatemi morire**. Milano: Situdio Editoriale Littera, 2006.

WHITE, Ben *et al*. Prevalence and predictors of advance directives in Australia. **International Medicine Journal**, Sydney, 2014. v. 44, p. 975-980, 2014. Disponível em: https://nmsw.uq.edu.au/files/3657/White_et_al-2014-Internal_Medicine_Journal.pdf. Acesso em: 27 ago. 2021.

WHOQOL GROUP THE WORLD HEALTH ORGANIZATION QUALITY OF LIFE ASSESSMENT. **Position paper from the World Health Organization**. Social Science and Medicine. 1995;41(10):1403–1409. doi: 10.1016/0277-9536(95)00112-K.

WORLD FEDERATION RIGHT TO DIE SOCIETIES. World Map. Disponível em: https://wfrtds.org/worldmap/. Acesso em: 13 mar. 2025.

YADAV, Kuldeep N. *et al*. Approximately One In Three US Adults Completes Any Type Of Advance Directive For End-Of-Life Care. **Health Affairs**, Washington, 2017. n. 7, p. 1244-1251, 2017. Disponível em: https://www.healthaffairs.org/doi/10.1377/hlthaff.2017.0175. Acesso em: 27 ago. 2021.

ZABALA BLANCO, Jaime. **Autonomía e instrucciones previas:** un análisis comparativo de lãs legislaciones autonômicas del Estado Español. 2007. 160 f. Tese (Doutorado) – Departamento de Fisiología y Farmacología, Universidad de Cantabria, Cantabria, 2007. Disponível em: https://repositorio.unican.es/xmlui/bitstream/handle/10902/1571/TesisJZB.pdf?sequence=1. Acesso em: 03 set. 2021.

ZELLE, Heather *et al*. Advanced directives in mental health care: evidence, challenges and promise. **World Psychiatry**, Rockville, 2015. V. 14, n. 3, p. 278-280, 2018. Disponível em: https://www.ncbi.nlm.nih.gov/pmc/articles/PMC4592640/. Acesso em: 12 ago. 2021.